U0729294

燕文化研究

冯石岗　许文婷◎著

上海三联书店

目 录

序　言

1　燕文化

燕文化是指西周分封伊始至秦统一之前，由生活于今京津地区，河北中、北部，东北南部，内蒙东南部的春秋燕国所创造的文化遗存。历史上有N多个燕国，即春秋之前和之后国封或自封过多个燕国、燕王。春秋燕文化是商代先燕文化的继续，为后续燕奠定了基础。燕文化研究对象是春秋燕国的文化。春秋燕国是所有燕国中时间最长、影响最大、对后世影响最深远的燕国。公元前1046年，周武王灭商，封召公奭于北燕，历经西周、春秋、战国，到公元前221年秦灭燕，长达八百多年。战国时，由于燕昭王奋发图强，广纳人才，励精图治，终于使弱小的燕国成为战国七雄之一。燕昭王对于燕地文化风格的形成和成熟起了关键作用。秦国统一全国，燕国终于灭亡，但燕文化并没有因此而中止。后续若干个燕国、燕王，不能说与春秋燕国没有关系，至少说明燕国历史是值得骄傲的，燕国之名是得到后人正面肯定的。而事实上，一代代后续之“燕”，在发展中也延续和传承了燕文化。由于燕文化历史的悠久、漫长的发展过程和深厚的文化底蕴，使其在秦以后数千年间不仅在燕地区域历经汉唐宋元明清得到继承和发展，而且燕文化的主体精神对中国传统文化的形成和构筑也起到了重要作用。

燕文化千古传承，绵延不断。燕文化是在燕国时形成、发展而在后世得到继承发展的一种地域文化，具有自己独特的风韵和价值。它既包括西周分封伊始至秦统一前燕人所创造的艺术、科学、意识等物质和精神财富的总和，也包括召公封燕以前的先燕文化以及在燕地区域内，受其影响的继承其精神发展的文化。燕文化具有丰富的内涵：内容上以忧国忧民的正气和责任感为主，风格上以“直”“刚”为主体色调；精神上以慷慨悲歌为基调；在表现形式上则宽而广，兼容百家。

燕文化有三个主要特点：第一，树立远大的志向，并为之不懈奋斗，从不气馁；第二，有破釜沉舟的勇气，并能够培育战胜敌人的勇力；第三，悲歌慷慨，任气好侠。燕文化特点的形成有两个深厚的基础：一是燕地的地域环境、自然气候条件是造就燕文化特色的客观自然基础。燕地山高气寒，水冽土厚，山石块垒，危峰雄峙，恶劣的自然环境严重影响这一区域人们的生活、生产以及心理情感，影响到这一地区的风俗习尚以及学术文化。二是战争以及北方民族大融合是形成燕文化特色的社会历史基础。燕地地处华北中北部，是农业耕作生产方式与草原游牧生产方式的中间过渡地带，也是两种生产方式斗争最为激烈的前沿地区，而战争是解决冲突的主要方式。燕地长期是维护南方经济区域安全的屏障，这里往往沦为战场，频繁的战争成为燕地一大特色，民众要作出极大牺牲，因而更增添了燕地文化慷慨悲歌的色彩。战争的环境形成了燕地民众寒峻刚强、苍劲剽悍的气质，促使燕地民风强悍、勇武难制、侠义之风盛行。金戈铁马，狼烟报警，战争对燕地文化的影响是巨大的，也是多方面的，终于内化为个人英雄主义的侠士精神特质。总之，燕地慷慨悲歌文化精神的形成是苦寒和局促压抑激化的结果，不是社会繁荣的标志。社会繁荣所形成的是志高而扬的大国之风，燕地则是一剑以当百万之师的侠士奇风。燕地苦寒悲弱，因之它的文化也就自伤自怨、刚烈悲壮。

2 冀文化

冀文化是中华文明的重要组成部分。冀域所处的国家中心地理位置决定了其文化在中国传统文化中占有重要地位。冀文化的内容尽管没有严格定论，但其基本精神包括儒释道统一的天人合一、以道制欲、正道直行的处世观念；勇于创新、自强不息、刚健有为的远大志向；顾全大局、包容豁达、同舟共济的合作精神；慷慨悲歌、好气任侠等诚义内容。

在冀域，儒释道三教统一共存，天人合一成为共识。黄帝炎帝蚩尤共为华夏三祖；董仲舒尊儒和释道安兴佛，共领风骚于冀域大地。从黄帝釜山合符开始，冀文化基因中的和合共处、天下大一统的观念就扎根生发并根深蒂固，成为冀文化最原始的文化基因。后来在中国发生的各种战争，几乎无一例外地都是先礼后兵，将有理有节视为竞争道德，否则就是不义之战而被世人所唾弃，从而形成了以道制欲、正道直行的处世观念。

在冀域，产生诸多勇于创新、自强不息、刚健有为等具有远大志向的经济、政治、军事、科技和文化现象。刚健有为、自强不息是冀文化的基本精神。自强不息是奋发图强、自立自强，是以高度的自信自尊而表现出的自强精神，这种观点为全社会所接受，不仅对知识分子，而且对一般民众也有强烈的激励作用。冀域有战国七雄中的两个强国——赵国和燕国，其实，中间还有一个号称战国第八雄的中山国。中山以千乘之国在七雄虎视中不甘平庸，不乏奋发有为的表现和大无畏的气概。中山国嵌在燕赵之间，被中原诸国视为心腹大患，经历了邢侯搏戎晋侯抗鲜虞的事件。后魏国大将乐羊、吴起统帅大军，经过三年苦战，才于前407年占领。后来中山桓公又顽强复国，国力鼎盛时有战车九千乘。前296年终被强大的赵国所灭。中山国建立后，鲜虞族在思想、文化、艺术上与汉文化逐渐融合，它的音乐舞蹈艺术既有游牧民族剽悍雄健的传统，又吸收了华夏艺术柔和婉丽的风格，阳刚与阴柔同存并济，形成了中山艺术的独有特色。思想方面，“中山专行仁义，贵儒学”，接受了儒家文化，中山国君尊贤重士，在重大政治活动中发挥士的作用，取得了一定的成就。中山国以行动诠释了刚健有为、自强不息的内涵。赵武灵王的胡服骑射，燕昭王奋发图强，祖冲之的祖率，扁鹊的问闻望切，荆轲的慷慨悲歌等等，数不胜数，无不透射着进取精神和远大志向。

在冀域，尤其明显的是顾全大局、同舟共济、包容豁达的奉献精神。这与其说与冀长期所处中央地区有关，不如说是与长期处于保护中央核心利益的需要，造就了冀域的护城河、卫国屏障、忠君爱国等角色性格。冀域之燕地，长期是整个国家的北方边陲、防御屏障，最具奉献精神。冀域之北京，从公元前1045年成为蓟、燕等诸侯国的都城开始，先后成为辽陪都、金中都、元大都、明清国都，现首都。河北省在元朝为中书省，明朝为京师，清朝为直隶省，显赫的拱卫首都的地理位置一直延续至今。时至今日，京津冀如同双核蛋的生命共同体，京津是蛋之双核，河北则是蛋清蛋壳，冀一直是护卫、捍卫、服务“京城”的无可替代的京畿重地。在冀域最倡导的是包容、奉献和忍辱负重的大局观。广泛传颂的廉颇蔺相如外敌当前摒私欲讲大义的将相和、赵子龙忠心事主等故事，突出体现了冀文化的顾全大局、包容豁达的奉献精神，这是冀文化的突出特色和核心内容。

在冀域，慷慨悲歌、好气任侠、正道直行等诚义正气内容，比比皆是。“慷慨悲歌”一语可以用来形容各个地区的人物和现象，但是在历史上，它是由燕这个区域而产生并且名噪天下的，是以燕人为典型的。在其他区域，慷慨悲歌并没有成为一种普遍现象，而在燕国区域，慷慨悲歌却已是普遍的特征和特殊的标志。荆轲在易水边一曲“风萧萧兮易水寒，壮士一去兮不复还”的千古绝唱，升华了燕地文化由苦寒局促产生出的激变，形成了燕文化慷慨悲歌的独特的风格，把冀文化的诚义精神推到了极致。慷慨悲歌是一种精神风貌，是为国家、为民族、为社会贡献一切的献身精神，是见义勇为、奋不顾身、大义凛然的勇气和胆气，是为正义、为真理而斗争，舍生取义的气节，是义无返顾、知其不可为而为之的侠肝义胆。好气任侠是冀文化的外在表现。好气是豪放不羁；侠者，最大特点是不苟于世人，而是遵循自己价值标准。侠士代表公平和正义。但由于以武犯禁、干扰国家秩序而被限制，普通人也因其志行高绝，生不求财、死不惜命而难以仿效。好气任侠往往与慷慨悲歌相联系，得到人们的认同而被推崇。后世刘关张桃园三结义，杨家将舍命抗辽等等，不断表现出奋发有为的无畏气概。包括中国共产党的开创者李大钊铁肩担道义，都是历史凝结出的忠诚、大义等精神，构成了今天冀域人性格特征中的核心文化元素。抗日战争时期，毛泽东为悼念冀东杨十三烈士亲拟挽联“国家在风雨飘摇之中对我辈特增担荷，燕赵多慷慨悲歌之士于先生尤见典型”，就是生动的写照。正道直行、坚持真理、主持正义、崇尚气节、讲求情操、正直坦荡，具有忧国忧民、敢担道义的责任感和刚直不阿、敢于反抗强暴、抵御外侮的无私无畏气概。富贵不能淫、威武不能屈，宁可弃利甚至杀身也决不丧志辱身，是冀文化中被历代知识分子推崇的品德典范。

3　冀文化与燕文化

冀文化包括燕文化、赵文化、中山文化等等冀域历史上，凝结物质、精神、制度等文明成果的文化结晶。过去习惯于将冀域称为燕赵大地，称冀文化为燕赵文化，虽然已经习以为常，称谓而已，不改似乎也未尝不可。但是，深究其理则大不然。因为赵文化、燕文化，以及中山文化、孤竹文化等，都有自己的内涵且各具特色，这是其一；其二在于，它们存在的时间早已成为过去，国土都不够大，只是河北省的一个部分，文明都不足以代表河北省的文化；而冀州作为最古老的区划则长期存在，一直至今，所以“冀”成为河北省最贴切的简称。再说燕赵两者，虽然曾经文化地域相连，互相渗透，互相影响，但是，它们都只是冀文化的一个因子，不能承载冀文化之宏厚内涵和全面功能之重任。

燕文化和赵文化都为冀文化成长积淀了文明因子。燕和赵都是冀域曾经的大国，其文化各有特色。尽管习惯于将燕文化的慷慨悲歌作为冀文化的标志，在我们看来，这只是冀文化中非常小的一个内容。单就燕文化和赵文化比较起来，赵文化中的创新发展，顾全大局则是更大价值的文明基因。燕文化的慷慨悲歌、好气任侠，过于突出英雄个人，很多属于个人性质的行为，严重影响了国家大业。燕文化中的侠士英雄，孤介独行，砥砺自信，重信义，言必信、行必果；重德行，重名誉，不务虚名；轻生死，并不逞匹夫之勇。从根本上说，其核心内涵属于宣传和培养精英的文化。作为培养人们自强不息、刚健有为的远大志向，有研究和弘扬的必要，但与赵文化相比而言，不够大气，在维护社会稳定和倡导集体主义的现代社会，小于赵文化的价值。赵文化的胡服骑射、长平之战、将相和等，都属于国家行为，更富于创新精神、大局观和宏大气魄。何况冀文化中还有中山文化、孤竹文化、京文化、津文化等丰富内容，所以，燕文化与赵文化的关系，燕赵文化与冀文化的关系都需要认真研究和重新界定。

4　燕文化在冀文化中的地位

燕文化在冀文化乃至中华文化中具有重要的精神价值和应用价

值。首先,燕文化在冀文化形成中的精神价值。燕文化处在中原农耕文化与平原游牧文化的过渡地带,是在冀域最典型的两种文化冲突、融合的背景下形成的。燕文化历史悠久,丰厚博深,在中国各地域文化中以其"慷慨悲歌,壮士不返"、"视死如归,舍生取义"、"词义贞刚,重乎气质"、"刚健有为,正道直行"、"急人之难,好气任侠"以及强烈的爱国主义精神著称于世,特别是"慷慨悲歌"以及慷慨悲歌中体现的浩然正气,几千年来深刻地积淀到冀域人们的思想、生活方式之中。燕文化成为冀域文化的精髓,构成了熔铸冀文化的重要内容,凝聚成奋发向上,自强不息的精神。其次,燕文化具有深刻的历史价值。燕文化历史悠久,而且形成了完整的孕育、发展、延续过程,在冀文化中是一个重要内容。燕文化中的许多事件至今仍有很高的借鉴意义。如招贤纳士的黄金台,成为尊重人才、爱惜人才、重用人才、人才兴邦的象征,无论对中国古代治国方略的运用还是现代企业的发展都有很强的借鉴意义。荆轲刺秦王的慷慨悲歌,蕴含的爱国主义精神对于今天和今后的爱国主义教育都有代代相传意义。

燕文化对冀文化具有重要贡献。冀文化是以儒学为基础,儒释道相结合为特征的伦理型政治文化,其主体精神是以人文精神为内核展示在世人面前的。其天人合一、以道制欲、正道直行的处世观念,勇于创新、自强不息、刚健有为的远大志向,顾全大局、包容豁达、同舟共济的合作精神,慷慨悲歌、好气任侠等诚义内容,在燕文化中均有程度不同的体现。并为这些精神的形成提供了大量素材,以自己的鲜明特色,逐步使冀文化的主体精神更突出。燕文化对冀文化的贡献在刚健有为、自强不息、慷慨悲歌、正道直行等方面尤其突出。

研究燕文化的目的是传承燕文化的精神。燕文化的核心内涵要充实到冀文化研究中去。第一,要挖掘燕文化表现的远大志向和担当精神。担当不是空洞的豪言壮语,大丈夫有所作为,勇于作为,不仅要无所畏惧，还必须有素质和能力上的基础准备。侠士荆轲不是四肢发达头脑简单的一介武夫，他学兼文武，广采博收，读书击剑，以侠义精神行走世间。既有复兴“召公之治”的远大志向，又学兼文武做好了社会担当的能力准备。第二，慷慨悲歌，重点不是悲而是壮，关键在于慷慨，所以值得后人歌颂不止。有志之士的光荣在于忠实于自己的信念，宁死不屈。并且具有破釜沉舟、不成功便成仁的勇气和勇力，敢于为志向而悲壮赴义。言必行，行必果。为国赴难，在所不辞。第三，在处理个人和集体、国家关系问题时，要顾全大局，树立责任意识，甘于奉献。在处理人与人之间关系时，要讲诚信、讲品格、重感情、讲义气。要有士为知己者死，有恩必报的纯朴品德和高尚操守。

研究燕文化，在丰富冀文化内涵的同时，要不断丰富自己的精神世界。

冯石岗

2017年3月于天津

第1章　燕文化研究报告

燕文化是冀文化的重要组成部分，是深入进行京津冀文化比较研究的重要内容。以往人们习惯于将冀文化称为燕赵文化，形式上抬高了燕文化和赵文化的地位，实际上摆错了燕文化和赵文化的位置，不利于人们对燕文化和赵文化的深入研究。燕文化和赵文化作为冀文化的重要组成部分，对冀文化的形成发展有什么样的影响和贡献，需要历史地、辩证地、客观地考察论证。

1.1　燕国地理文化特色

1.1.1　燕国的地理环境

(1) 燕国并非最适合人类生存发展的宝地。我们公认的燕文化指春秋北燕国的文化。燕国源于商周，成于春秋战国，地处华夏北方。春秋战国时期是中国社会从原始社会向奴隶社会过渡的重要历史时期，是社会矛盾尖锐激化的关节点，社会大变革的质变期。燕国作为最早古国之一，拼搏于汹涌澎湃的社会变革的洪流波涛之中，一路浮浮沉沉，能支撑到秦统一中国，最后一个倒下，可歌可泣且具有非常富贵的经验和教训值得后人分享。

(2) 燕国最后一个倒下，未必说明其最强大，或许与它并非当时人类最优生产生活的地理环境有关。春秋时期,处于列国纷争形势下的华夏各国,人口比较稀少,未垦荒地也不少,甚至中原地区宋郑两国之间还有隙地。土地远未瓜分完毕,最适合人类居住和生息的中原之地才是争夺重点。北方处于农耕与游牧文明交界,经常处在袭扰争斗中的燕国,属于中原的边陲之地,其重要性主要是华夏安全的边防重地,却不是当时理想的生息家园,因而成为秦朝统一国家战争残局阶段才收拾的对象。《庄子》中以燕国为北方最偏远的国家,与南方的越国相并提,有“燕之北,越之南”之语;《韩非子》篇幅宏大,又好作寓言,其中多次提到燕国,但都是把燕国放在一种愚蠢蒙昧的地位上加以批评和嘲笑。

当时华夏各国地理位置和自然资源很不平衡。《尚书·禹贡》把天下分为九州,并对各地的地理条件尤其是土壤状况进行了比较分等。各自相对独立封闭的地缘关系,都在“因地制宜”的发展各自的政治、经济和特色产业。但地理环境的优劣与大国间的争夺动力和力度有正相关关系。

秦国是最具资源潜力的国家。据《史记·货殖列传》载,秦国地处《禹贡》所言的雍州,土地属上等,主要占有渭河中下游。司马迁认为:“关中自汧、雍(今陕西省凤翔县西南)以东,至河华(华山),膏壤沃野千里,自虞夏之贡,以为上田”。只要制度对头,领导得法,具备迅速发展的条件。

齐国地处《禹贡》的青州,土地属上下等,仅次于雍州和徐州,司马迁说:“齐带山海,膏壤千里。”所以,长期处于列强地位,具备争霸的资格。

楚国地处《禹贡》的荆州和扬州。《史记·越世家》曰:“雎、庞、长沙,楚之粟也。”这是说湘水流域是楚国的粮仓,可见,战国时期,湘水流域的农业已是相当发达了。虽然具备争霸的条件,但是其粮仓优势也成为强国争抢的肥肉角色，往往处于风口浪尖之上。

韩、赵、魏的大部分处于司马迁所说的三河地区。《货殖列传》谓："三河在天下之中"，"土地狭小，民人众"，"故其俗纠俭习事"。

古代社会地理环境对社会发展具有很大的影响，由于各国的地理资源有优有劣，直接造成各地区经济发展上的不平衡性，生产生活条件优越的地方，自然成为竞相争夺的重点。为何地处青州的齐鲁一带成为历朝历代争夺焦点之地？关键是齐鲁大地土地肥沃，有利于种植麦、稻，也是桑麻的主要产地，且有"鱼盐之利"。这就为亦耕亦织的小农家庭的率先形成，为人口活动和繁衍提供了天然条件。春秋末，见于史籍的小农生产者，大都在齐鲁一带。《墨子·鲁问》记载，鲁国南边有个"鄙人"叫吴虑的，"冬陶夏耕，自比于舜"。而这个"冬陶夏耕"的"鄙人"显然属于小农性质。趋利避害、趋乐避苦是一切动物的本能，争居住权就是争生存权，在齐鲁大地经常发生战争具有历史必然性。

(3) 燕国的重要性不在于宜居和生存，而是在于华夏国家安全。燕国处在中原农耕文明和北方游牧民族交界地带，起着中原安全屏障的作用。一般说来，燕国资源类似于鸡肋，只有燕往内地扩展的愿望，内地国家少有往北扩展的动力。只要燕国与内地各国保持稳定，基本就相安无事。

1.1.2　燕国的特色文化

(1) 地理环境与特色文化。地理环境对经济生产直接影响，同时就产生了各具特色的文化。蒙昧时期对于深林大泽往往充满神秘感，认为鬼魅出于其中，便产生了畏惧的心理和崇拜的情结，这是完全可以理解的，这种崇拜的直接后果便影响一地区的文化。例如，处于山东半岛的齐鲁之地多山，人们便对山岳产生了崇拜心理，认为山岳是沟通天与人的纽结，而所谓天神便在山上，久而久之，便产生了山岳崇拜。同样，齐燕之地多方士，也与它凭海临风，面对飘渺神秘的海洋不无关系。楚地多湖泊，且自然景色瑰丽，形成了其特有的鬼神文化和淫祀之风等等。又如三晋地区，尤其是赵，由于地处北鄙，与游牧民族邻近，加上其土地贫瘠，所以较多地受游牧民族的影响。后来，赵武灵王推行胡服骑射，与此并非没有关系。

历史时期各区域的文化积淀不同，民族构成不同，亦为造成战国文化区域差异的一个重要原因。三晋就建于“夏墟”，又与北狄杂处，秦则霸于西戎。齐鲁建在东夷文化的废墟上，而楚人则自称蛮夷。三晋文化的一个重要来源就是夏文化。《史记・晋世家》云：“唐有乱，周公诛灭唐。成王与叔虞戏，削桐叶为圭以与叔虞……于是遂封叔虞唐。”唐在河汾之东方百里。从考古资料来看，这里当是夏文化的所在地。王玉哲先生曾指出：“从文献上看，如前所述，夏代传说最多而且又是有关其前期的传说，是在今山西南半部，即汾水流域。照文献记载，这里应当是夏族文化的发展地。”又《左传・定公四年》载：“分唐叔虞以大路、密须之鼓，姻巩、话洗，怀姓九宗，职官五正。命以《唐诰》而封于夏虚，启以夏政，疆以戎索。”可见在周成王分封叔虞的时候，已经认识到这一地区的文化有其自身特点。

（2）燕国的历史文化渊源。从时代特质来说来源于商文化，从精神内涵来说则源于北方原始的燕子崇拜。燕文化从源头说起有一个神话故事，讲到一位名为简狄的女子，因吞吃了燕卵生下了燕族（燕子为图腾的民族）祖先——子契。以神话传说来叙述本民族起源的，乃是一种常见的现象。中国及世界上其他国家均有这种情况。虽属神话传说，但也说明了一个问题。商族原是东夷旁支，以鸟作为氏族的图腾。所谓“天命玄鸟，降而生商”（《诗经・商颂》），是由夷族鸟图腾崇拜推衍而来。图腾崇拜是产生于原始氏族社会的一种古老宗教形式，这种原始崇拜是将本氏族的产生，同某一种动物或植物联系起来，认为自己的氏族与它之间存在着血缘关系，进而将它当作自己氏族的祖先、保护神或标记。由商代甲骨文中可以找到鸟图腾的证据，卜辞上记载了商王对高祖王亥的询问、祷告或是祭祀，甲骨文上写王亥之“亥”字，上面均加一鸟形。王亥是商人的“高祖”，因此将氏族图腾符号“玄鸟”加之于其名字上。除加鸟形之外，更有在旁加手形的，《山海经·大荒东经》：“有人曰王亥，两手操鸟，方食其头。”王亥作为商的高祖与鸟有密切关系，说明商族确以玄鸟作为氏族的图腾。燕是商代北疆的一个古国，早在周武王灭商以前就存在，因此燕不是西周时封出来的，周初所封的燕国是因商代的燕国而得名，燕国的历史还可追溯到更远的时期。薛兰霞教授在《论先燕文化》中指出，燕氏部族是殷商族宗族本族的一支，是居于核心地位的部族。家燕自古以来就得到殷商族人的喜受，其原因一是太皞、少皞的风姓部族是以鸟为图腾的部族，他们相信玄鸟生商的传说。二是家燕每年很准确地在春分前后几天到达黄河流域，春分这个节气即是殷商这个农耕族开始农事活动的日子，他们是以家燕的到来作为测定春分、测定历法的主要途径。同时春季也是生育的季节，这两点对以农耕方式为主的殷商非常重要。燕国把燕子作为自己的国名是长期的图腾崇拜与生产生活需要相结合的产物，这也正和商朝的图腾玄鸟相吻合。另外，从甲骨文研究中，已经发现了“匽国”这个国家，其谐音正是燕国，到了商朝晚期，燕字已经出现，正式使用，可见燕国来源于商朝。

(3) 燕文化研究对象是春秋北燕国的文化现象。燕文化与燕国的文化不同，燕国有 N 多个，只有春秋战国时期的北燕国才是对冀文化乃至华夏文明最具影响的燕国。春秋北燕的文化是战国时期文化分区的一区，燕文化指北燕国建立到灭亡期间体现的人文特征，是从文化符号层面进行的界定。由于文化精神的存在，文化具有延续性和稳定性，即使符号因为外力作用发生突然性消失，文化精神也会以某种方式得到传播。本书所研究的“燕文化”既包括燕国存在时期形成的辉煌的文化符号和深层次文化内涵，同时也包括燕国建国之前已知的文化萌芽，和覆灭以后燕文化精神的延续。故此，本书将探讨历史上的燕国，从若干燕国发展史中，寻找燕文化资源。但春秋北燕的文化是燕文化的主体和灵魂，其他燕国的历史不作详考，其中有价值的信息只稍作介绍，后续将另文研究。

1.1.3 燕文化研究意义

“燕文化”是华夏文明的基础文化之一，中国地域文化中的重要一支，是京津冀地区的母体文化，冀文化的元文化要素。本研究旨在通过对燕文化的历史传承、主要内容、精神内涵、多元特征进行分析，提炼燕文化基因，明确其历史地位和当代价值。为中国特色社会主义文化建设提供文化资源和基础。

(1) 研究燕文化的实践意义

就京津冀协同发展而言，挖掘和保护京津冀地区传统文化，为区域合作经济、文化的发展和国家深化改革做出贡献是时代的要求。而历史悠久的“燕文化”作为河北省传统文化的一大特色，对于增强京津地区的历史认同感，对于京津冀民族精神的主体精神的形成，在社会发展中发挥民族凝聚作用，对于在社会主义精神文明建设上为构建社会主义新道德等等方面，都有待开发研究。

就河北省建设而言，燕文化挖掘可以形成历史品牌地域文化，提升河北文化的影响力，直接促进河北经济和文化的发展，同心共圆河北梦。

(2) 研究燕文化的理论意义

丰富中国特色社会主义文化体系。中国特色社会主义文化体系是马克思主义理论与中国传统文化相结合的成果。其中马克思主义理论是指导思想和灵魂，我国的悠久传统文化是理论来源和历史基础。燕文化是中国传统文化的重要一支，深入开展燕文化研究有利于发扬我国优秀传统文化精神，促进中国特色社会主义文化体系的丰富和完善。

有利于马克思主义中国化、大众化。马克思主义中国化和大众化，很大程度上是一个与中国优良传统文化相互作用中得到认同的过程，是根植和融入中国优良传统文化之中并生根、开花、结果的过程。所以，用马克思主义观点指导研究中国文化和从中国文化视角解析马克思主义，既是马克思主义和中国文化认同的过程，也是马克思主义在中国发扬光大和创新发展的过程。不研究中国传统文化，不优化中国文化土壤，不进行一个个区域文化的挖掘和研究，不利于马克思主义与中国传统文化相互作用、相互交融。

燕文化研究是地域文化研究的重要内容之一。当前冀文化研究处于有益探索阶段，燕文化、赵文化等在河北大地孕育出的文化均属于冀文化的研究内容。由于燕国记载的史料缺失，燕文化研究明显落后于赵文化，深化燕文化研究有利于为冀文化提供新的资源，有利于中国传统文化研究的深化和细化。

1.2　燕文化研究现状

1.2.1　燕文化研究始末

上世纪初，我国地域文化研究随着吴楚研究的兴起而大量开展，由于燕国历史资料欠缺，燕文化对于地域文化研究者来说一直是一个神秘而又无从突破的领域，这决定了燕文化研究必须先从考古学的史料搜集这一基础内容开展。

(1) 新中国成立前期——研究初始阶段

燕国的研究初始阶段在 20 世纪 30 年代至 50 年代。1929 年至

1949年，著名考古学家马衡教授带队，对燕下都遗址进行专题调查，并对老姆台进行考古发掘，发现了大量出土文物，震撼了考古界。至20世纪50年代，二十年间大量的考古发现，证明了燕国这个神秘而古老的诸侯国的存在，为历史地理学家和其他领域专家的介入提供了突破口。例如，在挖掘中出土了一枚用燕国的文字书写的印玺，李学勤先生将之译为“燕下都”，这一实物印玺的出土证明了这里就是燕下都的都城所在地。同时在挖掘的过程中发现燕国都城分为东西两个城区，道路、排水、手工作坊等设施完善，这充分证明了燕国曾经的辉煌。此外，这一时期东北赤峰一带对燕北长城也展开了调查，收获部分资料。

(2) 全面建设时期——研究缓慢开展

20世纪50年代到改革开放前是我国社会政治的特殊时期，燕文化研究的步伐放缓，但仍取得显著的成绩。1961年燕下都被中国国务院公布为第一批全国重点文物保护单位，在大量文物被损毁的年代，这一决定使燕文化免遭破坏，为后世继续研究提供了可能。这一时期的全国文物普查工作中，发现并挖掘了一批重要的遗址和墓地，如琉璃河遗址、天津张贵庄战国墓等。考古工作的不断深入为燕史研究注入了活力，对于更多历史地理学家开始对燕国始末展开探讨，并根据发掘的文物对燕国的历史兴衰进行了研究。此阶段杨宗荣在《考古通讯》发表了关于燕文化的被当前中国知网检索到的最早的学术文章《燕下都瓦当考》，随后大量考古学成果得到发表。

(3) 改革开放以后——研究快速发展

20世纪后期，随着改革开放的步伐加快，各个领域的工作恢复正常。北京琉璃河西周墓地以及董家林古城的考古取得重大突破，最终确定了周初召公封燕之事的存在；燕北长城的发现基本确定了燕国的疆域；大量的出土文物为依据，确定了燕国的早、中、晚三个分期；燕铜器铭文的研究，基本确定了燕侯克为驻守燕国的第一位王侯。总之，这一时期丰富的考古资料使更多的专家学者瞩目燕文化研究，从而使考古学这一学术领域呈现一派繁荣。在燕文化领域的考古学著作有，陈光先生1995年汇编的《燕文化研究论文集》，陈平先生出版的《燕文化》《北方幽燕文明》《燕秦文化研究》等。

（4）燕文化历史脉络研究阶段

燕文化考古学的兴盛，为燕国历史脉络的完善提供了有力的材料支撑。这一时期最早对燕国历史进行完善梳理的是夏自正教授。1988年夏自正教授发表《燕国史简说》，该文对燕国在统一蓟之前到春秋晚期至战国早期、中期燕的发展历史及燕国形势的逆转和败亡，并对燕昭王的振兴和乐毅伐齐事件进行了详细记载，呈现出燕国历史面目的基本轮廓。

1995年，北京市房山区召开了由中国殷商文化学会和北京市文物研究所联合举办的“北京建城3040年暨燕文明国际学术研讨会”，参加会议的不仅有国内权威专家学者，还包括海外研究人员。此次会议虽然以考古研究为主，但会议上学者们对燕国地域和燕国史进行了基本界定，同时还呼吁成立专门的研究团体，组织协调有关省市学者开展燕文化研究，把燕文化研究推向一个新的时期。

1995年辽宁教育出版社、紫禁城出版社出版了张京华教授的著作《燕赵文化》。《燕赵文化》一书对历史上称为“燕赵”的河北地区进行了地理环境、时代背景、人的行为发展、社会走向等方面的多方位探讨，对燕赵区域的风土人情进行了综合描述，并讨论了商周时期的燕国古史。张京华教授认为，“慷慨悲歌、好气任侠”的精神传统，是燕赵文化区域的标志，是区别其他地域文化的最主要内容。该书成为学术界研究燕赵文化的必读书目之一，被纳入河北省的《燕赵文库》之中。

2001年出版了由河北大学教授王彩梅编著的《燕国简史》一书。该书详细介绍了燕国建立前后幽燕地区经济、政治、文化与民族融合等现象，并对燕国历史中的重要事件进行了论述，归纳了各家各派对燕王哙禅让和荆轲刺秦的观点，同时提出了自己的看法主张，该书还对燕国的特产马、蓟、枣栗等地方特色和燕地多方士这一习俗进行了记载。文章引征翔实，考证严谨，可以说是一部非常全面的燕国史书。

（5）燕文化精神内涵研究阶段

进入21世纪，随着燕国历史脉络的清晰和社会主义精神文明建设的需要，燕文化研究进入精神内涵层面。燕文化精神内涵研究成果显著，尤其在慷慨悲歌精神内涵方面研究颇丰。

第一时期，部分学者独立研究，发表学术论文。河北保定市委党校的杨玉生教授夫妇是发表燕文化精神层面研究成果最多的学者之一，主要研究包括：《燕文化及其在中国传统文化中国的地位》《论召公封燕及其对燕文化的影响》《燕文化的价值和对中国古代文化的影响》《简论燕文化资源的开发利用》《慷慨悲歌风格的形成》《论慷慨悲歌》《论先燕文化》等，杨教授认为燕文化慷慨风格的形成由山高气寒的地理环境、农牧文明的交界、燕地多侠士、长期的战争和民族融合等多种因素导致。慷慨悲歌精神对于当代社会精神文明建设具有重要作用，在《燕文化与社会主义精神文明建设》《燕文化在建设先进文化中的作用》中，杨教授指出燕文化是爱国教育的好素材，建设先进文化的宝贵资料。张比在《“慷慨悲歌”新解》中阐述自己的新颖观点，认为“慷慨悲歌”的重心不在“悲”而在“慷慨”，“悲”的真正含义是“悲壮”而不是“悲伤”。除此以外，其他学者还从多角度对燕文化进行研究，例如洛保生、孙进柱发表的《黄金台考》《黄金台现象的产生和演变》《黄金台现象对燕赵文化的影响》《黄金台现象的现实价值》等文章，把黄金台、黄金台现象与燕赵文化、历史与现实有机地连在一起，给燕赵文化特色以新的阐释，开辟了燕文化新的研究途径。

第二时期，引起学界重视，开展会议研讨。在 1995 年，北京市召开的“北京建城 3040 年暨燕文明国际学术研讨会”上学者呼吁建立专门的研究机构，但是此次会议后并没有成立专门的燕文化研究团队，燕文化研究依然呈现分散性的特点。2001 年，河北省社会科学院燕赵文化研究会正式成立，并组织各界专家学者开展了全面广泛的研究。相比之下，燕文化研究由于缺乏有力的统一协调组织，明显落后于赵文化研究。2011 年，“全国衙署文化与燕文化学术研讨会”在保定学院召开，此次会议由河北省史学会主办，保定学院和保定直隶总督署博物馆联合承办，会议旨在总结衙署文化与燕文化研究的成果，推动衙署文化与燕文化研究的深入发展。与会专家提出了诸多新问题、新视角。2014 年夏，“燕赵文化精神研讨会”在秦皇岛举行，该会议上关于燕文化的专题研究也涌现出新思想、新观点。

1.2.2　燕文化研究的成就

燕文化的主要研究成果包括燕国的地域界定，政治、经济制度，重要历史人物及事件，燕文化核心精神的概括和总结。现将其研究成果整理如下。

(1) 燕文化发生地域的界定

由于燕国的早期历史失传，《史记》等史学著作对燕国的记载寥寥无几，界定燕文化圈的范围只能从考古学发现的建筑瓦当、青铜冶铁、兵器农具、陶器货币、服饰装饰、车马用具及都城遗址遗迹进行推断。学者一致认为周朝召公受封于燕，当时的燕地在今北京市、河北北部、辽西一带。春秋晚期，《史记》中开始记载燕国的风土人情，当时燕国虽在诸侯国中最弱，但地域广泛，为了抵御少数民族的入侵，燕国北部修筑燕长城，燕长城的修筑基本确定了燕国北部的边界和燕域的走向。当前对于燕长城的确切地点众家各执一词，归纳各家观点，大致来说当时的燕国主要包括今北京市和河北省的北部、中部部分地区，还有辽宁省的西南部，其南面与赵国接壤，东北与少数民族部落相接。至燕昭公时，秦开伐东胡，进一步拓宽了燕地的范围，西起今山西省东北角，北到内蒙古南部，东到辽宁省，南到河北省中部保定一带。

(2) 燕文化发展的经济、政治、社会基础研究

第一，燕国的经济基础。关于燕国的农业经济早在 1979 年史念海先生的《战国秦汉时期黄河流域及其附近各地经济的变迁和发展》中就指出与赵国相比，燕国土地相对贫瘠。但是当时的燕国国都“蓟”仍是经济大都会，可见当时燕国除了农业生产外，其他经济形式地位显赫。1985 年石永士先生在《战国时期燕国农业生产的发展》中进一步指出燕国虽不如赵国一样土壤富庶，但是燕国疆域辽阔，农业发展的条件仍然十分优越。随后石永士分别从考古发现的翻土农具、中耕农具、收割农具和辅助农具等铁制农具和被发现的大批战国村落遗址两方面论证了燕国当时农业生产的发展和经济社会的繁荣。

近几年，对于燕国经济研究成果具有代表性的是李爱玲女士在 2013 年发表的《西周燕国农业探研》一文。该文立足于前人考古发现的基础上，同时结合资料分析，指出燕国的不仅冶铁业发展迅速，酿酒业、纺织业也得到了重要发展，并进一步明确指出，当时的粮食种类已经包括黍、粟、稻、粱、麦、豆等，而粟和黍为燕人的主要食物。燕国经济能够取得如此丰富发展，主要取决于燕地丰富的自然资源、复杂的地质环境和统治者对农业生产的重视。

第二，燕国的政治制度。对燕国政治制度进行详细阐述的学术论文有《战国时期燕国制度稽考》，该文通过对古籍研究，详细论述了战国时期燕国的官制、郡县制、玺印制、兵制、刑制及以上制度的子制

度。文中指出燕国官制分为政事职官、军事职官。政事职官又包括相、司徒、卿大夫、太傅、陶尹、工尹、迟尹、右御、水官、封人等,军事职官包括将和司马两类。燕国的行政管理制度实行郡县制,对官吏的任用采用俸禄制和玺印制,燕国有左、中、右三军,燕王还有自己的禁卫军以保证国家和国君的安全,针对违法犯罪的人员燕国设有严酷的刑罚。阎先生的这篇文章对后世燕国政治制度的研究有重要的借鉴意义。其中郡县制在后来的学术研究中得到较多的阐述和应用。《战国之燕对辽东的经营开发》一文中将辽东作为案例,进一步介绍了郡县制产生和应用的全过程。文中指出我国的郡县制起源于春秋战国时期,其中县先于郡早在春秋初期就已经在秦、晋、楚等国出现。县这一制度的实行保证了地方政权掌握在君主手中,有利于维护新兴地主阶级的集权,逐步被各国认可,及春秋末期晋率先将比县更大的领土命名为郡,并逐步确立了郡县两级地方组织,到了战国时期,该制度在诸侯国得到普遍推行。

针对燕国的郡县制,也有学者提出不同的观点。2012 年发表的《燕国县级地方行政都考》一文中指出,燕国实行的不是郡县制而是郡都制,并从官印、陶文、金文和后世文献几个方面进行了详细论述。该文指出春秋战国时期,都和县一样作为地方行政单位,二者有时可以互称,燕国的许多地名都为秦汉郡县制所延续,并改都为县,但是为了还原历史的原本影像,仍然应该进行郡县制和郡都制的区分,以弥补历史的不足。

第三,燕国的社会风俗。民风民俗研究是总结地域文化特征、凝练地域文化精神的重要前期工作之一。在《燕齐风俗之比较》一文中指出燕国与邻国齐国相比,有两个风俗,其一是重义,例如太子丹、荆轲、高渐离等,另一个是轻妇,如《地理志》记载太子丹“不爱后宫美女,民化以为俗”。梁勇在《秦汉时期燕赵文化的整合与传播》中指出秦汉时期燕赵文化经过整合，以人口迁徙为传播媒介，对岭南地区、辽东和朝鲜地区、匈奴统治区的文化都产生了深远的影响，并经过文化融汇，形成了“既有勇武豪侠的遗风，又因儒风流布，多鸿儒文豪”的特点。《“重妇”与“轻妇”——先秦赵国与燕国风俗差异解读》一文从经济地位、军事实力、心理差异等原因进行解释，指出燕地妇女地位地下，是男性的私有财产、交易物品，没有独立人格文化风俗。除此还有《燕赵人文精神的当代意义及其价值》等文章均指出燕文化除了具有慷慨悲歌的文化传统以外，还具有勤俭持家、兼容并蓄、发愤图强等精神。

(3) 燕国人物及事件探究

在燕国历史上具有重要意义的历史事件包括燕昭王修筑黄金台、燕王哙让国、燕北长城的修筑，当前对这些方面的研究成果极其丰硕。

第一，燕昭王修筑“黄金台”。燕昭王修筑“黄金台”礼待贤士的故事在燕赵大地广为流传。黄金台作为一种文化现象进行研究起步阶段是上世纪80年代，张国梁先生在《中国古代的人才招聘》一文中将筑黄金台作为一种招聘方式进行了介绍。进入21世纪以来，对于黄金台的研究取得了突飞猛进的发展。2003年起洛保生、孙进柱先后在《河北学刊》等重要期刊上发表《黄金台考》《黄金台现象的产生和演变》《黄金台现象的现实价值》等论文。在黄金台的名称由来上，论文指出虽然史书上记载“昭王为隗筑宫而师之”，但是根据古代典籍的考察和古建筑学的论证，“台”比“宫”更准确；在黄金台的具体地理位置方面，经过研究与实地考察后认为，黄金台的确切位置在保定定兴县西部；关于黄金台的这一历史现象的产生原因，一是由于《战国策》中确实对燕昭王为郭隗造台进行了记载，另一原因在于是出自士人们的理想，“燕昭王礼贤下士，卑身厚币招贤的故事对他们的吸引力太大了，他们希望遇到燕昭王那样的贤君，给自己以施展抱负的机会。因此，燕昭王的故事就在传说中不断增添绚烂的色彩”。洛教授们的研究不仅将黄金台、黄金台现象与燕文化有机地结合起来，也为燕文化注入新的精神内涵，开辟了燕文化研究的新研究。随着对黄金台文化内涵解释的愈加清晰，国内学者对黄金台的研究热潮从文化现象开始向管理科学转变，先后有《黄金台招贤》《燕昭王与黄金台》《鉴赏黄金台》等多篇学术文章的发表。

第二，燕王哙让国发生子之之乱。燕王哙让国是燕国历史上一个备受争议的事件，至今为止学术界仍对其褒贬不一。徐克谦在《燕王哙让国事件与战国社会转型中的政权交接问题》中指出燕王哙让国的内在原因是燕王哙自身勤俭忧民，外在原因是受谋士的蛊惑，社会背景是受墨家“兼爱”“尚贤”思想的影响。禅让的初衷是好的，但是结果却很糟糕。文中还指出了多家学派代表的观点，儒家学派以孟子为代表，认为燕王哙的禅让没有建立在广泛争取民主意见的基础上，不具备合法性；道家学派从“名实一致”的哲学视角出发，认为燕王哙的禅让“名”“实”不符，是一种沽名钓誉的假仁义；法家学派代表韩愈虽然向来推崇选贤用能，但是从“法”与“术”的角度进行分析：“如果说燕王哙重用子之也是出于任用贤能的考虑的话，则韩非子认为任用贤能本身并不错，燕王哙的错在于他不懂得如何运用正确的方法来任用贤能。”总体来看，徐教授对燕王哙的让国行为也持否定态度，原由是，实行禅让的前提必须是保证政权能够稳定交接。对于燕王哙让国事件进行解读的还有靳宝发表的《燕国“禅让”实践的重新解读》一文，该文指出战国处于社会制度重组时期，各种社会思潮盛行，燕王哙的让国行为正是对“禅让”学说的实践，虽然该行为最终以无果告终，但是从反面证明了禅让制度在当时社会背景下行不通。另外，正是由于禅让行为的发生并失败，才刺激了燕昭王的奋发图强之志，并为燕昭王的政治改革扫清了道路。总之燕王哙禅让事件虽然以失败为告终，但是对我国历史的发展还是起到了重要的促进作用。

第三，燕长城的修建。燕长城是我国最早的古长城之一，分燕北长城和燕南长城两部分，目的是防止邻国的侵扰。由于燕北长城的修筑，基本奠定了秦统一后我国大一统的地理范围，而燕北长城目前只是残留部分遗址，关于修建时的具体走向各资料记载不尽相同，国内学者对于燕长城的研究也是颇为重视。关于燕长城的修筑时间，《史记》中并没有详细记载，《史记·匈奴列传》说："燕有贤将秦开为质于胡，胡甚信之。归而袭破走东胡，东胡却千余里。与荆轲刺秦王秦舞阳者，开之孙也。燕也筑长城，自造阳至襄平，置上谷、渔阳、右北平、辽西、辽东郡以拒胡。"有学者按照人物关系推算，秦开是秦舞阳之孙，则秦开的生活年代大概在燕喜王之前五一六十年，大概燕惠王之后；也有学者按照历史进程的国力情况推算，秦开退东胡修建燕长城应该在燕昭王统治后期，笔者对后一说法更为赞同。关于燕长城的起止点和走向国内学者莫衷一是，影响最广的是"复线说"，这种说法认为燕长城分"内线"和"外线"两种走向，内线西段又分为东、西两段。除此以外还有"辽东说""平壤说"。建立在综合各学说基础和搜集大量史料典籍基础上的《秦辽东郡考述》一文指出："辽东长城自梨树县、西丰县之南东来之后，应该在今抚顺苏子河口不远处南折，跨越太子河(古大梁水，即衍水)中游继续南下，进入宽甸县境之后，沿北股河至太平哨，再经大西岔附近隔江与'大宁江长城'相望。"

第四，荆轲刺秦王。荆轲是燕国"慷慨悲歌之士"的代表，是燕文化的形象代言人。荆轲刺秦事件的主人公荆轲和太子丹几千年来一直是备受争议的人物。《燕子丹》《战国策》《风俗通义》等文献中均有对于荆轲刺秦事件的零散描述，但是作者的态度与司马迁在《史记》

中的态度不尽相同。路云亭在《荆轲热文化探源》一文中指出在“西晋和东晋人感念的是荆轲的猛气之勇;唐人李白、刘叉、周昙讥笑他不识时务与不懂击刺技术;晚明和清中叶人则又想起了他的那点极为愚直简朴的忠诚血勇,用以激荡自己王朝的再生活力”。21 世纪初中国再次掀起荆轲热的现象,荆轲文化的兴起也引起了学者对荆轲刺秦事件的各种争论。对于荆轲的评价,由于评价者出发点的不同褒贬不一,有人认为荆轲是大义凛然的勇士、有人认为是不善谋略的莽士;对于各种版本荆轲形象的真实性学界也有怀疑和争论,有人认为《史记》抄自《战国策》,还有人认为《战国策》抄自《史记》。张海明先后在《〈史记·荆轲传〉与〈战国策·燕太子丹质于秦〉关系考论》和《谁的荆轲——荆轲形象论之一》两篇文章中将众多史料进行对比,指出:“在司马迁撰写《荆轲传》之前已经存在一个较为完整的记有荆轲刺秦故事始末的文本,而司马迁不过是在此文本的基础上予以增补。”因此人们所谈论的荆轲是司马迁融合了自身意愿的一个理想形象,表现的是“有心杀贼、无力回天”的报国无门之怨。

(4) 燕文化精神价值凝练

第一,燕文化的传统文化地位。关于燕文化在华夏文化的地位,杨玉生教授曾经在多篇文章中提到,并在《燕文化及其在中国传统文化中的地位》一文中进行了详细论述。杨教授指出燕文化在中国传统文化中的重要地位表现在燕文化的自身价值和为构筑中国传统文化作出的重要贡献两个方面。燕文化的理论价值在于其慷慨悲歌精神是构建了中华民族灵魂的重要一部分,深刻影响着中国人的思维方式和生活习惯。燕文化的历史价值在于其丰富的历史事件和历史人物、遗物具有重要的史料价值。同时燕文化也为社会主义精神文明建设提供了良好的财富对以爱国主义为核心的中华民族精神的形成有重要的促进作用。在该篇文章中杨玉生教授还从文字、音乐方面进行了燕文化重要作用的论述。

第二,燕文化资源的开发利用。对于燕文化资源的开发和利用,进行了深入研究的著述包括杨玉生的《燕文化在建设先进文化中的作用》《燕文化及其在中国传统文化中的地位》,薛兰霞的《燕文化资源的开发利用》几篇文章。其中杨玉生的《燕文化在建设先进文化中的作用》一文指出燕文化资源在社会主义精神文明建设中的作用突出,在建设先进文化中提供了宝贵的资料,燕文化的爱国主义精神元素、正道直行的精神、宁死不屈的浩然正气都是对河北民众的性格和文化心理的铸造起到了重要作用,推动河北民众在现代化建设中奋勇前进。薛兰霞的《燕文化资源的开发利用》一文,进一步从燕文化对河北省经济发展和社会建设层面对燕文化现代价值进行了论述,指出燕文化资源的开发利用存在开发程度低、认识程度不高、专业人才匮乏、实践性不强几个问题,并提出了开发燕文化资源的构想。

第三,燕文化精神的总结概括。"慷慨悲歌"作为燕文化的精神从荆轲刺秦以后就得到了历史的认同,但是长期以来学术界对慷慨悲歌的深刻诠释都是置于燕赵文化系统内,对燕文化特有的"慷慨悲歌"精神内涵诠释不足。张京华教授在《作为一种生命价值观的燕赵文化精神》中指出燕赵文化存在差别,赵文化精神侧重于"好义任侠",燕文化精神侧重于"慷慨悲歌",燕地苦寒卑弱,因此它的文化也就自伤自怨、刚烈悲壮。在心理上,慷慨悲歌是一个情结,是由经济文化的落后和政治地位的低下而导致的一个情结,这个情结经过一种壮烈的撞击,发生逆转,出现升华,于是化育成为慷慨悲歌的性格。周振国教授《燕赵文化的内涵与特质》对慷慨悲歌进行了深入剖析,认为慷慨悲歌的精神内涵范畴体系由义、气、情、力,共同构成,并在历史发展中不断得到创新。慷慨悲歌的义主要指侠义,知恩图报、救危解困、见义勇为、除暴安良、诚信谦让等美德,燕赵慷慨悲歌最初内涵的一个集中体现;气,主要是指一种为情谊而甘愿替别人承担风险或作自我牺牲的气度,表现在人的行为方式上就是坚贞不屈的气节和大无畏的气概;情,包括激情和悲情两个方面,激情是指一种积极而又强烈地激励人克服艰险、攻克难关的情感表现形式,悲情是指关爱苍生的悲悯情怀;力,是指燕赵之地人们一往无前、不屈不挠的行为意志力和实践的坚持力。

1.2.3　燕文化研究的问题

燕文化研究成果显著,但是也存在着一些问题。这些问题和不足的产生既有客观原因,也有主观因素,对京津冀区域文化探究存在不利影响。

(1) 重视程度不够高

燕文化是北京、天津、冀北的原始文化,对京津冀协同发展有着重要作用,理应得到充分的重视。从目前的研究成员来看,主要存在以下几个问题。第一,缺乏专门的研究机构。燕文化至今并无专门的研究机构,研究机构是研究人员开展工作的平台,对燕文化各方面的研究者和团队起到组织协调的作用。燕文化研究机构的短缺导致了研究工作之能单打独斗的开展,整个研究层面缺乏宏观引领性和整体计划性。研究力量薄弱,缺乏交流沟通,导致研究内容不成体系化。第二,缺少专业知识研究队伍。研究人员均是出于个人爱好和燕属地的家乡情结,或者是地域文化研究的某一个阶段进行研究,各自为战,不成气候。

产生以上问题的原因在于,河北省长期以燕赵大地冠称,人们对燕赵文化这一系统文化比较专注,对其各要素文化相对冷淡。燕文化与赵文化相比,赵文化是一种经济富裕的大国文化,对当今的社会发展有一定的借鉴意义,相比之下学者们对赵文化的研究更加重视,对燕文化这种相对落后的反抗性文化,认识度不高。

（2）研究领域有局限性

从上文中可知，燕文化最早在考古领域开展，逐步向历史学领域和更多研究领域扩展。这种研究领域扩展方向的产生是由于燕史资料不足，其后果是使后期研究领域的广度和深度受到限制，也导致其研究的权威性存在多方面的质疑。例如对于慷慨悲歌的研究，可供当前学者研究的最早的史料就是《史记》中对荆轲刺秦的记载，但是在这之前是否存在慷慨悲歌现象或人物就无从而知；再如燕文化地域界定，由于考古学对燕长城的确切走向观点不一，这就导致了燕文化风俗和精神的研究只能局限在北京和河北北部地域，对于有争议的东北地区的风俗则搁置不议。燕下都、董家林琉璃河遗址等考古挖掘，为重绘燕国迁都的历史事件提供了线索，随着考古发现的不断突破，对燕国史的研究不断产生了新的挑战。在主客观多种因素的影响下，燕文化的研究领域需要不断突破，研究内容需要持续创新。

（3）对比研究不足

文化比较研究是是文化人类学方法论的重心。包括纵向比较和横向比较。纵向比较是从文化发展的历史阶段出发，对不同阶段的文化现象和文化本质进行比较，燕文化的历史阶段特征比较目前只局限在先燕文化和姬燕文化的历史比较，秦朝统一六国以后，燕域的文化比较少见成果。横向比较是跨文化类别的比较。一地文化特色的凸显一定要通过与周边文化的对比才能挖掘，燕国地处河北东部沿海地区，与中山国、赵国、齐国和游牧民族相邻，将燕文化与这些文化对比研究是深入挖掘燕文化特色的主要途径之一。当前进行燕文化与周边文化对比研究的学术成果十分少见，只有《先秦燕赵文化比较研究》和《燕与中山文化比较研究》两篇硕士论文，而两篇论文分别从燕国与周边国的出土文物、风土习俗和历史脉络进行比较，并未涉及深层次的精神文化对比。

(4) 燕文化灵魂研究有待深入

从当前出版的刊物来看,当前的研究著作包括考古挖掘和历史梳理两类,对于燕文化精神内涵研究的著作尚未出版。慷慨悲歌精神内涵方面的缺陷是慷慨悲歌的从属地域界定不一。韩愈的一句"燕赵多慷慨悲歌之士"为燕赵"慷慨悲歌"的文化特色进行了盖棺论定,当前学者每当提到燕赵文化时普遍认为燕赵文化的精神特色就是慷慨悲歌,司马迁首次使用"慷慨"一词是在刺客列传中描述荆轲这一人物形象,燕文化的研究学者亦将燕文化的特色定义为慷慨悲歌,这就导致了对慷慨悲歌从属地域界定的不一。燕文化精神的"慷慨悲歌"与燕赵文化精神的"慷慨悲歌"是否存在相同的内涵?二者的内在关系如何?这些问题都没有确切的答案。

1.3 研究内容和方法

1.3.1 燕文化的研究对象

地域文化是指特定地域范围内,在历史过程中已经形成并被人们感知和认同的物质和精神财富总和。地域文化的特质是由地域文化主体及其研究内容所决定的,在研究过程中以地域为主体,以历史为脉络,以文化为内核。

历史上有 N 多个燕国,本书以春秋战国时期的北燕作为具体研究对象。包括北燕国的地域范围、历史变化、重要人物和事件,也有著名历史遗存的物质载体,更多的是文献记载和其他文字资料,例如一些传说和演义。燕文化主要内容和价值研究,一要对该文化的发生、发展、转型的历史过程以及文化的传承与变异的原因和规律进行深入挖掘;二要着眼于信仰、艺术、风俗、行为,以及人类社会里燕域人们所得到的一切能力与性格秉性进行把握。

本书拟对燕文化的产生、发展、转型,燕文化的内容、精神内涵进行了解研究，辩证地分析燕文化的基因、特征、历史地位和当代价值。

1.3.2 燕文化的研究思路

（1）加强燕文化脉络研究

由于历史资料缺乏，燕文化研究主要是在考古支撑的基础上进行，考古发现时间和地点的偶然性，考古发现内容的非全面性、不系统性等等局限性，导致燕文化研究分散，系统性欠缺。本书目的在于通过现有研究成果，对燕文化进行系统梳理，构建燕文化网络结构。

首先对历史上曾经出现过的诸多燕国作一个简要的梳理。说明春秋时期的北燕是本书研究的重点。

其次是对春秋北燕展开横向网状脉络研究。即对燕文化内部的周文化因素、商文化因素、土著文化因素、少数民族文化因素进行对比；对燕文化的物质文化、制度文化、精神文化进行分类研究。

再次是对春秋北燕展开纵向竖状脉络研究。通过不同时间节点上的研究，以燕文化的历史脉络梳理为切入点，纵观该文化的过去和现在，比较燕文化的某一方面在不同时期的形态，掌握其发展方向，认识燕文化的发展规律，发掘在历史过程中该地域文化的生命力和对国家经济政治社会发展的不同影响。

（2）进行燕文化基因研究

文化往往包括两个部分，一是核心的文化基因，二是外在的表现形态。外在的表现形态，如风俗习惯、政治制度、生活方式等，会随时代的改变而改变，而核心的文化基因，会不断传承延续和发展。

进行燕文化研究的重要内容是找寻那不断传承和延续的燕文化内在密码和核心因素，即已经为后人普遍接受并且世传代续的优秀思想、理念、价值等——此乃燕文化基因。对于燕文化的基因研究方法包括：分析与综合相统一研究法，在对大量已有的燕文化文献资料精密分析的基础上，进行综合创新；具体与抽象相统一研究法，从实际存在的复杂纷繁的文化现象中探索规律,归纳概念、结论;历史与逻辑相统一的方法,依照燕文化的发展进程揭示其规律,同时运用概念、理论等形式概括解释其规律;归纳与演绎相统一的方法,对燕文化中的人、事、物个别认识并总结出燕文化基因,同时用总结出的文化基因重新认识个别事件的发生。

(3) 开展学科综合实证研究

传统文化研究属于哲学、社会学、历史学、人类学的边缘学科,每一学科有其特殊的优势和主攻的研究方向,随着当前学科分类的细化、学科之间联系的日益密切,在地域文化研究过程中采用跨学科研究法,采用多学科、多角度思辨的方式进行研究,显得尤其重要。运用跨学科研究法在研究过程中具体包括两种方式:一是与其他学科积极合作,这是研究过程中最简单、最有效、最必要的方法之一。例如对于燕域的地理范围界定,需要发挥考古学、地理历史学、历史学、档案学的学科优势,提供资料支撑、理论支撑、史料支撑。对于燕国历史事件的分析需要历史学、政治学、经济学、心理学、社会学的学科参与,从事件产生的背景、社会环境、人物心理、行为方式等进行全面的分析,从而全面还原历史原貌。二是在研究过程中利用其他学科的研究方式方法。研究方式影响着人们的思维方式,借鉴其他学科的方式方法可以为研究者打开新的思路,收获不同的结果。例如探讨燕域人文精神内涵的产生和发展时借鉴历史学资料搜集和考证法、历史比较法;对燕文化精神进行凝练时采用文化哲学的辩证研究法,对人物心理和行为进行分析时采用心理学的精神分析法,对社会风俗进行研究时采用社会学定量研究和定性研究法。由于研究方法不同,得出的结论往往不同,在借鉴其他学科的研究方式时还需进行充分的论证和思考,保证研究对象具有适合性、研究方式具有可行性。

(4) 燕文化与冀文化关系研究

冀文化是以古代冀州地域为重要载体的区域文化体系,既包括河北省,也包括曾经隶属于冀州的古代北京市和古代天津市的文化现象,因而,作为今日京文化源头的燕文化,是冀文化的重要内容。深入进行燕文化研究,除了燕文化自身内容研究外,还需要从以下两个方面入手:

一是燕文化在冀文化中的地位研究。燕文化处于冀域的最北端,是冀域内最早的文化体系,虽然燕国存在只有六七百年,但是在冀域内却起了重要的作用。探讨燕文化在冀文化中的地位需要首先进行冀文化内涵界定与价值功能研究。对"冀文化"的基本内涵做出明确界定,在此基础上深入研究其内涵和外延。冀文化历史悠久,而且有一个完整的孕育、发展、延续过程,在中国传统文化中是一个典型代表。明确冀文化研究中的基本问题,准确定位冀文化的核心价值与功能。

二是燕文化在冀文化发展历史中的作用研究。此项研究任务需要明确冀文化的发展脉络、进行历史梳理。冀文化的产生由其外部因素和内部环境共同导致。冀域在中华文明史上是一个动态区域,冀州版图历经上古时期、汉朝时期的变化到西晋时期扩展到最大,并持续到宋朝,形成当前冀文化所指的冀域。从西晋到宋朝冀州的地域最为稳定,而这一时期也是中华文明高度发达,华夏文化在全世界影响最为深远的时期,因此冀文化应该定义为强盛之冀。

冀文化是一个稳定的综合体,燕文化、赵文化、中山文化、孤竹文化、无终文化,甚至可以把近代以前的京文化、津文化均包含在冀文化之中。在冀文化强盛过程中燕文化发挥了不可忽视的作用。

第2章　燕国的历史演化

历史上有很多燕国，几乎正规的朝代都会封燕。今天人们较多熟悉和公认称谓的燕国，多指春秋战国时期蓟地北燕国。其实在这之前和之后，还有N多个燕国。这里根据目前能够查到的资料，将历史上的燕国作一个概括梳理。

2.1　先秦之燕国

2.1.1　商朝前的中国

（1）中国原始社会

中国历史悠久，华夏文明源远流长，是世界上唯一五千年保持不断的人类文明。华夏文明形成于黄河流域中原地区。是人类文明的重要发祥地。早期的历史口口相传。神话中有盘古开天地、女娲造人的说法。中国史前时代的各种文化经过以下几个阶段：

旧石器时代。以直立猿人为主的旧石器时代早中期（距今约五十万至四十多万年前），接着进入旧石器时代中晚期，以北京山顶洞人为代表，距今约在二十万至十余万年前。

新石器时代。早期的代表性文化是裴李岗文化，这一时期属于母系氏族社会，社会尚无明显分层。紧接着是以仰韶文化为代表的新石器时代中期，这一时期，社会性质从母系氏族社会过渡到父系氏族社会，社会贫富分化逐渐加深，同时生产力水平有显著提高。根据现在的考古学研究，中国的新石器时代呈现多元并立的情形：约七千年到五千年前在河南省、河北省南部、甘肃省南部和山西省南部出现的仰韶文化便具备使用红陶、彩陶以及食用粟米和畜养家畜的特质。而大约在同一时间，尚有在浙江省东边出现的河姆渡文化、浙江省北边出现的良渚文化、山东省的大汶口文化。而以龙山文化为代表的新石器时代晚期，大约出现在四千多年前。目前考古工作已经在长江、黄河流域发现数个属于这一时期的城址群，如中原城址群、江汉城址群、海岱城址群等。这或许表明在龙山时代，社会的组织形态发生较大的转变。

(2) 中国最早统一——夏朝

第一，华夏统一。中国史前时期社会生产力发展，早期文化多元发展、互相渗透、融聚一体，传说中的三皇五帝，是夏朝以前数千年杰出首领的代表。传说，黄帝和炎帝都是著名的部落领袖，黄帝阪泉之战击败炎帝，成为部落联盟首领，这是实现华夏统一的关键第一步。之后黄帝和炎帝又在涿鹿击败东南方的蚩尤部落树立霸主地位，釜山合符，完成统一华夏大业。炎黄蚩尤被尊奉为中华民族的三大人文始祖。黄帝之后，其孙子颛顼和玄孙帝喾继续担任部落联盟的首领。帝喾的儿子尧继位后创立禅让制，传位给舜。舜时期洪水泛滥，鲧采用堵的办法治水不力被处决，其儿子禹采用疏导的方法，成功治理洪水，因此部落联盟的首领禅让给禹。

第二，夏商是最早的两个朝代。首先，夏朝建立。公元前21世纪，禹建立夏朝，中国最早的国家夏朝出现。夏朝约公元前2070—前1600年。其次是商朝。夏朝末期(约公元前1600年)，夏朝诸侯国商部落首领商汤率领商部落士兵及诸侯国与夏军在鸣条(今山西安邑)

进行了一场灭夏决战，这场战争导致夏王朝灭亡，商汤建立了中国的第二个王朝商朝。商朝，又称殷、殷商，是中国历史上第一个有直接的同时期的文字记载的王朝。商朝在亳（今商丘）建立，之后国都频繁迁移，至其后裔盘庚迁殷（今安阳）后，国都才稳定下来，在殷建都达二百七十三年，所以商朝又称为“殷”或“殷商”。我们要讲的历史上第一个燕国，就是在商朝建立的。

2.1.2　商朝之南燕

(1) 商朝封燕

商朝约前 1600—前 1046 年，在河南商丘建都，公元前 1300 年盘庚迁到殷（河南安阳），后迁朝歌（河南淇县）。黄帝的后代中有个叫伯儵的，商朝时被封于燕，建立燕国。后来，从西周到春秋战国时期在中国北方蓟地产生一个诸侯国也叫燕国，并且发展为战国七雄之一，前 222 年被秦国所灭，史称北燕国。后人为了与蓟地北燕国相区别，将商朝时被封的燕国称作南燕。南燕国为姞姓，国都在今河南延津东北 45 里处，小地名“城上”（河南省延津县东北）。南燕国是个小国，发祥地在浚水河畔。唐代著名古籍专家、学者孔颖达(574—648)解释说：“南燕国，姞姓，黄帝之后也。始祖为伯儵。小国无世家，不知其君号也。”《左传》记载春秋时史事，南燕国的出现要早于北燕。

(2) 南燕存在的古籍记载

《左传·隐公五年》（前 718 年）记载：“卫人以燕师伐郑。”说的就是卫国人用姞姓燕国的军队去攻打郑国。桓公十二年公会宋公、燕人盟于谷丘，十三年公会纪侯、郑伯及齐侯、宋公、卫侯、燕人战，齐师、宋师、卫师、燕师败绩，十八年王子克奔燕。庄公十九年卫师、燕师伐周，二十年郑伯执燕伯仲文，以其伐周之故。《左传·宣公三年》（前 606 年）记载：郑文公娶了姞姓燕国的女子“燕姞”，梦见燕国开国国君姞伯儵以天使身份赠给兰花,“燕姞”就生了个儿子,取名为“子兰”,成为后来的郑国国君郑穆公。“梦兰之喜”,就成了喜得贵子的吉祥话,一直流传到现代。《左传·宣公三年》还记载:石癸曰:“吾闻姬、姞耦,其子孙必蕃。姞,吉人也,后稷之元妃也。今公子兰,姞甥也;天或启之,必将为君,其后必蕃。”这段话的意思是:我听说姬、姞两姓联婚结为配偶,他们的子孙一定繁衍昌盛。姓姞的人,是吉祥的人。姬姓始祖后稷的正妻,就是姞姓的女子。如今郑子兰是姞姓的外甥,或许是上天要使他光大,他一定会成为郑国的国君,他的后代必然也会繁衍昌盛的。《诗经·大雅·韩奕》记载:韩(此韩国是周成王之弟的封国,地在山西河津县东北,西周春秋末被晋国所并,与后来战国时期的韩国不同)姞两姓,按周宣王的指令联婚,姞蹶父隆重嫁女。这首诗说的是:韩侯进京朝拜周宣王,得到很多嘉奖并扩大了封地,还受命与宣王的外甥女完婚。此女是“汾王之甥,蹶父之子”。汾假借为坟,大也。意思就是:她是大王(周宣王)的外甥女,是姞蹶父的女儿。韩侯离京时,宣王又指派“显父”即大臣尹伯吉甫隆重饯行。韩侯归国后,即到燕国迎娶。“百两彭彭,八鸾锵锵,不(读“丕”,pi,意为大也)显其光。诸娣从之,祁祁如云。”意思是:迎亲的场面极为隆重热闹,车马喧嚣,锣鼓喧天,大显其荣耀,送嫁的姑娘姐妹众多,漂漂亮亮,如云如彩。这首诗还说到:“蹶父孔武,靡国不到。为韩姞相攸,莫如韩乐。”意思是:姞蹶父高大威武,步履矫健,没有那个城邦(当时称“国”)没有去过,为女儿选夫君,选上韩侯最乐意。《诗经·大雅·韩奕》还记载:“溥彼韩城,燕师所完”。意思是:高大、雄伟的韩国都城,是姞姓燕国的军队帮助建筑起来的。

(3)南燕的灭亡

鲁庄公二十年(前674年)春,周惠王向郑国告急,郑厉公率军攻打王子颓不胜,擒获了燕国国君燕伯仲文。南燕国的灭亡年代无考,但可以确定的是,最早也要在鲁定公十年(前 500 年)之后被灭,因《左传》中最后一次提到南燕国即为此年。南燕亡国之后,伯儵的后代子孙遂以原国名命姓,称燕姓。秦统一全国后,改南燕国为南燕县,后隋文帝又将其改为胙城县。唐武德二年,设胙州,又改原胙城县为南燕县;唐武德四年,撤销南燕并入胙城,行政概念上的南燕国自此消失。[1]

2.1.3 春秋之北燕

(1) 春秋召公奭之燕

第一,北燕开国。据《史记》记载,周武王灭商纣以后,封宗室召公奭于燕,开国君主召公奭是西周宗室大臣,与周武王、周公旦同辈。其本人并未前往就封,召公奭长子燕侯克代封国之事。为什么商已经有了南燕,周武王在这里封国还叫燕?大概因为这里是古老的燕地。燕,甲骨文、金文作晏,已具有都邑的含义。古代,在现在的北京地区有一个相当大的部族以"晏(燕)"为图腾,为族徽,为族名,并进而为地名、国名。

公元前 7 世纪燕国吞并蓟国,建都蓟(位于今北京市)。疆域范围大致为今天的北京、天津全部,河北、辽宁、山西、内蒙古和朝鲜民主主义人民共和国的一部分。燕国地理位置非常重要。新石器时期,这里属幽陵,也称幽都或幽州,为北京地区迄今为止所知道的最早名称。传说禹分冀州东北曰幽州。《周礼·职方》:"东北曰幽州。"黄帝部族在幽州建立北京地区最早的都邑,称幽都,也叫聚、聚落。据《天府广记·形势》记载:"幽燕自昔称雄,左环沧海,右拥太行,南襟河济,北枕居庸。苏秦所谓府百二之国,杜牧所谓王不得不可为王之地。杨文敏谓西接太行,东临碣石,钜野亘其南,居庸控其北。势

[1] 南燕国. 360 百科,http://baike.so.com/doc/6612160-10422410.html).

拔地以峥嵘，气摩空而(山则，山力)。又云：燕蓟内跨中原，外控朔漠，真天下都会。桂文襄云：形势甲天下，依山带海，有金汤之固。盖真定以北至于永平，关口不百十，而居庸、紫荆、山海、喜峰、古北、黄花镇险扼尤著。会通漕运便利，天津又通海运，成万古帝王之都。”

有明确记载的燕侯世序是从第九世燕惠侯开始的。据《史记·燕召公世家》，自惠侯以下至春秋末期共 21 世。其中的釐侯、顷侯属于西周时期，哀侯至献公属于春秋时期。

第二，弱势发展。燕国自建立之日起就处于守势地位。突出表现是迁都临易、燕庄公求齐救燕和燕简公奔齐与还国未遂。

① 躲避山戎进攻迁都临易。由于建国以后较长时间内与中原各地来往甚少，所以文化较中原各国落后。燕桓侯时，山戎南下攻燕，燕被迫迁都临易。山戎是春秋时期分布于河北北部的古代部族，公元前 7 世纪时最强，曾先后南下攻伐郑、燕、齐等国。据史载，燕宣侯五年(前 706 年)，“山戎越燕而伐齐，齐桓公与战于齐郊”。这次山戎进攻的对象不是燕国，但山戎“越燕而伐齐”，对燕国的威胁不言而喻。燕桓侯即位的时间是公元前 697 年，上距山戎攻伐齐国不过十年，因此迁都临易可能存在躲避山戎侵扰的因素。

东汉时临易故城遗址在当时的易县境内。由于行政区划的变迁，临易故城遗址现属今河北容城县(与雄州市相邻)，位于县城东 14 公里的晾马台乡南阳村，名为南阳遗址。包括南阳村“燕国城”和“晾马台”两处大型春秋战国台地文化遗址。这两处遗址，似是南北二城的格局。在这里征集到和清理出有铭文的铜器、陶器及骨器等文物 40 多件。从文物看，这里应为国都宫殿地址所在，说明，从公元前 697 年燕桓侯迁都到临易，直至前 434 年，二百六十多年间，这里一直是燕国的重要城邑。

② 燕庄公求齐救燕。燕桓侯死后其子庄公继位，似仍以临易为都。燕庄公执政三十三年，这一时期正值山戎强盛，燕国成为山戎侵扰的主要目标。燕庄公二十七年（前 664 年），山戎对燕国发动了大规模进攻，庄公不敌，只好向齐国求援。齐桓公是春秋"五霸"之一，在管仲的帮助下，经过改革，国力空前强盛，毫不犹豫地接受了燕国请求。齐桓公以"尊王攘夷"为号召，向山戎大举反攻。"遂北伐山戎，令支，斩孤竹而南归"。齐桓公北伐山戎，进兵令支、孤竹，挽救了燕国的危亡，燕庄公对此非常感激，不惜优礼相待，《史记》卷 32《齐太公世家》曾记下了这一戏剧性的细节："山戎伐燕，燕告急于齐。齐桓公救燕，遂伐山戎，至于孤竹而还。燕庄公遂送桓公入齐境。桓公曰：'非天子，诸侯相送不出境，吾不可以无礼于燕'。于是分沟割燕君所至与燕，命燕君复修召公之政，纳贡于周，如成康之时。"燕庄公的优礼换来了齐桓公的慷慨赠地，不失为燕、齐关系史上的一段佳话。对齐桓公所割之地，燕国曾经筑城以示纪念，后世称为"燕留城"。《史记正义》引唐《括地志》称"燕留故城在沧州长芦县东北十七里，即齐桓公分沟割燕君所至地与燕，故名燕留"。这段佳话印证了中华民族自古讲礼、有节、谦和、注重友谊的文化传统，以及习近平所说的中国没有侵略基因。

③ 燕简公奔齐与还国未遂。春秋末年，燕国统治集团内部爆发了一场政治危机，造成了燕国君位传承的一次重要更迭。《左传》："简公多嬖宠，欲去诸大夫，而立其宠人。冬，燕大夫比以杀公之外嬖。公惧，奔齐。"燕简公相信和依靠一批地位比较低下的下层官吏，重用"嬖宠"而去诸大夫，结果是诸大夫起兵杀死"外嬖"，简公被迫出奔齐国。根据诸家研究，燕简公奔齐与还国的基本线索是：燕简公起初可能是思谋变革，起用一批下层官吏，以取代"诸大夫"。但这一措施遭到了上层贵族的反对，于是燕大夫们朋比为党，起而诛杀了燕

简公的“外嬖”，燕简公不得已逃往齐国避难。这一年是鲁昭公三年（前539年），燕简公六年。从公元前539—前536年，燕国一直虚位无君。鲁昭公六年（前536年）冬，齐景公入晋，请求晋侯联合伐燕，送简公归燕执政，得到了晋侯赞同。燕国执政的诸大夫自然不愿看到燕简公回国复辟，面对齐、晋联军的军事压力，他们一方面拥立新君燕悼公，作为对抗措施，另一方面又对齐、晋联军分化瓦解，以珠宝鼎彝等厚礼贿赂齐国，并以“燕姬”嫁给齐景公为诱饵。这一措施果然奏效，齐军遂停顿于虢（今保定市高阳、蠡县间），与燕国会盟于濡上（今安新、任丘间），承认了燕国拥立新君的现状，复立简公之事不了了之。[1]

第三，逐渐走向强盛。突出表现是解除危机迁都蓟城，建立初、上、中、下都城。

① 迁都蓟城。据推断在春秋时期，一是齐桓公北伐山戎，解除了燕国的东部威胁；二是晋国自献公起，通过经济和军制的改革也逐渐强盛起来，先后灭掉赤狄、长狄，并吞二十余国，解除了燕国的西部威胁。这样就使燕国摆脱了戎狄东西夹击的困境，为燕国创造了重新发展的机遇。燕国由临易迁都至蓟。不少学者根据历代地理志书，指出蓟城的地理位置在今北京市城区西南宣武门至和平门一带。燕国政治经济中心的北移，对燕国以后历史的发展具有积极的意义：一方面，蓟城的地理位置优越于山前平原城市的琉璃河和平原城市的临易，便于燕国凭山据险，抵御北方游牧民族的入侵；另一方面，蓟城处于华北地区农耕区与游牧区的过渡地带和华北地区与东北地区的连接地带，便于发展农牧经济和实施北进蒙古高原、东拓东北疆域的战略方针，奠定了以后再度拓展冀北和辽西的基础。

---

〔1〕燕国都城简述.明清史的博客 http://blog.sina.com.cn/u/1348232053).

② 燕国建有四个都城——初都、上都、中都和下都。燕国先后五座都城有三座都在今日北京的地域内，即初都、中都、上都。今北京市房山区琉璃河镇董家林村的周初燕都古城就是燕国的初都。今北京市房山区窦店镇西的“窦店古城”，是春秋战国时期的燕中都。燕国的上都，就是自商至汉魏以降的蓟城。其具体位置大约在明清北京内城的西南边沿和北京外城的西北部。初都与上都，就是我们首都北京的前身。此外，还有更著名的燕下都。

燕下都居于燕国经济、政治、军事、文化核心地位。战国时代，燕国为应付南方各国，在今河北易县建立了一军事重镇，称为“下都”。燕下都在今易县城东南，界于北易水和中易水之间。西倚太行山，南临易水，东部迤连于河北平原，地势险要，居高临下，便于防守。燕下都的营建年代，据明朝弘治年间（1488—1505 年）《保定郡治》记载，“燕昭创之于前，子丹踵之于后。”多年来，经过文物考古工作者对燕下都的详细调查和勘探，基本搞清了它的布局。故城呈长方形，东西长约 8 公里，南北宽约 4 公里，中部有条纵贯南北的古河道，相传为运粮河。河东岸有一道与河道平行的城墙，把燕下都分成东西两城。东城平面近似方城，在中间偏北处，有一道东西向的“隔墙”把东城又分成南北两部分。东城周长 18.5 公里，文化遗存十分丰富，当是人们活动的中心，分为宫殿区、手工业作坊区、市民居住区和墓葬区。宫殿区在城址东北部，有三组建筑群组成。大型主体建筑武阳台，坐落在宫殿区中心，东西最长处 140 米，南北最宽处 110 米，在燕下都夯土建筑基址中，规模最为宏大。武阳台以北有望景台、张公台和老姆台，坐落在一条中轴线上。以高大的夯土台作为主体建筑物的基址，是战国中期城市建筑最明显的一个特点。在武阳台的东北、东南和西南，还有三组大型宫殿建筑群遗存。手工业作坊区围绕着宫殿区，墓葬区设在东城的西北部。西城区是为加强东城区的安全而设的防御性附城，城址内遗存较少。

燕下都遗址经过发掘，出土了大批珍贵文物。仅 1964 年到 1978 年对东城墓葬区的发掘，即出土文物 3800 多件，其中很多文物是很精致、很珍贵的。在老姆台东出土的青铜立凤蟠龙纹铺首（宫门上的装饰品），高 74.5 厘米，重 22 公斤，上面刻有龙、凤、蛇等禽兽图案，为考古文物所罕见。由此也可推测出宫殿规模之宏伟高大。1965 年，在武阳台附近发掘了一个丛葬坑，墓中出土文物 1480 件，其中铁制兵器，如剑、矛、戟以及铁盔、铁甲散片占绝大多数。经过对其中剑、矛、戟等 7 种、9 件兵器的分析，其中 6 件为纯铁或钢制品，3 件为经过柔化处理或未经处理的生铁制品。这说明，在战国晚期，我国就能制造高碳钢，并懂得了淬火技术。燕下都淬火钢剑的发现，比《汉书》记载的王褒上汉宣帝书中的“清火淬其锋”的时间提早了两个世纪。

从燕下都的地理形势和所处的地理位置看，它是燕上都通向齐、赵等国的咽喉要地，为燕国南部的政治、经济和军事重镇，因而，延续时间很长。燕昭王在这里筑黄金台招纳贤者，燕国很快强盛起来，大败齐国。燕国即将被强秦灭亡之际，燕太子丹遣荆轲刺秦王，就是在这里策划的。

（2）北燕走向鼎盛

第一，阻止齐国攻击。战国初年，各国纷纷进行改革，唯独燕国在变法改革方面默无声息，处于缓慢发展的状态。而齐国为了向北扩张，不断进攻燕国，前 380 年，齐夺取了燕的桑丘。前 373 年，燕在林营（林狐）击败齐。前 355 年，齐国侵掠燕国易水之地。燕在韩、赵、魏三国的及时支援下，多次击退齐军，阻止了齐国的野心。北方有来自东胡的威胁，此时对东胡采取防御为主的战略。

第二，经受子之之乱，勉强生存下来。前 323 年，燕国参加了公孙衍发起的韩、魏、赵、燕、中山“五国相王”活动，燕国在此年称王。两年后，易王卒，儿子哙继位。燕王哙在他即位的第三年，即前318年，作出了一个惊世骇俗的大事，将燕王的君位“禅让”给相国子之，并把三百石以上高官的玺印全部收回，交由子之任命。换言之，子之全面执掌了燕国军政大权。此举引起了太子平等旧贵族的不服，在前314年时起兵攻击子之，失败，死于乱军之中。这场内乱，造成了人心的涣散和国力的严重削弱。齐宣王趁机伐燕，将军匡章率军出兵50天攻破燕国，燕王哙和子之被杀。同时中山国也趁机出兵攻占了燕国部分领土。在燕国军民的奋力抵抗和赵、韩、秦、楚等国的压力下，齐国不得不退兵，赵国拥立在韩为人质的公子职，并以兵护送至燕国，是为燕昭王。

第三，燕昭王励精图治。首先是招贤纳士。在赵武灵王支持下姬职即位，但子之之乱后的燕国百废待兴。昭王即位后励精图治，决心兴复燕国，报仇雪耻。采纳郭隗的建议，招贤纳士。拜郭隗为师，给以优厚待遇，“卑身厚币以招贤者”，筑黄金台，“千金买骨”，结果各国士人“争趋燕”。燕国很快集中了一大批各方面的人才。其中最著名的有四个：苏秦、乐毅、邹衍、剧辛。昭王“吊死问孤，与百姓同甘苦”，后期又以乐毅为亚卿主持国政，经过二十八年励精图治，原本弱小的燕国成为一时之强。其次是破齐伐胡。昭王及后派苏秦出使齐国，首先说服齐宣王归还前人趁燕国内乱攻下的十座城池，然后鼓动齐国攻打宋国，离间齐赵两国的关系，并在赵武灵王、魏襄王、楚怀王、韩襄王这些大国王侯之间进行外交游说。公元前286年，齐国灭宋国，引起各国震动，各国频繁相会，推动了反齐联盟的建立。前284年，昭王拜乐毅为上将军，率倾国之兵联合秦、韩、赵、魏五国伐齐，获得大胜，五年内连下齐国70余城，几乎占有齐国全境(除了莒、即墨两城)，报了当年齐国入侵燕国之仇，燕国达到全盛。

燕将秦开，曾在东胡作为燕国的人质，东胡人很信任他。秦开归国后，起兵袭击大破东胡，“东胡却千余里”，结果燕国边境向东推进了一千多里，大大开拓了燕国的疆域，而燕国亦随即开始修筑北长城。北长城西端起自造阳（今河北省张家口市宣化县东北），向东到达襄平（今辽宁省辽阳市北面）。南面占领了中山北境一带，今唐县、望都一线成为燕国的南境。在燕国全盛的时候，曾经攻取真番、朝鲜，让它们归属燕国，并为它们设置官吏，在边塞修筑防御城堡。《战国策·燕策一·苏秦将为从北说燕文公》记载：燕国“东有朝鲜、辽东，北有林胡、楼烦，西有云中、九原，南有滹沱，易水”。

燕昭王时，随着国力的强大，疆域大为拓展，燕国的疆域达到了历史上最大范围。由于商业、手工业的发展，城市也空前繁荣起来。燕昭王时期，燕国的都城形成了“三都”体制，即蓟城、中都（今北京市房山区窦店以西）和下都武阳城。除都城之外，燕国的一般城市也获得了不同程度的发展，如襄平（燕辽东郡治所）。

(3) 燕国的经济和文化

第一，经济。燕国燕山以南以农业为主，以北以牧业为主，燕山地区和冀东地区同时兼有农业和牧业。大至东部沿海有渔盐之利，北部出产马牛羊，南部盛产黍稻粟菽，山地有铜铁矿冶，经济部门比较齐全。铁农工具在各地普遍地使用。水利工程，在幽州南界有督亢泽、督亢陌，在北京永定河流域有陶井，在燕南长城有易水堤防，在燕下都有运粮河。燕国在冶金手工业中主要的是冶铁手工业和青铜手工业。战国时燕国冶铁手工业有了飞跃的进步，不仅生产工具用铁制作，战争的武器也已逐渐改用铁制成，同时青铜手工业的冶铸技术也达到了相当高的水平。

第二，文化。春秋时代开始，各地诸侯相争，而原本周文化独尊的局面逐渐破坏，各地区文化开始有“本地化”的改变趋势。到了战国时代，这种情况更明显，在文字使用方面可以粗略依照地域分为五大系统：东方齐系、东北燕系、南方楚系、北方晋系和西方秦系文字，各系统的文字大体上相近，只有小部分文字有所差异，因此彼此文书往来并没有太大问题。燕国作为一种特定的历史环境，聚集了诸多不同种文化，诸文化因素的渗透酿成燕文化。从琉璃河附近之镇江营遗址的情况看，西周中期已有一种周、商文化因素合体的文化覆盖。这种合体现象体现在许多器型上，如鬲的整体为商式造型的袋足，却附有周式的矮小足跟，如簋虽有商式的敞口外形，口沿、器表、圈足都发生了变化，周人是不使用陶簋的，也许是受商人铜簋的影响。文化合体的结果，使遗物产生群体的变化，这些变化后的遗物群体称之为西周燕文化，与此相关联，创造这一文化的人类共同体业已形成。西周燕文化在北京琉璃河燕都城遗址、镇江营遗址、昌平白浮、河北满城要庄均有成组器物出土。其陶器中商文化因素显然强于周文化因素，在随葬品方面，商文化特色更浓重。昌平白浮墓陶鬲的足跟为周文化因素，口沿起泥条凸棱又是张家园上层文化因素。同墓的青铜短剑、头盔、刀等兵器则为北方某些民族所特有。

总之，在燕文化中，商文化因素最重，周文化因素次之，并间或显示出少量的张家园上层文化及北方其他民族文化因素的存在。这种文化表象与燕国墓地中周人占据面积很小的情况相结合，透视出燕国社会背景的某些方面。周人在燕国只是少数，又多属高等级人物，不可能直接与下层接触，其间所借助的中间力量是商文化色彩浓重的原商人旧臣。商文化在其承上启下的桥梁作用中，广泛地播下了文化传统的种子，最终成为燕国中一支重要的政治力量。周人虽然在意识上歧视、排挤张家园上层文化等北方民族文化，但无法控制商人旧臣与当地土人的接触，当土著文化强大起来之后的春秋时期，就连周人也无法拒绝土著人的加盟了。

（4）燕国的衰败覆灭

第一，中反间计，伐齐失败。前278年，燕昭王死，太子燕惠王即位。燕惠王为太子时，就与乐毅不和。齐国即墨守将田单知道燕国君臣相疑，施反间计，燕惠王中计以骑劫代替乐毅。骑劫平庸无能，并无军事才能，他代替乐毅为将，造成了燕国军心动摇。前279年田单以火牛阵一战大败燕军，骑劫为齐军所杀，燕军望风而逃，齐军很快就收复了失陷的70余城，趁势复国。

第二，燕赵交恶，秦国得利。前272年，燕国统治集团内部斗争，燕惠王为燕相公孙操所杀，立惠王子燕武成王为傀儡，招致了列国诸侯的声讨和攻伐。在燕武成王、孝王、王喜三代，为迎合秦国之意或乘赵国危难之机，不断挑起与赵国的争端。前265年，秦国乘赵国国君新旧交替，政局不稳之际，连取三城，燕与秦南北夹攻，齐国派相国田单率军救赵。西拒秦军之后，又率赵、齐联军对燕国进行报复，占领了燕地中阳（中人，今唐县）。前259年，燕国趁赵国在长平之战大败之际，诱使赵北部的武垣令傅豹、王容、苏射率众投入燕国。燕王喜时，在前251年、前245年分别派遣栗腹、剧辛攻赵，被赵国打败，赵军反击并包围燕都，燕国被迫割地求和。前236年，赵再次率军伐燕，攻取狸、阳城。结果燕国屡屡战败，使处于衰落进程的燕国更加衰弱不堪。

第三，急功近利，最终覆灭。面对秦国势如破竹的统一各国灭国之战，燕国作为最古老的封国，没有顺应时代潮流奋发图强进行改革创新，没有采取科学合理的内政外交政策谋发展，而是采取了急功近利谋刺秦王的短视手段，企图一劳永逸，结果是一败涂地。

前230年，秦国灭了韩国。前228年，秦国占领了赵国都城邯郸，逼近燕国。秦国吞灭列国之战势如破竹，年轻时在秦国作人质的太子丹逃回燕国后，没有采取积极的内政和外交措施拖延秦国进攻时间，挽救燕国于危亡，根本不思如何致力于振兴燕国抵御毁灭，而是寻找到一位叫荆轲的刺客，企图通过刺杀秦王挽狂澜于即倒。前227年，太子丹秘密送荆轲和他的13岁的助手秦舞阳到易水之畔(现河北易县)执行刺杀秦王政的任务。荆轲在易水河畔留下“风萧萧兮易水寒，壮士一去兮不复还”的慷慨悲歌。结果，荆轲刺秦王未遂。这一事件给了秦国一个迅速进攻燕国的借口。前226年，大将王翦率秦军以摧枯拉朽之势占领了燕国的大半。燕王退守辽东，杀太子丹以求和。秦王政二十五年(前222年)秦国大将王贲率军攻辽东俘虏燕王喜，我国周朝北方最大的诸侯方国，在周的北土已巍然屹立了八百余年的燕国，灭于秦。

2.2　秦后之燕国

2.2.1　封国制度

在我国西周时期有分封制，是帝王得天下后分封同姓的王族到地方上做诸侯。封国和郡县制度统称为郡国制，在西汉建立之时，由于同姓较少，所以把同姓的王族分封到地方，封国是朝廷的依靠力量，但常常会与朝廷作对。后来诸侯实力增大，对朝廷构成威胁，所以采纳谋臣晁错的建议，削弱诸侯势力，到汉武帝时，颁布推恩令才逐渐让封国退出舞台。

古代，封国之所以会形成，是由于统治者要维护自己的统治，因而要把自己的亲信安置在重要位置，从而保证封国自己的统治权威不会丧失。封国制度在古代一定程度上维护了社会安定，但时间一久，封国的弊端就会显露出来。西汉初期实行封国制，就是由于刚开始时统治者的地位不稳，为巩固自身统治，需要找些自己信得过的人维护江山稳定。等到统治稳固了，同时又由于种种因素，封国制不适应社会需求时，就会退出历史舞台。

封国制之所以会消失，是由于这种制度不能长久沿袭。封国制成立之初，派往重要地区的人绝大部分和皇帝有密切关系，而一旦时间久远，后来的皇帝和世袭的后代间关系越来越淡，而各地区由于得不到中央有效管理，逐渐地扩大势力，并有了反叛中央的野心，最终导致了这一制度的消亡。

2.2.2 秦末两个燕

(1) 陈胜吴广时期韩广自封为燕王

秦末陈胜吴广起义，天下大乱。陈吴政权派赵人武臣经略赵地，武臣在赵地自立为赵王，张耳、陈余分别是右丞相和大将军。武臣稳定赵地之后就派韩广安抚燕地，结果韩广在燕地很受欢迎，在当地贵族拥立下，韩广自立为燕王。韩广当时曾因为母子尚在赵地，对称王有顾虑，赵王暂时无奈，承认了韩广称王的现实，并将其母子送还韩广。公元前208年(秦二世二年)，秦攻赵王武臣，燕王韩广还派臧荼率兵救赵。

但是，赵王对韩广自立称王一直耿耿于怀，终于发动了攻燕战争。由于赵王弄巧成拙，差点丢了性命，攻燕未遂。不过赵王获救很有戏剧性，其中小小勤杂兵智救赵王的故事很有文化传承价值。

据说赵王带兵攻燕，大兵压境马上开战之时，突发奇想，竟扮作平民百姓潜入燕境，想窥探对方虚实。结果被燕军识破抓捕并囚禁起来。燕王要瓜分赵国一半土地才肯归还赵王，还杀了赵国派去交涉的使者。右丞相和大将军张耳、陈余非常恼火，恨不得立即发兵攻打燕境，杀死燕王，但又投鼠忌器，怕一旦开战，燕王先把赵王杀死。二人忧虑重重没有好办法。有一个小勤杂兵对同伴说："如果我去游说燕军，就能救回赵王。"受到同伴们的讥笑。这勤杂兵也不多言，换了一套装束，真的跑去了燕军大营。戏剧性从此开始：

勤杂兵见到燕将说："知道我来干什么吗？"

燕将回答说:“你打算救出赵王。”

他又问:“您知道张耳、陈余是什么样的人吗?”

燕将说:“是贤明的人。”

他继续问:“您知道他们的意图是什么?”

燕将回答说:“不过是要救他们的赵王罢了。”

勤杂兵就笑着说:“您还不了解这两个人的打算。武臣、张耳、陈余手执马鞭指挥军队攻克了赵国几十座城池,他们各自也都想面南而称王,难道甘心终身做别人的卿相吗?做臣子和做国君难道可以相提并论吗?只是顾虑到局势初步稳定,还没有敢三分国土各立为王,权且按年龄的大小为序先立武臣为王,用以维系赵国的民心。赵地已经稳定平服,这两个人也要瓜分赵地自立称王,只是时机还没成熟罢了。如今,您囚禁了赵王,这两个人表面上是为了救赵王,实际上是想让燕军杀死他,这两个人正好瓜分赵国自立为王。以原来一个赵国的力量就能轻而易举地攻下燕国,何况两位贤王相互支持,以杀害赵王的罪名来讨伐,灭亡燕国是很容易的了。”

燕国将领认为他说的有道理,就归还赵王,勤杂兵就替赵王驾着车子,一同归来。

勤杂兵吸取了以前救赵王失败的教训,一开始不直接切入谈话正题,而是采用迂回的策略,消除对方的戒备心理,让其在不知不觉中接受自己的观点,从而达到自己的目的,这充分展示了勤杂兵的聪明智慧和说辩技巧。[1]

这个事件一方面说明赵王用兵具有智取的思考,可谓兵家谋略。虽然没有成功,但意义非小;另一方面,透过小勤杂兵智救赵王的思辨过程,说明当时处理国事已达到以理服人和注重全局利益的高度

---

〔1〕张建中.厮卒巧言智语救赵王,通辽日报,2014年9月3日.

理性和文明的程度。

(2) 项羽封臧荼为燕王

前206年(汉元年),项羽分封天下时,不放心燕国,借口臧荼功劳大,立韩广手下大将臧荼为燕王,把韩广迁为辽东王,以无终(今天津蓟县)为都。韩广对此不服,不肯搬迁,结果于同年被臧荼击败及杀害,燕及辽东两地皆为臧荼所有。

前204年(汉三年),韩信破赵,燕王臧荼归顺韩信,投降刘邦。汉王五年(前202年),刘邦打败项羽,臧荼和楚王韩信等尊奉汉王刘邦为皇帝。后来因刘邦大肆捕杀项羽旧部,令臧荼非常恐惧,于是反汉,高祖刘邦亲自征伐,臧荼被斩杀。

项羽封臧荼为燕王,展现了项羽在处理韩广与臧荼关系中的智慧,分化瓦解二人关系,对于稳定大局具有重要意义。

臧荼终被刘邦斩杀,说明历史上左右投机,缺乏道德操守者,都没有好下场。忠义二字是中国传统文化的元基因。

2.2.3 汉封五个燕

西汉时期,一级地方政区郡、国并行。今北京地区曾几度封为燕国。

(1) 汉高帝封卢绾为燕王

汉高帝五年(前202年),臧荼谋反,刘邦亲自出征击灭臧荼。刘邦封忠肝义胆的发小卢绾为燕王。卢绾(前256—前194年),沛郡丰邑(今徐州市丰县)中阳里人,西汉时期异姓诸侯王之一。卢绾是汉高祖刘邦的发小及同窗,深得刘邦的信任,官至太尉,后又被封为长安侯。

在处理燕国与匈奴关系的过程中,刘邦对卢绾产生误会,怀疑卢绾的忠心并发兵攻击卢绾。借此机会誓曰:“非刘氏而王者,若无功上所不置而侯者,天下共诛之。”此为著名的“非刘氏不王”的“白马之盟”。

卢绾对刘邦之忠是不容置疑的，一是与匈奴关系上是智谋，而非反叛；二是发生误会后卢绾一直要求面见刘邦解释或曰谢罪，刘邦始终不给说话的机会。可见，刘邦追杀卢绾是巩固政权，排除异姓的一个借口，是制造“非刘氏不王”的“白马之盟”的由头。反映了封建统治者狭隘的眼界和“家天下”的私欲。

在楚汉战争时期，刘邦为了与楚军争夺王位，网罗各股军事力量，分封了一批异姓王。这些异姓王助力刘邦终成帝业。帝业已成，“兔死狗烹、鸟尽弓藏”的封建帝王本性就暴露出来了。战国时期，越国灭掉吴国以后，范蠡大夫非常明智地对文种大夫说，咱们走吧，咱们的任务已经完成了，越王勾践这个人是可以共患难而不能共富贵的，你要记住，飞鸟尽，良弓藏，狡兔死，走狗烹。越王勾践只可以共患难而不能共富贵的本性，在刘邦身上同样严重。刘邦认为异姓王仅能利用，终不可信。因此他称帝以后，先后以种种借口除掉异姓王，同时又分封刘氏子侄为同姓王。作为巩固西汉中央政权的辅助手段，刻意以卢绾“真反啦”的机会，与群臣行白马之盟，立下“非刘氏不王”的誓约。

白马之盟的本意是巩固汉家天下，但却反而因为过于依赖同姓王而使其坐大，后患无穷。刘邦登上皇位后害怕被异姓功臣夺权，为了使其后代不用受到功臣们的挟制和压迫，找种种借口铲除开国功臣，订立白马之盟，开创了后代各朝开国君主屠杀功臣的先河。

(2) 汉高帝封刘建为燕王

汉高帝十二年(前 195 年)，立子刘建为燕王，都蓟城，高后七年(前 181)刘建死，无后国除，改为燕郡。

(3) 吕后封吕通为燕王

高后八年(前 180 年)封吕通为燕王。吕通是汉朝诸侯王，西汉第四代燕王。祖父吕泽是吕后的长兄。前180年，燕王刘建死后，吕后以他为燕王。当年，吕后去世，九月，周勃安刘，汉文帝即位，吕通被杀。

(4) 文帝升徙琅琊王刘泽为燕王

文帝元年(前179)徙琅琊王刘泽为燕王，都蓟城。刘泽(？—公元前178年)，与高祖刘邦是共曾祖父的再从兄弟，早年随刘邦起义，公元前204年任郎中，后升为将军。公元前196年，因参加镇压陈豨叛乱并击败陈豨部将王黄有功，被刘邦封为营陵侯。高祖十二年(前195年)四月，高祖在长乐宫去世。朝政大权操在吕太后手中。太后立刘泽为琅邪王。太后死后，刘襄企图为帝，刘泽对于最终确立汉高祖的第四子刘恒为皇帝——汉文帝有功。文帝元年(前179年)，刘泽因平定诸吕和阻止刘襄有功，自琅邪王徙为燕王。刘泽在燕2年薨，谥号燕敬王。元朔二年(前127年)，刘泽曾孙燕王刘定国因罪自杀，国除改为燕郡。

(5) 元狩六年(前117年)，武帝立子刘旦为燕王，都蓟城。刘旦(？—公元前80年)，即燕剌王。刘旦被封为燕王后，建都蓟(今北京市城区西南部)，成年后就国，从长安徙居今北京市。皇帝使御史大夫张汤庙立皇子旦为燕王。赐策曰："於戏，小子旦，受兹玄社！朕承祖考，维稽古，建尔国家，封于北土，世为汉藩辅。於戏！荤粥氏虐老兽心，侵犯寇盗，加以奸巧边萌。於戏！朕命将率征厥罪，万夫长，千夫长，三十有二君皆来，降期奔师。荤粥域，北州以绥。悉尔心，毋作怨，毋俷德，毋乃废备。非教士不得从徵。於戏，保国艾民，可不敬与！王其戒之。"应该说，从武帝策命刘旦的诏书中，看出对他寄予了北御匈奴、屏藩汉室的厚望。汉武帝刘彻晚年为江充等人所蒙蔽，发生了骨肉伦常惨变的"太子刘据之乱"，杀了太子刘据及其子孙。燕王自认成为合适的储君人选，上书汉武帝，遭到汉武帝厌恶。汉武帝去世后，立最小的儿子刘弗陵为太子。刘旦屡次想谋反篡位，败露，最终被逼自杀。刘旦因谋反自绞死，国除，改为广阳郡。

武帝立子刘旦为燕王，一是说明了燕国北御匈奴、屏藩汉室的地理地位，也说明刘旦在武帝心目中的非重用地位。

汉武帝刘彻晚年被蒙蔽所发生的骨肉惨变，以及逼杀刘旦悲剧，在家天下的封建社会，时有发生，这是中国封建社会的重大制度缺陷。人治社会的历史传统对于今天的法治建设仍有一定影响。

2.2.4　魏晋时期燕

(1) 魏明帝封曹宇为燕王

魏明帝太和六年(232 年)，改封燕王。明帝曹睿年少时与曹宇亲近，即位后又宠幸曹宇，明帝改燕郡为燕国，封曹宇为燕王，都蓟城。曹宇，字彭祖，沛国谯人(今安徽亳州)，三国时期魏国宗室，曹操与环夫人之子，与曹冲为同父同母的兄弟。景初二年(238 年)冬十二月，曹睿患病严重，拜曹宇为大将军，与领军将军夏侯献、武卫将军曹爽、屯骑校尉曹肇、骁骑将军秦朗等共同辅政，嘱咐后事。刘放、孙资长久地掌管国家机要，怕有后患，私下离间。曹宇性情恭顺温和，对于明帝重托诚恳地坚决推辞。曹睿让刘放、孙资进入卧室问道："燕王正是如此吗?"刘放、孙资答道："燕王实际是自知不能承担重任，所以这样。"曹睿问："谁可以承担?"当时只有曹爽一人在旁，刘放、孙资顺势推荐曹爽，并且说："应当召回司马懿参与。"曹睿听从刘放、孙资建议，免去燕王曹宇等的官职。景初三年(239 年)夏，曹宇回到邺城。咸熙二年(265 年)魏亡，国除。

在中国封建社会皇帝昏庸和宦官误国事件屡屡发生，这种人治的制度环境，是中国社会法治建设不力的重要文化根源。

(2) 公孙渊自立燕

公孙渊，字文懿，辽东襄平(今辽宁辽阳)人。公孙渊是辽东太守公孙度之孙，左将军公孙康之子。魏大司马，封乐浪公。公孙康死的时候，因其子公孙晃和公孙渊等年纪尚小，大家于是拥推其弟公孙恭为辽东太守。公孙恭则因病渐渐变成了阉人，不能治理辽东。公元228年（太和二年），公孙渊逼夺叔父公孙恭之位。魏、吴对抗之际，左右投机。公元233年（太和七年），公孙渊企图向吴称臣以为外应，孙权打算册封公孙渊为燕王。公孙渊因东吴远而曹魏近，害怕曹魏讨伐，于是诱斩吴使，并将其首级献给明帝。魏明帝拜公孙渊为扬烈将军、辽东太守。景初元年（237年）终于反叛，自立为燕王，燕王国建都襄平，割据辽东、带方、乐浪、玄菟等郡。明年春，司马懿率军讨伐，八月即克襄平，被司马懿率领的讨伐大军围困后，乞降不被接受，与子在逃跑时被斩杀。

公孙渊是一个无情、无义、不择手段的投机人物。特别看重权力，先是逼夺叔父之位，后趁魏、吴骚乱之际自称燕王。发动叛乱，与魏对抗，败给司马懿率领的讨伐大军。被围困后乞降不成被斩。不忠无义没有好下场的案例，也是提炼中国传统文化的重要源泉。

(3) 晋武帝封司马机为燕王

西晋泰始元年（265年），晋武帝封其弟司马机为燕王，都蓟城，“八王之乱”时国废为郡。司马机，字太玄，晋朝宗室，文帝司马昭第七子，晋武帝司马炎之弟。出继司马昭的弟弟清惠亭侯司马京。司马炎即位后，泰始元年，封燕王，邑六千六百六十三户。机之国，咸宁初征为步兵校尉，以渔阳郡益其国，加侍中之服。拜青州都督、镇东将军、假节，以北平、上谷、广宁郡一万三百三十七户增燕国为二万户。薨，无子，齐王司马冏表以子几嗣。后冏败，国除。

(4) 唐高开道自称燕王

高祖李渊武德元年（618年），渤海郡（今河北沧州）人高开道攻取北平郡（治卢龙），又陷渔阳郡，有马数千匹，众至万，自称燕王，改元始兴，都渔阳。高开道(？— 624 年)，隋末河北农民起义军领袖。盐户出身，骁勇善战。隋末参加格谦领导的起义军，任将军。格谦战死，他在沿海聚集旧部，发展力量。旋从高昙晟，被立为齐王，不久杀高昙晟，兼并其众。武德三年(620 年)归唐，接受唐朝北平郡王封爵，任蔚州总管，封北平郡王。次年，复自称燕王，起兵反唐。北连突厥，南结刘黑闼，幽、易、恒、定咸被其患。公元 623 年，他第一次引突厥兵攻幽州，突地稽率兵击退。第二次以奚族兵攻幽州，州兵将其击退。第三次又引突厥兵两万人两次攻扰幽州，唐军不能控制。

公元 624 年，其部将张金树反叛，高开道被迫自杀。张金树降唐，燕王国灭亡。

2.2.5　五胡十六国五燕

五胡十六国时期，在中国北方出现了五个以"燕"为国号的政权，分别是：慕容皝建立的前燕(337—370 年)、慕容垂建立的后燕(384—407 年)、慕容泓建立的西燕(384—394 年)、慕容德建立的南燕(398—410 年)和冯跋建立的北燕(407—436 年)。

(1) 五胡十六国

第一，八王之乱。西晋在曹魏统一北方，进而晋武帝灭孙吴统一中国之后，本可以继续秦汉统一之格局，但是司马王朝走的是门阀政体之局。这样一来，社会各阶级的矛盾和对立，动摇了晋王室的基础。晋惠帝末年的八王之乱，和其他的外患导致中原沦陷，边陲不保，群雄混战，生灵涂炭。八王之乱是一场皇族争夺中央政权的内乱，从元康元年(291 年)起至光熙元年(306 年)，共持续 16 年，为中国历史上空前的大内讧。导致了西晋亡国以及近 300 年的动乱，使之后的中国进入五胡十六国时期。这场动乱从宫廷内权力斗争开始，而后引发战争，祸及社会，造成了较大的破坏，也加剧了西晋的统治危机，成为西晋迅速灭亡的重要因素。于八王之乱期间，北方各外族乘机趁西晋内部空虚而起兵并入侵中原地区，最终于建兴四年(316年)灭亡西晋。之后司马王室南迁，晋室遗族于南方成立东晋，而北方中原地区则由外族割据，黄河流域成为各少数民族的逐鹿之地，直至东晋灭亡，中原从未被东晋所收复，国家未为统一，此时期为“五胡十六国”。

第二，“五胡十六国”。“五胡十六国”的五胡指匈奴、鲜卑、羯、氐、羌。十六国指前凉、后凉、南凉、西凉、北凉、前赵、后赵、前秦、后秦、西秦、前燕、后燕、南燕、北燕、夏、成汉。此外，还有代国、冉魏、西燕、吐谷浑等都在十六国之外。共有二十国。五胡世代居住在中国的西北部，因对抗晋政府的腐败和官员的贪污残暴，而叛变晋王朝。他们所建立的王朝都是短命的王朝，各自征战，民不聊生。五胡十六国兴替的历史相当繁乱，以公元383年淝水之战为界，这百来年的历史大体可分为两个阶段。第一阶段既人们常说的“胡亡氐乱”。永嘉(307—313年)之乱后“五胡”所建立的多个政权一度为氐族前秦政权所统一，但淝水一战失败后顷刻之间便土崩瓦解。第二阶段更是祸乱不息，前秦灭亡后北方重又分裂，关中、关东、陇右政局纷乱，民族之间的斗争又出现一个高潮，社会动荡比以前更厉害。直到北魏统一北方，才结束“五胡乱华”。

第三，五胡十六国时的社会基本状况。

一是经济状况不佳。当时黄河南北与关中地区是遭受战祸最剧，经济破坏最为严重。当时人民不是依附坞堡，成为坞主的部曲，就是迁移至各国首都附近，提供生产或兵役用。各国也会互相掠夺人民、财富以充实国力或是补给军队。由于人民频繁的迁移，使得在初期难有经济发展。

二是农业有所发展。有些国家在稳定之后，开始发展经济。例如后赵石勒在崛起过程中，大肆杀掠。但在立国后开始发展经济，劝课农桑，颁布的税收却比西晋还轻，经济逐渐复苏。但在石虎统治之后，劳役汉人，挥霍无度，经济下滑。另外，有些国家早在开创时期就已经打下基础，做好内政，吸引不少流民投靠。早在成汉成立之前，已有大批流民投靠巴氐李氏。李雄建立成汉后，在他统治之下“事少役稀，百姓富实”，成为最安定的地区。前燕慕容皝在统治辽东时即仿照曹魏，开放荒地让流民种植。前凉统治的河西地区，由于相对中原较少战乱，大量流民投奔。农业、畜牧业都有所发展。丝路也能保持畅通，使得首都姑臧成为商旅往来的枢纽，渐渐发展出“河西文化”。前秦苻坚任汉人王猛辅政，王猛发展经济，关中的农业、手工业和商业获得恢复和发展，使得前秦国势大盛，史称“关陇清晏，百姓丰乐”，打下统一华北的基础。前秦崩溃之后，后秦姚兴注重刑罚，惩治贪污，关中经济稍微恢复。之后西凉李皓在玉门关、阳关开垦荒地，史籍记载“年谷频登，百姓乐业”。北燕冯跋减轻赋役，南凉秃发乌孤注重农业，皆重视根据地的经济发展。

三是注重儒学和教育。边疆各族在华北地区立国后，互相混战。在这些国家中，以前秦（氐族）和后秦（羌族）的文化最为兴盛，其次则是鲜卑慕容氏建立的前燕及后燕。此外，汉族张轨、李皓所建立的前凉和西凉，更是当时的文化中心，史称“河西文化”。继承前秦苻坚崇尚儒学、奖励文教的传统，各国的统治者为了维护政权的稳定也发展教育。前赵刘曜设置太学、小学，选拔人才。前燕慕容皝设置官学，并著教材《太上章》和《典诫》。后秦、南凉设置律学，召集地方散吏入学。这促使北方各族接受汉文化，对于民族融合具有积极意义。

（2）慕容皝立前燕

第一，慕容皝自立前燕（337—370 年）。十六国时期由鲜卑族首领慕容皝所建立的政权。慕容皝自立称王，其国号为燕。为区别同期的慕容氏诸武宣帝慕容廆燕，历史学家把它称为前燕。其统治地区包括今天河北、山东、山西、河南、安徽、江苏、辽宁各一部分。东晋碍于形势，破例封其为燕王，燕国名义上类似晋朝的异族王诸侯国，但燕国拥有绝对治国权，异于晋朝的同姓王藩国，实际充当着一个异族强臣。

342年慕容皝击败了后赵的二十万大军，解除了来自中原的压力，定都龙城（今辽宁省朝阳市）。东破夫余及高句丽，攻灭宇文部鲜卑及夫余，成为辽西唯一的武装势力，为慕容儁入主中原打下基础。348年慕容皝死，子慕容儁继位。349年进攻后赵，夺得幽州，迁都于蓟。前燕占领后赵幽州后，继续南进图据中原。慕容恪率军通过多次战役击败冉闵。燕军进屯常山。并适时进攻魏都邺城。352年击败冉魏，燕军克邺。慕容儁随着取代冉魏，抛弃东晋旗号，自称燕皇帝。随后，357年迁都邺城。

慕容儁胸怀大志，358年下令全国州郡检查户口，每户仅留一丁，此外全部征发当兵，拟拼集150万大军以灭东晋、前秦以统一天下。不料360年正月在邺检阅军队时逝世，壮志未酬。

第二，前燕中期顺利发展，取得中原控制权。360年，慕容儁死，十一岁太子慕容暐继位，在慕容恪有力辅佐下阻止了宫廷的内讧，推动了前燕发展，到367年慕容恪病死期间，前燕政治较为稳定。慕容恪（321—367年），前燕文明帝慕容皝第四子，前燕景昭帝慕容儁之弟，十六国时期前燕杰出的政治家、军事家，被后世誉为十六国十大名将之一。慕容恪“幼而谨厚，沈深有大度”，十五岁时就统领军队，南征北战，屡立战功。官至太宰，总揽大权，却毫无私心，平定内乱，勤于吏治，辅佐幼主，尽心尽责，成为前燕支柱。在其死后，前燕迅速衰落。

361年开始，前燕与东晋在中原展开了连绵的战事。363年，前燕全面的攻势开始发动，四月，慕容忠攻荥阳。364年，略地河南，攻克许昌、汝南、陈郡、许昌。365 年攻克洛阳。这一系列的战役后，前燕从东晋手中获得了中原的控制权。

枋头之战。369 年东晋实施收复失地计划，大司马桓温北伐，引发了著名的枋头之战。东晋大司马桓温北伐前燕，369 年 7 月进驻枋头。前燕诸将都无法抵挡晋军，慕容暐大惊想逃跑避难。慕容垂请求出战，担任南讨大都督，率慕容德等五万兵出战。慕容垂用兵得当，连续获胜，并阻止晋军开通漕运，断绝晋军粮道，打仗有声有色。桓温屡战不利，粮食又不足，终于 9 月循陆路撤军。当时诸将打算立刻追击，但慕容垂以晋军初退，必定严加戒备，以精锐军队断后，于是打算迟点才追击，待晋军乘追兵未至而加速行军，令兵士筋疲力尽时才进攻。慕容垂因而率领八千骑兵尾随晋军，发现桓温果然在看不见追兵后加速。数日后慕容垂下令进攻，骑兵于是加速，于襄邑赶上晋军，配合慕容德所率埋伏于襄邑的伏兵夹击桓温，于是大败晋军，杀三万人。桓温败退。

第三，前燕亡国。367 年慕容恪死后，庸贪的上庸王慕容评辅政。前燕开始走下坡路。少帝慕容暐之叔吴王慕容垂在击败桓温的战役中立下大功，然而他却被辅政的慕容评所猜忌。慕容垂被逼无奈投诚前秦。前秦天王苻坚亲自迎接，以慕容垂为冠军将军，封宾徒侯。苻坚早就想消灭前燕，一直忌惮慕容垂，如今最大劲敌已经投诚，苻坚遂开始讨伐前燕的计划。370 年 11 月，慕容暐被前秦抓获，前燕灭亡。

第四，前燕的制度建设。

① 前燕的中央制度。慕容廆时即招徕流民，在辽水流域设置侨郡(皝时改郡为县)，许多山东、河北一带的汉族世家大族纷纷迁徙辽西，投靠慕容氏。又将被征服地区的各族人民大批迁徙到自己的统治区内。除以州郡县管理编户外，还用军事化方式占有大量称为营

户、军封或荫户的人口,也有被榨取高额地租的屯田民户。慕容氏自慕容廆起即与汉族士大夫合作,共同统治。前燕政权循魏晋九品官人法,肯定士族特权,承认坞主壁帅势力。境内大族势力有所发展。368 年,一次就搜括出荫户 20 余万户。又兴立学校,培养统治人才。慕容皝时能留意农桑,兴修水利,国势日盛。到慕容暐时政治腐败,矛盾交错,终至亡国。

② 前燕的继承制度。历史早期及北方少数民族首领采取立能的原则推举产生。檀石槐以后鲜卑首领以世传授,部族的凝聚力获得提升,这一时期所出现的兄终弟及,也即立年长君主,或许可以看作是立能传统于特定家族内作用的结果。自慕容廆以来慕容鲜卑逐步改造部落体制而向集权国家迈进,在君位继承上力求确立嫡长子继承制,无疑是受到汉族政权的强烈影响。推崇首领个人能力的部族传统以及列国争强的现实环境,使得慕容燕政权在确立君主嫡长子继承的道路上出现一系列纠葛和冲突,表现为慕容氏家族内部一幕幕悲剧的发生。

在解决稳固继承制度问题上,十六国时期各政权做出了不同程度的探索,如预使太子处理尚书台事务、加强东宫兵力乃至遣太子领军征讨,这些慕容后燕几乎都做到了。后起的北魏政权,与慕容鲜卑有着相似的部族背景,又是在征服后燕的基础上进取中原,汲取国家统治的经验教训,慕容燕都是最切近的标本,大量曾仕于慕容燕政权而又成为北魏的俘虏的士人就是吸取这些经验教训的良好媒介。北魏政权崛起于代北,进而统一整个北方,作为十六国历史的一个总结,其成长壮大、制度建设,除自身的努力与探索外,有前此经验可以吸取、前此教训可以借鉴,这也是考史者思考北魏史事所应注意的地方。

③ 前燕的五行德运。刘曜和石勒共同开创了承续魏晋的新传统,影响到慕容鲜卑所建立的前燕。据《晋书》卷一一〇《慕容儁载

记》，东晋穆帝永和八年，儁称帝，“群下言：‘大燕受命，上承光纪黑精之君，运历传属，代金行之后。宜行夏之时，服周之冕，旗帜尚黑，牲牡尚玄。’儁从之。”石赵国势虽盛，却以凶残闻名，慕容氏与赵为敌，南北对峙，颇有年所。因此建国之初，蔑弃石赵法统，远承西晋，可说合理合情。但是，前燕时期的历史条件毕竟有了很大的变化。胡族在中原建立政权、称王称帝的时间，已经累积了将近半个世纪，这个时间长度足以侵蚀古老的汉魏传统，并把新的因素引入传统之中。慕容儁的时代，支撑胡族政权的社会心理平台已经构筑起来了，他和他的臣子们却不能认可石赵的法统地位，除了感情的因素，也可能仍然残存着心理的虚弱。

这时，具有宽广历史视野的某些政治家，已经认识到否定石赵所带来的政治风险。从逻辑上说，石赵在时间序列上早于前燕，前燕也和石赵一样以华北为基本统治区，如果前燕否定石赵历史地位的合法性，那么，理由只能是两个：一是石赵政治黑暗，这个理由是表面的；二是石赵是胡族政权，这个理由可能是深层的。前一个理由来自汉代传统，但是很难操作；而后一个理由，就直接威胁到慕容燕自身了。因此，改弦更张就成为必要。《慕容儁载记》附《韩恒传》：“（儁）僭位，将定五行次，众论纷纭。恒时疾在龙城，儁召恒以决之。恒未至而群臣议以燕宜承晋为水德。既而恒至，言于儁曰：‘赵有中原，非唯人事，天所命也。天实与之，而人夺之，臣窃谓不可。……’儁初虽难改，后终从恒议。儁秘书监清河聂雄闻恒言，乃叹曰：‘不有君子，国何以兴，其韩令君之谓乎！’”韩恒、聂雄都主张燕承石赵为木德，显然是注意到了否定石赵所带来的逻辑上的危害。“后终从恒议”的“后”，并不是在慕容儁时期，而是到了慕容暐建熙五年至七年之间（364—366年）。《晋书》卷一一一《慕容暐载记》：“暐钟律郎郭钦奏议以暐承石季龙水为木德，暐从之。”其时慕容恪当政，这个涉及国统的变化应当出于他的定策。前燕到慕容暐当政时改承水德之后赵，定为木德。由此，石赵成了五胡中最早获得后继国家认可法统地位的政权。

（3）慕容垂建后燕

第一，后燕是十六国之一，鲜卑族慕容垂所建，都中山（今河北定县）。盛时有今河北、山东及辽宁、山西、河南大部。历七主，共二十六年。是十六国后期中原地区最强盛的一个王国。

第二，后燕建立。前燕慕容在位时，慕容垂因宗室内部矛盾投奔前秦，为苻坚将领。淝水之战后，垂至邺拜谒先人陵墓。时丁零族翟斌于河南起兵反秦，镇守邺城的苻丕（苻坚庶长子）命垂及宗室苻飞龙前往镇压。途中垂袭杀飞龙，与前秦决裂。384 年，淝水之战前秦失败以后，鲜卑贵族慕容垂乘机恢复燕国，垂自称大将军、大都督、燕王，建元立国，史称后燕。

后燕有众二十余万，进围邺城。385 年苻丕自邺城撤往晋阳（今山西太原西南），河北之地尽属后燕。386 年，垂自立为帝，定都中山。392 年消灭割据河南的丁零族翟魏政权，394 年灭西燕，基本上恢复了前燕版图。395 年垂命太子宝率军八万进攻北魏，在参合陂（在今山西阳高境）大败。

396 年垂亲率大军往攻，一度取得平城（今山西大同东北）。同年四月垂病死，子宝继位。慕容宝受新兴的北魏压迫，退往龙城（今辽宁辽阳），398 年为鲜卑贵族兰汗所杀。慕容宝之子慕容盛是兰汗的女婿，又杀兰汗自立，成为后燕的第三代皇帝。

第三，慕容熙亡国。慕容盛即位后，以太妃丁氏为皇太后，其叔河间公慕容熙为都督中外诸军事、尚书左仆射、领中领军。

慕容熙是慕容垂的小儿子，年纪还不到二十岁。他风流秀雅，仪表出众，是出色的美男子。但在他出色的仪表之下，却包藏着狼子野心。他对皇位垂涎已久，执掌大权以后，便想取慕容盛而代之，登上皇帝宝座。为篡权，经常与自己的寡嫂、当今皇上的庶母丁太后暗中往来偷欢作乐，培养为自己篡权的得力的帮手。恰逢宫廷政变，燕王慕容盛被人刺杀。政变被镇压下去后，丁太后力排众议，连夜与慕容熙密谋，利用皇上驾崩之际，太后便是一国之君的优势，加之慕容熙手里的军队，立慕容熙为国君。慕容熙当上皇帝以后，又宠新欢，丁氏发动政变不成被逼自杀。而慕容熙终被大将高云、冯跋等人发动政变而处斩。

慕容熙昏庸，荒淫暴虐，不守帝道，在位期间大兴土木，民怨沸腾。23 岁死，后燕自此灭亡。

（4）慕容泓建西燕

第一，西燕（384—394 年），十六国时期慕容泓继前燕亡国以后建立的政权，史家称其为西燕。崔鸿撰《十六国春秋》时未对该政权独立展开，不在十六国时期 16 国之内。定都长子（今山西长治）。盛时有今山西、河南各一部分。394 年被后燕所灭，国祚十年。

第二，西燕建立。太和五年（370 年），前秦国主苻坚灭前燕，徙鲜卑四万多户于长安及近畿各地，鲜卑部众受到奴役希望东归。淝水之战，前秦南征失败后，前燕皇帝慕容暐弟慕容泓闻慕容垂于河北起兵反秦，于是集关内外诸马牧鲜卑，屯兵华阴。太元九年（384 年），慕容泓自称大将军、雍州牧、济北王，以兴复燕国为号召，建元燕兴，有众十余万。384 年平阳的慕容冲也以 2 万起事，攻打蒲坂。被窦冲大败于河东。带 8000 骑兵越过黄河，投靠慕容泓。

384 年 6 月，高盖、宿勤崇杀济北王慕容泓，推中山王慕容冲统领全军，为皇太弟。七月，慕容冲与秦王儿子苻晖大战于郑西，大破苻晖。又在灞上打败秦王少子苻琳和前将军姜宇，占据了阿房。九月，慕容冲兵临长安城下。有与苻坚奴厌奴苦欲取汝为代尔的经典对话。

慕容冲“有龙阳之姿”。前秦皇帝苻坚对十二岁慕容冲一见钟情，苻坚打败燕国之后，便纳了慕容冲的姐姐清河公主为妃，并鬼迷心窍地把慕容冲也关进后宫，从而“姊弟专宠”。以至于长安城传出“一雌复一雄，双飞入紫宫”的民谣。前秦的股肱之臣宰相王猛，眼见帝王的不伦之恋深表痛心，屡次劝谏，终于，苻坚依依不舍地把慕容冲送出宫外，让他到平阳这块地方去做了太守。十几年后，慕容冲杀回来了。公元384年，慕容冲25岁，在平阳作了十年太守。这一年，慕容冲叔慕容垂、兄慕容泓，起兵反叛前秦，希冀燕室中兴。作为前燕皇族，慕容冲毅然加入到叛军之中。叛军一路披靡，一路进逼长安。这过程中，慕容泓被暗杀，慕容冲继兄位继续统率叛军。384年七月，慕容冲入住阿房城，将苻坚困于长安城中。晋书上描写：慕容冲进逼长安，坚登城观之，叹曰：“此虏何从出也？其强若斯！”大言责冲曰：“尔辈群奴正可牧牛羊，何为送死！”冲曰：“奴则奴矣，既厌奴苦，复欲取尔见代。”坚遣使送锦袍一领遗冲，称诏曰：“古人兵交，使在其间。卿远来草创，得无劳乎？今送一袍，以明本怀。朕于卿恩分如何，而于一朝忽为此变！”冲命詹事答之，亦称“皇太弟有令：孤今心在天下，岂顾一袍小惠。苟能知命，便可君臣束手，早送皇帝，自当宽贷苻氏，以酬曩好，终不使既往之施独美于前”。坚大怒曰：“吾不用王景略、阳平公之言，使白虏敢至于此。”

此后，苻坚兵败，后被叛臣羌族人姚苌所杀。慕容冲冲入长安，将这帝王之地变成了人间地狱。“奴则奴矣，既厌奴苦，复欲取尔见代”（虽然我只是奴隶，就是因为厌恶了当奴才的苦处，所以想取你而代之）成为名言。

第三，慕容永巩固政权。皇室内乱，内斗不断。386年二月，冲部将利用鲜卑军民思归关东的情绪，左将军韩延杀慕容冲，拥立鲜卑贵族段随为燕王。因段随不是慕容氏之人，声望权势不够威慑不了部下，左仆射慕容恒、尚书慕容永杀韩延、段随。立宜都王子慕容顗（前燕宜都王慕容桓的儿子）为燕王。三月，慕容永率四十余万鲜卑人收拾行李，离开长安。在黄河西岸的临晋城（今大荔），慕容凯被杀，慕容恒和慕容永闹翻，立慕容瑶（慕容冲的儿子）当皇帝。慕容永攻来，杀慕容瑶，立慕容忠（慕容泓的儿子）。六月，忠亦被杀，慕容永被推为大将军、大单于、河东王，率领部众继续东进。同年十月，慕容永因为前秦皇帝苻丕来到平阳，担心保不住自己，就派使者请求苻丕借路回到东部去。苻丕不答应，率兵讨伐慕容永，慕容永击退苻丕，进兵占领长子（今山西长子县）。于是慕容永也称帝，改年号为中兴，建都长子。正准备要纳苻丕的皇后杨氏（杨皇后）为上夫人，不料杨氏拔剑刺击慕容永，被慕容永所杀。之后巩固了疆域，西燕也逐渐转变成为正式的国家。

第四，西燕和后燕正统之争，西燕亡。西燕慕容永与后燕慕容垂同是前燕的宗室，慕容垂是前燕景昭帝慕容儁的弟弟，而慕容永是慕容恪的从祖兄弟，故言慕容永是前燕的疏族，遂产生法统之争。

392年六月，慕容垂在滑台攻打翟钊，翟钊兵败后降归慕容永，慕容永授任翟钊为车骑大将军、东郡王。一年多以后，翟钊图谋杀掉慕容永夺位，被慕容永发觉，将他处决。西燕和后燕也因此成了敌人。

慕容垂在巩固了自己的后方之后，于393年冬向西燕大举进攻，394年二月，慕容垂增调司、冀、青、兖四州兵分三路大举进攻，自率大军出沙亭与西燕作战。西燕主慕容永发兵5万以抵拒后燕军，将粮草聚于台壁。慕容永见慕容垂率军驻扎邺西南一个多月未有行动，遂怀疑后燕军将从秘密道路进攻，便召集各路军队驻屯轵关，扼守太行口，惟留台壁一军。西燕台壁守卫孤立，慕容垂乘机率大军出滏口，进入天井关；五月进至台壁，连破西燕军，斩右将军勒马驹，擒镇东将军王次多，并包围台壁。

慕容永亲率驻太行军5万回师阻击，慕容垂派骁骑将军慕容国在涧下埋伏骑兵千人。值两军交战时，慕容垂假装败退，慕容永追数里，中埋伏。后燕军立刻从四面进攻，大破西燕5万援军，斩8000余人，慕容永败回长子（今山西长子西南）。晋阳守将闻兵败，弃城逃走，后燕军轻取晋阳。

394年六月，后燕军包围长子。八月，西燕太尉大逸豆归部将伐勤等人开城门投降，后燕军入长子，杀慕容永，西燕灭亡。

西燕疆域。西燕在慕容永在位期间统治疆域最大，北达新兴（今山西忻州），南抵轵关（今河南济源），东依太行山，西至黄河边，计有上党、太原、武乡、建兴（今山西晋城）、西河（今山西离石）、新兴、平阳（今山西临汾）和河东（今山西运城）等八郡，总领人口七万六千余户。

（5）慕容德建南燕

第一，南燕（398—410年），十六国之一，慕容德所建。后燕慕容宝在位时，叔父慕容德镇守邺城。397年，北魏攻后燕都城中山（今河北定州），宝北奔龙城。十月，北魏破中山，后燕被截为两部分。德以魏将来攻，邺城难保，于398年率户4万南徙滑台，自称燕王，史称南燕。398年建都广固。统治今山东及河南的一部分，史称南燕。399年滑台为北魏攻占，德率众向东，攻取青、兖，入据广固。400年，德改称皇帝。405年，德病死，兄子慕容超嗣位。超好游猎，委政宠幸，诛杀功臣，赋役繁多，百姓患苦。409年，东晋刘裕率师北伐，410年二月广固失陷，超被俘斩，南燕亡。

第二，南燕袭扰东晋，刘裕指挥灭亡南燕的著名战争。东晋元兴三年（404年），刘裕率兵击败反晋称帝的桓玄，掌握了东晋朝。义熙五年正月（409年），南燕帝慕容超嫌宫廷乐师不够，欲对东晋用兵掠取。2月，慕容超轻启边衅，进击东晋宿豫，掠走百姓2500人。东晋中军将军、录尚书事刘裕率军抗击南燕，外扬声威，于四月自建康率舟师溯淮水入泗水，指挥了灭亡南燕的著名战争。

409年5月，刘裕率军进抵下邳，留船舰、辎重，改由陆路进至琅琊。为防南燕以奇兵断其后，所过皆筑城垒，留兵防守。这时有人劝刘裕不宜深入，刘裕认为慕容超等性贪婪，无深谋远虑，必不能守险清野。南燕鲜卑人恃勇轻敌，对晋军进入其境不以为虑。慕容超没有采纳征虏将军公孙五楼"凭据大岘山之险，使晋军不能深入"或"坚壁清野"、"断晋粮道"之良策。此战，刘裕善于料敌，利用敌之失误，扬长避短，以战车阻燕军精骑；并将军事进攻与攻心相配合，稳扎稳打，掌握主动，终获全胜。410年，刘裕督众四面急攻，燕尚书悦寿开城门纳晋师。慕容超突围被俘，俘送于建康而杀之，南燕亡。

第三，改革社会制度。南燕时期，鲜卑贵族即与汉族士大夫合作，共同统治。慕容德称帝，下诏承认旧士族特权；又建立学官，选公卿以下及二品士门子弟入太学，本地大族势力得以保存和发展。由于鲜卑贵族和汉族大姓竞相荫庇人口，形成"百室合户""千丁共籍"的局面，严重影响国家的赋役征发。德下令检括户口，出荫户5.8万。还立铁冶，置盐官，以增加国库收入。

(6) 冯跋建立北燕

第一，北燕(407—436年)是十六国时期鲜卑化的汉人冯跋建立的政权。冯跋(？—430年)，字文起，小字乞直伐。长乐信都(今河北冀县冀州市)人。后燕慕容宝时，署中卫将军，东徙龙城(今辽宁朝阳)。祖父和，永嘉之乱时避乱上党(今山西省长子县)。父安，曾仕于慕容永，永败亡后迁居和龙(今辽宁朝阳市)，成为鲜卑化汉人，与慕容宝养子高云友善。冯跋少时恭慎寡言，宽厚大度，勤于农事，深受父母钟爱。后燕慕容宝在位时，他官至中卫将军。慕容熙即位后，为政暴虐，并密谋除掉冯跋兄弟，冯跋遂与诸兄弟逃往深山野林。

407 年，冯跋与从兄万泥等人潜入龙城，杀掉昏庸暴虐的慕容熙，拥立慕容宝之养子高云为燕天王，都龙城（今辽宁省朝阳市），仍沿用燕国号，改元正始。高云任冯跋为使持节侍中、都督中外诸军事、征北大将军，封武邑公。

409 年，高云被部下离班、桃仁所杀，冯跋平定政变后即天王位于昌黎（今辽宁省义县）。据有今辽宁省西南部和河北省东北部，史称北燕。

第二，冯跋功绩。冯跋即位后，继续沿用后燕制度，同时汲取后燕败亡教训，“历意农桑，勤于政事”，多次下书令百姓“人植桑一百根，柘二十根”，发展农业生产；他“省徭薄赋”，明言对“堕农者戮之，力田者褒赏”，努力减轻人民负担；为了节省财力物力，他还积极改革殡葬习俗，提倡丧事从俭。

冯跋统治时，能振顿朝政，留心政事，革除后燕苛政，简省赋役，奖励农桑，惩治贪污，肃清吏治，社会较为安定，有利于农业生产的恢复和发展。又建立太学，重视教育。选派二千石以下子弟入学读书，培养统治人才。推行胡、汉分治政策。平定内乱，外与柔然、契丹、东晋交好，巩固统治，维持偏安局面达二十余年。冯跋在位二十二年，为使处于乱世之中的北燕保持稳定与发展可谓历尽艰辛。

第三，北燕灭亡。太平二十二年（430 年），冯跋病亡，谥文成，庙号太祖。冯跋死后，其弟冯弘逼杀跋子冯翼自立，改元太兴。太兴二年（432 年）六月，北魏太武帝拓跋焘发兵伐燕。太兴四年（434 年）正月初四日，冯弘派使臣出使北魏，请求和解。太武帝拒绝了他的请求。三月，冯弘派遣尚书高颙前来北魏请罪，请求把他的小女儿充当后宫的嫔妃。太武帝拓跋焘同意了他的请求，并征召他的儿子冯王仁入朝侍奉，冯弘拒不接受，而是秘密派人到高句丽请求接纳避难。太兴六年（436 年），冯弘进入辽东高句丽。太武帝又向高句丽征索冯弘，高句丽就在北丰把冯弘杀死，北燕灭亡。

2.2.6 后续两个短命燕

(1) 安禄山自封大燕

第一，安禄山反叛大唐自封大燕。安禄山(703—757年)，是唐代藩镇割据势力之一的最初建立者，也是安史之乱的祸首之一，并建立燕政权，年号圣武。安禄山权势的取得，除了手段狡诈，善于谄媚逢迎，取得唐玄宗、杨贵妃等人的宠信和支持外，还因为河北一带民族杂居，情况复杂，而他熟悉当地情况；另外，当时奚族和契丹族势力较强，不时进扰河北，他以征战或欺诈手法镇压两族立功，被玄宗倚为"安边长城"。安禄山得到唐玄宗信任后，招兵买马，极力扩军备战，其不臣之迹暴露。宰相杨国忠屡次奏告玄宗安禄山的"反状"，但玄宗却不以为然。安禄山叛乱的准备工作顺利就绪。天宝十四年(755年)十一月初九，身兼平卢、范阳、河东三镇节度使的安禄山，以诛扬国忠为名，率众十五万，号称二十万，在范阳起兵，其部将史思明同时起事，史称"安史之乱"。公元756年正月一日，安禄山于洛阳自称雄武皇帝，国号大燕，改元圣武元年。定洛阳为都，以范阳为东都。

安禄山长得痴肥，眼盲后，长期靠心腹小宦官为其穿衣。因其宠爱幼子，二子安庆绪得不到宠幸心中怨愤，命令安禄山宠幸的宦官李猪儿在替他穿衣时，以刀刺其腹而死。公元757年，安庆绪杀父安禄山，自立为帝，年号载初。不久安庆绪被安禄山的部将史思明所杀。761年3月，叛军内讧，史思明为其子史朝义所杀。763年，史朝义无路可走，于林中自缢死，燕国灭亡。

第二，"安史之乱"对后世有重大影响，分析其产生发展的原因，对于任何社会都有借鉴意义。

① "安史之乱"的历史危害。"安史之乱"是唐代于755年12月16日至763年2月17日发生的一场政治叛乱，是唐由盛而衰的转折

点，也造成唐代藩镇割据。由于发起叛唐者乃是安禄山与史思明二人为主，故史被冠以安史之名。安史之乱历时七年零三个月，虽然乱事最终得以平定，可是很多后世史家均认为安史之乱不但是唐帝国由盛转衰的转折点，而且对中国后世政治、经济、社会、文化、对外关系的发展均产生极为深远而巨大的影响。司马光《资治通鉴》："（安史之乱爆发之后）由是祸乱继起，兵革不息，民坠涂炭，无所控诉，凡二百余年。"

② "安史之乱"的经济原因。经济基础决定上层建筑，"安史之乱"的产生具有深层次的经济原因。唐玄宗开元时期，社会经济虽然达到空前繁荣，出现了盛世的局面，但同时由于封建经济的发展，也加速了土地兼并，以至百姓多迁徙流亡。均田制破坏，均田农民失去土地成为流民。加之，唐朝最高统治集团日益腐化。从开元末年，唐玄宗就整天过着纵情声色的生活，杨贵妃一家势倾天下，任意挥霍，宫中专为贵妃院织锦刺绣的工匠就达七百人，杨贵妃的姐妹三人每年脂粉钱就上百万。杨氏兄弟姐妹五家，声色犬马，权欲熏心，过着荒淫糜烂的生活。统治阶级的腐朽加重了人民的负担，使广大人民处在水深火热之中。

③ 统治阶级内部矛盾。安史之乱的性质是统治阶级内部争权夺利的斗争，更具体说，是唐中央政府与地方割据势力的矛盾斗争。一是将相不和。安禄山兼三大兵镇独掌二十万的兵力，拥兵边陲，其手下骁勇善战，甚获玄宗宠信，引来宰相杨国忠忌恨。两人因而交恶。安禄山久怀异志，加上手握重兵，就以讨杨之名举兵叛唐。二是奸臣把持朝政。唐玄宗后期，口蜜腹剑的奸相李林甫，把持朝政达十九年之久。他在职期间排斥异己，培植党羽，把持朝政。继他上台的杨贵妃之兄杨国忠，更是一个"不顾天下成败"，只顾循私误国之人，他公行贿赂，妒贤忌能，骄纵跋扈，不可一世。奸臣当道，加深了统治

阶级内部的矛盾，尤其是杨国忠与安禄山之间争权夺利，成了安史之乱的导火线。此外，西北派节度使哥舒翰与东北派节度使安禄山之间，也素有裂隙。内外交错，使唐玄宗后期统治阶级内部君与臣、文臣与武将之间的矛盾日益尖锐化。

④ 管理制度因素。随着唐太宗、唐高宗等在位期间屡次开疆拓土，先后平定辽东、东、西突厥、吐谷浑等地区，使唐朝成为一个国境极为辽阔的国家。同时，为了加强中央对边疆的控制、巩固边防和统理异族，唐玄宗于开元十年便于边地设十个兵镇，由九个节度使和一个经略使管理。此等每以数州为一镇的节度使不单管理军事，而且因兼领按察使、安抚使、支度使等职而兼管辖区内的行政、财政、人民户口、土地等大权，这就使得原来为一方之长的州刺史变为其部属。据《新唐书志第四十兵》言："既有其土地，又有其人民，又有其甲兵，又有其财赋。"节度使因而雄踞一方，尾大不掉，成为唐皇室隐忧。安禄山一人兼任平卢、范阳、河东三镇节度使。这三地之间地域相连，兵力又于诸镇之中最强，拥兵二十万，实力强大。相反，中央兵力则不满 8 万，形成外重内轻的军事局面，渐渐形成地方反过来威胁中央的危机。

⑤ 玄宗腐败怠政，没有构建强有力的领导核心。开元之治晚期，承平日久，国家无事，唐玄宗丧失了向上求治的精神，缺乏组建强有力的领导核心管理国家的谋划。而是胸无大志，耽于享乐，以致群小当道，国事日非，朝政腐败，让安禄山有机可乘。

(2) 刘守光自封大燕

五代时期军阀割据之地，原燕王、卢龙节度使刘守光割据的势力范围，故地位于今北京和河北北部，割据的时间为 895—913 年，正式称帝割据的时间为 911—913 年仅二年；后梁干化元年(911 年)八月，刘守光在幽州称帝，国号"大燕"，改元"应天"；后梁干化三年(913 年)十一月，晋王李存勖拔幽州，刘守光出逃，后被擒，至此，燕国灭亡。

由于刘守光统治期间残暴不仁，因此此燕国又称为“桀燕”。

史上燕国

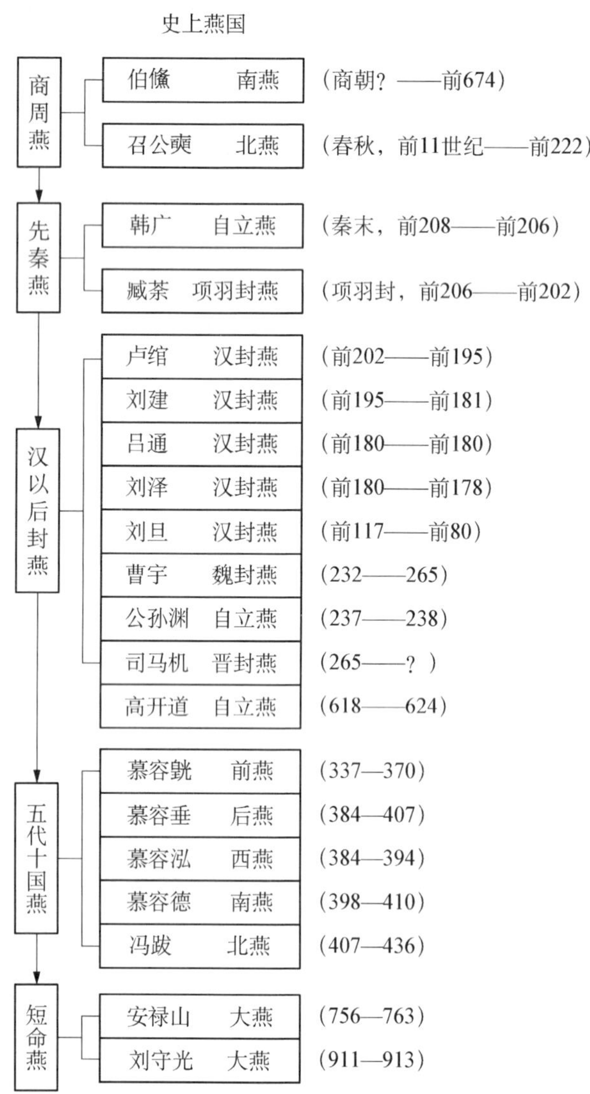

2.3　燕文化研究春秋燕国

2.3.1　商燕起源之地

(1) 燕起源商周边民族地区。从商代考古学文化看，商朝大体可以分为三个不同层次的文化范围：一是最内圈，以黄河中游偃师商城、郑州商城安阳桓北商城和安阳殷墟四点为中心及其附近地区，文化发展水平较高，文化面貌基本相同，是商文化中心区，也即王爵区；二是中心区外围，分布着许多与商文化有渊源关系的文化遗存，同时又是商文化与周围其他文化相交流、传播的中间环节，可称为商文化亚区，也即商国的“四土”，是其政治疆域；三是最外圈，文化特征既明显有别于商文化，又在许多方面表现出相同或相似因素，可称为商文化影响区，也即商周边民族地区。

从文献记载来看，甲骨文中记有“晏来”和“妇晏”等辞。“晏来”即“晏国”之人来。“妇晏”是个人名，在古代“妇齐”则指齐国嫁来的女子。以常例推之，“妇晏”可能就是晏国之女嫁于商者。从这类刻辞中可以了解到，“晏国”与商王朝常有往来，而且还有婚姻关系。金文中的“匽国”之“匽”字，在文献中均作“燕”国，因此，甲骨文中的“晏国”也即活动于商王朝时期的“古燕国”。这个“古燕国”可能就是文献中记载的“封召公于北燕”之“燕”。其地在今北京西南。近年来，在房山县琉璃河发现的商代后期古城址，可能就是其活动的中心地区。

傅斯年撰《东北史纲》，已明确推断“商之兴也，自东北来，商之亡也，向东北去。商为中国信史之第一章，亦即为东北史之第一叶”，“商之起源，当在今河北、东北暨于济水入海处”。[1] 从商代考古学发现看，商王朝并非是一个独立的国家，而是以商部落

〔1〕干志耿，李殿福，陈连开. 商先起源于幽燕说[J]. 历史研究，1985，05：21—34.

为核心的，诸多部落联盟。这些部落联盟与周朝被分封的诸侯国存在明显的不同之处，诸侯国是由周天子分封给臣子和贵族，其疆域原本就属于周天子；而商朝的周边部落是与商部落同时存在，甚至有些还要早于商部落，其与商部落只是合作关系，即使方国臣从于商，也是自愿选择的政治行为，而不是迫于某种政治体系。

(2) 商部落古老的管理文化。商部落的国家政权管理范围的基本分为王畿、四土与四至三个构造部分。

第一，王畿地区即商朝的都城及其周围地区，由于商朝最早建都在今商丘地区，后迁都殷墟即今安阳地区，所以商王朝的王畿大概是河南的中北部，其辐射范围包括河北的南部、山东的西部，这一地区是商文化最本土、最核心地区。

第二，四土地区是指部落范围内除了王畿以外所达到的最远疆域。

第三，四至是指臣服于商部落，在保留本部落文化的同时接受商部落文化的诸边方国，这些方国一旦被商部落吞并，就成为四土的范围。商代的“四至”范围，文献中也有其说，《淮南子・泰族训》云：纷之地，左东海，右流沙，前交趾，后幽都。东海是东部滨海地区，流沙泛指甘肃、内蒙等地的西北沙漠地带，交趾指南方五岭地区，幽都大致包括今河北北部燕山南北及辽宁部分地区。

甲骨文中多次记载到“南邦方”“多方”等等邦方敌国，大都分布在“四至”范围。商代北方和西北方的主要邦方，有孤竹、卢方、肃慎、燕亳、舌方、鬼方、羌方、土方、犬方、马方等等，西方和西南方有巴、蜀、楚、虎方、彭、淮、庸、越、贩等，东方和东南方有人方、盂方、林方、莱夷等等，这些邦方犬牙交错分布在商国的周边地区，有的还跨人商国“四土”之内，一般均与商王朝有着间接或直接的各种名状的交往交流关系，由此构成商国边疆地区相对独立的大小邻国。其中孤竹、燕亳所在位置就在今天的河北北部一带。

商朝具体形势如图 2.1

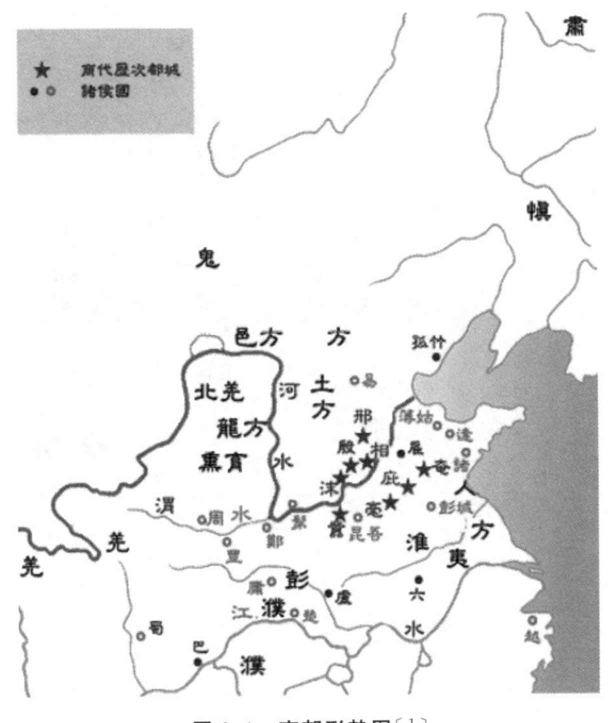

图 2.1　商朝形势图〔1〕

2.3.2　方国合并之燕

(1) 周朝分封。周武王灭商以后，建立周朝，都城在镐京，历史上称为西周。分封制是西周王朝巩固统治的重要措施，一改商朝松

〔1〕图片来源于 http://www.360doc.cn/article/19517530_468137168.html.

散的政治局面，大封子嗣和功臣(分封图如图 2.2)。分封制是周人对被征服土地和人民实行统治的一种措施，也是当时统治阶级内部在权力和财产方面的再分配制度。

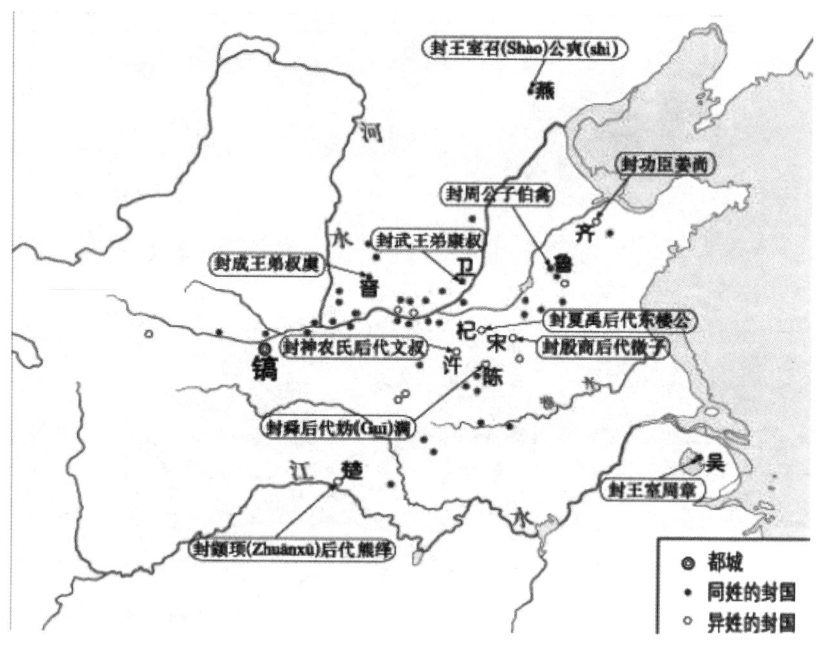

图 2.2　西周分封示意图[1]

分封的具体内容是：

第一，周王朝的国王以都城镐京为中心，沿着渭水下游和黄河中游，划出一大片圭地，建立由周王直接统治的中央特别行政区，此谓之“王畿”。

第二，王畿以外的全国所有土地，划分为大小不等无数块，分封

[1] 图片来源于 http://old.pep.com.cn/gzls/js/tbjx/kb/tp/jcct/d1dy/201008/t20100830_833088.htm.

给各路诸侯。但这些封国面积很小,实质上都是一个个城堡式的军事据点,以此为中心对四周地方加以控制,大概二三十个封国加起来的面积也没有王畿大。这就保证了中央对封国的绝对控制权,诸侯国像群星捧月似的,环绕拱卫着王畿。

第三,诸侯国的分封有两种情况:①同姓封国。凡是姬姓的周王室亲族,每人都可分到一块土地,在那里建立封国,此即同姓诸侯国。周初,先后分封了71个诸侯国,其中周武王封其兄弟立国者15,姬姓立国者40人。周公平定武庚叛乱后,又分封周朝王室子弟26国。②异姓诸侯。这又可分为两种情况:一是分封少数有功之臣,如姜子牙封于齐;二是封一些既不能征服又防止作乱的部落,如夏王朝的后裔东楼公(姒姓)封于杞国,伏羲氏的后裔(风姓)封于宿国。周武王又将已灭国商纣王之子武庚(子姓)封于宋国,以示政治安抚。后武庚与管叔、蔡叔作乱,被周公平息,改封纣王庶兄微子启于宋国。周王朝分封诸侯国之后,上古长期存在的"部落"自此逐渐消失,为封国所代替。

(2)分封的原则与对象。当时分封的原则与对象是根据与周王血缘关系的亲疏,功劳的大小(辅佐与同盟)分封,其前提是承认周王的统治,或古帝王之后。在分封中,授民授疆土是分封的核心内容,王室子嗣被分封在镐京周围,功臣被封至边远之地。周初封国地位平等,直属中央管辖,但国君的爵位各有高低,故封国的面积也大小不一。

由上可知,西周初期的诸侯国领土很小,不少封国只是一个城。东周开始,各诸侯互相吞并,疆城才逐渐膨胀,各诸侯大国才建都,并成为和周王室分庭抗礼的独立王国。

(3)召公奭作为王室成员受封于燕。当时燕为西周东北边境,不可谓不重要。当时与燕国并存的周边国家有代、蓟、无终和孤竹,这些周边小国综合实力不及燕国,为了扩大资源,大都被燕国所并。代国是周朝最北方的诸侯国,比燕国还要靠北,范围在山西大同与河北蔚县一代，一向是“胡汉杂居”，又盛产马匹，故百姓彪悍尚武，多体格惊奇的骑士，与山戎不相上下，是防御山戎进攻的有力藩篱。由于所处自然环境恶劣，一直有向南扩张的野心，对接壤的燕国有威胁，后来代国被赵国所灭，其领地被燕、赵两国瓜分。蓟国建国于商朝，系黄帝部落之后裔，是周朝的一个弱小“宾服”之国。西周时，《礼记·乐记》载：“武王克殷返商，未及下车而封黄帝之后于蓟。”[1]

蓟国定都在今北京西城广安门一带，约公元前7世纪为燕国所并，当前的史料并无燕、蓟两国的交战证据，但《韩非子》曾记载曰“燕襄公以河为境，以蓟为国”，说明在燕襄公以前原先的蓟国已经被燕国吞并，并且成为燕国的都城之一。无终国紧邻燕国，积极推进与晋国的亲和关系，一度成为诸戎国中的首领之国。三家分晋后，无终国没有了强国靠山，最终被燕国占据。孤竹国是北方的另一个小国，诞生于商朝初年，位于滦河之滨，是最早的奴隶制诸侯国。公元前664年与燕争斗，被增援燕国的齐桓公所灭，孤竹国领地划归燕国。

2.3.3 烽火多变之国

(1) 从周元王元年(前475年)起，兼并战争继续发展，开始进入战国时期。当时晋国的卿大夫在互相兼并中，最后剩下韩、赵、魏、范、智和中行氏六家，即所谓“六卿”。周贞定王十六年(前453年)，范氏、中行氏和智氏已先后被韩、魏、赵三氏所灭，形成三家分晋的局面。到周威烈王二十三年(前403年)，周天子承认了这一既成事实，正式册命韩、赵、魏三家作诸侯，晋国灭亡。周显王四十六年(前323年)，越王无疆伐楚失败，楚乘胜尽取吴、越之地。其他宋灭于齐，鲁灭于楚，郑灭于韩，中山为魏、赵所火。至此，形成了齐、楚、燕、韩、赵、魏、秦七个大国相互争霸的局面。它们各自发展自己的势力，先

[1] (清)孔希旦.礼记集注[M].北京：中华书局出版社，1989年版.第547页.

后吞并了四周的小国，各大国之间，随着相互攻伐，疆域也时有进退。

(2) 七雄争霸。

第一，齐国，都临淄。当“三家分晋”时，齐国亦为大夫田氏所篡，于周安王十六年（前386年）得周王册命，取代姜齐而兴。威王击赵、卫，破魏，又救赵败魏；宣王破魏，伐燕，攻楚；湣王攻秦，灭宋。通过这一系列向西北、西及西南邻近各国的兼并战争，齐国疆域扩展，“南有泰山，东有琅琊，西有清河（洹水下游入河之水），北有渤海，所谓四塞之国也，地方二千余里”，略有今山东偏北的大部和河北的东南部，有山海之险，非四战之地，土地肥沃，物产富饶，也是当时最富强的国家。

第二，楚国，都郢。战国前期，不断开拓疆土，灭越后扩地至浙江，灭鲁后势力伸入山东南部，又遣将军庄蹻入滇（云南），一度控制滇池附近几千里。战国中期国势最盛，与秦国并称秦楚。其时“西有黔中、巫郡，东有夏州（今武汉一带）、海阳（指东海之滨），南有洞庭、苍梧（均在今湖南境），北有汾陉之塞（即陉山，在今河南新郑南）、郇阳（今陕西旬阳），地方五千里”。但战国后期，国势积弱，在秦国进攻下，国土日蹙。顷襄王十九年（前280年），汉水以北地及上庸（今湖北竹山），尽为秦军所取。次年，又失鄢（今湖北宜城）、邓（今湖北襄樊北）和西陵（今湖北宜昌西）。又次年，郢都亦为秦军所陷。顷襄王被迫迁都于陈（今河南淮阳）。后考烈王又迁于巨阳（今安徽太和东南），再迁于寿春（今安徽寿县）。楚在战国时仍为第一大国，盛时其地略有今湖北、湖南二省，河南省的南部，江苏、安徽、浙江三省的大部，兼涉山东、江西，陕西、四川、贵州等省之地。

第三，燕国，都蓟（今北京市西南部）。燕昭王时设下都于武阳（今河北易县南）。战国时，燕“东有朝鲜、辽东，北有林胡、楼烦，西有云中、九原，南有呼沱、易水，地方二千里”。略有今河北北部，以及辽宁的西南部，并兼有山西的东北隅。

第四，韩国，初都平阳（今山西临汾西南）。韩武子九年（前 416 年），迁都于宜阳（河南今县西）。韩景侯时，再迁都于阳翟（今河南禹县）。哀侯二年（前 375 年）灭郑后，迁都于新郑（河南今县）。“三家分晋”时，占有晋的南部（今山西西南部及河南北部），领土最为狭小。灭郑后，疆域始有所扩展，“北有巩、洛、成皋之固，西有宜阳、商阪（陕西商县东南商洛山），东有宛（今河南南阳）、穰（今河南邓县）、洧水，南有陉山，地方千里”，略有今河南中部及西部，山西南部及陕西东南一隅，山地多，平原少，七国中最为弱小。

第五，赵国，初都于晋阳（今山西太原西南），赵献侯即位时（前 425 年），迁都中牟（今河南鹤壁西）。后赵敬侯即位时（前 386 年），再迁于邯郸（今河北邯郸）。“三家分晋”时，占有晋的北部和东部（今山西北部和河北西南部）。武灵王至惠文王时，攘地北至燕、代，西至云中、九原，东灭中田，北破林胡、楼烦诸戎，“地方二千里”，“西有常山（即恒山），南有河、漳（漳水），东有清河，北有燕国”。其极盛时，已西至黄河河套，傍阴山筑长城，以抵西胡，略有今山西的中部与北部，河北西南部和内蒙古河套等地，兼及河南、山东二省境，成为北方的强国。

第六，魏国，初都安邑（今山西夏县西北禹王村），魏惠王九年（前 361 年），徙都大梁（今河南开封）。“三家分晋”后，占有晋的中部和西南部（今山西南部和河南的东北部），是原晋国国土的基本部分，也是经济最发达的地区，战国初期首先成为七国中最强盛的国家。魏文侯三十八年（前 408 年）打败秦国后，攻占秦河西之地（黄河以西洛水以东地区）；又转而向北，两年后攻灭中山国，将势力伸展到今河北省的中部；又屡次联合韩、赵打败齐国。魏武侯（前 395—前 370 年）时，又向南发展，取得郑、宋、楚三国间的大块土地，占有大梁、襄陵（今河南睢县西）、鲁阳（今河南鲁山）等地。其疆域所及，南有鸿沟（古汴河），东有淮、颍，西有长城（指滨洛建筑的魏西长城），北有河外

（对河内而言，指太行山和山西南部），地方千里。略有今山西南部及河南东部，兼有陕西、安徽两省境。但因境内多平原，无险可守，在军事上处于四面受敌的不利地位。惠王时因穷兵黩武，国势日衰，为后起的秦、齐所乘。后元七年（前 328 年），河西地又全部入秦。

第七，秦国，战国初期仍都雍（今陕西凤翔），秦灵公时（前 424—前 415 年）迁泾阳（陕西今县西北），秦献公二年（前 383 年）再迁栎阳（今陕西富平东南），秦孝公十二年（前 350 年）卫鞅第二次变法时又迁咸阳（今陕西咸阳东北）。时秦远比东方诸国落后，所谓“秦僻在雍州，不与中国诸侯会盟，夷翟遇之”。秦孝公自已也说：“诸侯卑秦，丑莫大焉。”其统治范围初仅及今甘肃省东南部、陕西省沿渭河两岸及河西（黄河以西、洛水以东）地区。后东侵韩、魏、赵，攻占上郡、河东、上党、河内、南阳等地，北灭义渠，西有汉中，南并巴蜀，夺楚地建黔中、巫郡。于是“秦西有巴、蜀、汉中之利，北有胡、貉、代马之用，南有巫山、黔中之限，东有崤、函之固，沃野千里，地势形便”，略有今陕西全部，甘肃东南部，山西、河南和湖北的西部，湖南的北部和四川地区。秦国疆域地势险固，宜于守御，又宜于出击，成为日后统一中国的凭借。

（3）燕国在七国中形势分析。七国土地楚最大，秦、赵次之，齐、魏、燕又次之，韩最小。燕作为国土面积比较小的国家除了面对其他六国的威胁，最大的困扰还在于北居的山戎。燕国与山戎的战争时间长久，山戎的侵扰不仅影响燕国的经济发展、社会稳定，还直接影响到燕域范围的大小。

燕恒侯时期，由于山戎侵燕，被迫将都城南迁到临易。这一时期燕国疆域范围缩小，到燕庄公时期，齐国助兵伐戎，才帮助燕国夺回原有疆域。燕王哙让位于子之之后，燕国大乱，齐国趁机攻进燕国都城，并占据燕国三年之久，这一段时间燕国几乎处于灭亡状态，直至赵国护送燕公子职回国以后，齐兵才撤出燕国，公子职是为燕昭王。

《三国志·东夷传》记载:“后子孙稍骄虐,国人离志,燕乃遣将秦开攻其西方,取地二千余里,至满番汗为界,朝鲜遂弱。”[1]秦开却胡是我国历史上重要的一次疆土扩张过程,这一事件基本确定了战国时期燕域的最广范围,北到达内蒙古高原中北部、东到达朝鲜半岛,南以易水为界,大概今保定市(具体如图2.3)。对于秦开的记载并无详细年代,学者根据时间推断,应为燕昭王在位期间。燕昭王之后,燕国综合实力急剧下滑,燕攻赵地之时,受到齐、赵的联合报复,燕国失去中阳地区。燕王喜在位期间,向赵国发动战争,燕败,被迫割让五座城池。战国后期赵国伐燕的过程中,燕国又失去武遂等四座城池。

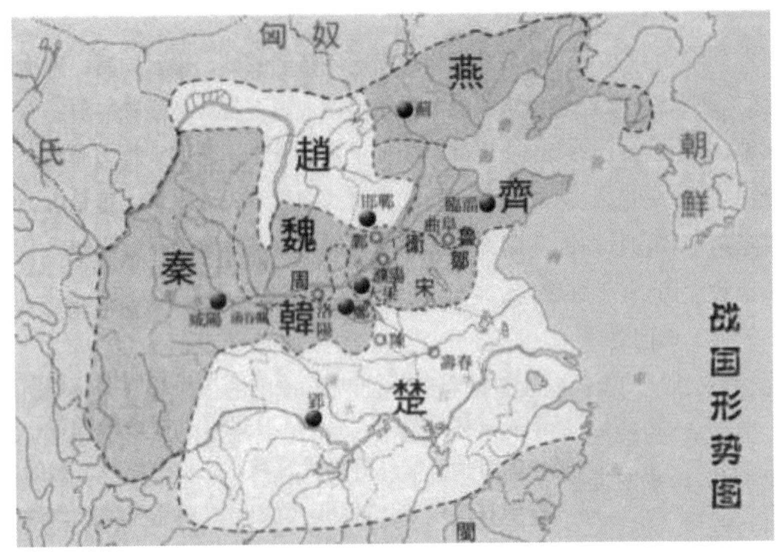

图2.3　战国形势图[2]

[1] (晋)陈寿.三国志·东夷传[M].北京:中华书局,2014年版.第31页.

[2] 图片来源于 http://news.ifeng.com/history/kaogu/detail_2011_06/19/7104166_0.shtml.

第3章　燕国的人物事件

文化的载体是人物和事件，核心是精神内涵，因此也有人称“文化”为“人化”。探究一种文化的核心价值，离不开对具体每一个历史事件、典型人物的分析。燕国作为距今两千多年的历史存在，其精神内涵不可能口口相传，只能从事件和人物中探究。由于燕国历史记载的断代性，为了保证燕文化的准确定位，需对仅有记载的几个人物进行全面的分析和了解。

3.1　燕国重要人物

3.1.1　燕召公

(1) 召公生平。召公名奭，周初所封诸侯国中燕国的始封之君，《谷梁传·庄公二十年》范宁注云：“燕，周人保召康公之后，成王所封。”召康公即召公，然而对于召公的身世，由于古代历史文献记载的混乱，致使后世学者们仁智各见，意见相左，他们的分歧仍多集中在召公是不是周文王之子这问题。

反对者主要的依据是司马迁在《史记》的记述，《史记·燕世家》云：“召公奭与周同姓，姓姬，周武王之灭纣，封召公于北燕。”集解注释说“燕”乃“周之支族”。《史记》的这一模糊记述，使人们产生了很大的疑义。按太史公的说法，召公只是一个周王室的同姓者，是否为文王之子倒不一定。公作为周的开国元勋、文王之子，在历史上有许多记载，而且更符合历史实际。《白虎通》言："诗云：文武受命，召公维翰。召公，文王子也。"《逸周书·作雒解》中有"周公、召公内弭父兄，外抚诸侯"的记载，文中"父兄"二字，明显地是指周公和召公二人的父兄，如此，周、召二公应属兄弟关系，自然的，召公同周公一样，也应是文王的儿子。东汉的王充就曾直言："邵公，周公之兄也。"邵公即召公，邵公既然是周公旦之兄，当然也就是周文王之子了。晋人皇甫谧则说得更直接："邵公为文王之庶子。"

（2）召公的历史地位。召公是当时政治格局中的一位举足轻重的人物，有着广泛的政治影响和强大的军事实力，他的威望与地位，是在他追随武王东征西讨，特别是伐灭商王朝中建立起来的。《逸周书·和寤解》云："王乃出师图商，至于鲜原，召召公、毕公高。"这是在武王对商进行军事试探时召公受到武王召唤，可知此时召公早已是武王麾下的一名重要将领和得力参谋。至牧野大战，召公更是武王身边须臾不离的左膀右臂，《逸周书·克殷解》中有"周公把大钺，召公把小钺以夹王"的记载。胜商之后的祝捷大典上，"召公赞采，师尚父牵牲"，召公的地位与姜太公吕尚同样显贵。在克殷善后工作中，召公又受武王之命，做了"释箕子之囚"等一系列工作。由于召公战绩卓著，声望很高，因此，在必要时，周武王还时不时地把他祭出作为一件镇国利器，《逸周书·商誓解》中对此有清楚的记载，武王在对殷遗民及其属邦训诫时，就严厉警告他们：不要不服气，不要捣乱。武王要这些人时刻不要忘记"予保其介有斯"，就是说，我有召公在这里监视着你们，你们还是小心为妙，不要胡作非为。由此可见，召公在武王心目中的地位和他在各部族中的巨大影响及强大的威慑力。

(3) 召公挽救摇摇欲坠的周王朝发挥重要作用。周武王灭商后，仅两年便死去了。此时，周的王业才刚刚开始，稳定大局与巩固政权的任务还极为艰巨。对此，武王生前忧心忡忡，夜不能寐。武王的担心不是没有道理的，当时的政局的确十分严峻和险恶，内忧与外患相继而来并彼此交织在一起，从而使天下形势岌岌可危，周王朝甚至到了被颠覆的边缘。内忧的第一方面是王室内部矛盾严重激化。武王死后，其子成王年少不能理政，作为顾命大臣的周公代成王摄行政。谁知他的这一做法却引起了来自周王室内部的强烈反对，以武王弟管叔、蔡叔为首的王室子弟以周公"摄政"、"践祚"不利于成王为由，散布谣言，恶语中伤、诋毁周公，制造矛盾，从而造成了局势的混乱。内忧的第二方面是重臣之间的不和。据《周本纪》载，周初的朝廷是"召公为保，周公为师，相成王为左右"。由此知召公时为三公之一，官位"太保"，与周公同是周室的股肱之臣。然而，在武王骤死，国难当头之际，二人之间竟产生了不睦。对于周公在武王去世后的行为，起初召公也有很大的疑心，周成王年龄尚幼，周公旦代理朝政，当国摄政，姬奭有所怀疑，周公旦写作《君奭》。《君奭》中说："商汤之时有伊尹，得到上天的嘉许；在太戊之时，则有伊陟、臣扈，得到上帝的嘉许，并有巫咸治理王家；在祖乙之时，则有巫贤；在武丁之时，则有甘般。正是凭借这些有道贤臣，才安定治理商朝。"姬奭听后，这才高兴起来。内忧的第三方面是成王对周公也曾一度狐疑。王充在其《论衡》中载汉古文家言："武王崩，周公居摄，管蔡流言，王意狐疑周公，周公奔楚。"这说明周初君臣之间发生过猜疑之事。内忧的第四方面是周人的老巢也出现了不安定因素。《尚书·大诰》曰："有大艰于西土，西土人也不静。"除上述内忧外，周初还面临十分严重的外患：其一，殷遗民的强烈反抗和复辟。武王灭商是以小灭大，因此亡国后的殷遗民内心并不服气，他们很不甘心自己的失败，无时不在伺机东山再起，报仇复国。除殷遗民的反抗外，在周的周围还有许多方国部族也不服从周人的统治。在东方奄君薄姑公然挑动武庚反周，可知，地处今山东境内的奄人并不喜欢周人的统治，并参与了叛乱。

面对内忧外患，召公充分利用自己极高的政治威望和雄厚的军事实力以及高超的指挥艺术，同摄政当国的周公一起，平定了三监及其他方国部族的叛乱，稳定了摇摇欲坠的周王朝，从而立下了不世之功。影响之大，致使许多铜器如《旅鼎》等都记录了这方面的事实。它们的铭文所记，与各类相关文献内容基本吻合。召公在讨伐殷东各国之后，很快又挥师南下，锋指江汉，绥靖南国。据传出岐山的一件玉戈铭文云："六月丙寅，王在丰，令太保省南国，帅汉造官，男令厉侯辟用束龟走百人。"文中的"太保"指召公，"省"即军事视察之意，"厉"，据研究在今湖北随县一带。这件玉戈为我们保留了召公经营周王朝南国的宝贵历史资料。到周宣王时，召公后人再受王命继承祖业续营江汉，"召公是似，肇敏戎功"，即与此有关。后世周人甚至把召公开发江汉的历史功绩同武王伐纣相提并论，《乐记》中有："总干而山立，武王之事也……四成而南国是疆；五成而分周公左，召公右。"由此可见召公南征和对江汉的开发在周初政治上的巨大影响。

成王亲政以后，决定将都城东迁洛邑，这是当时政治生活中的一件大事。在此当中，召公又扮演了一个重要的角色。召公首先担任了勘察选址的重任，地址选定后，营建之事成王仍让召公负责，"惟太保先周公相宅……越三日戊申，太保朝至于洛，卜宅。厥既得卜，则经营。越三日庚戌，太保乃以庶殷攻位于洛汭。越五日甲寅，位成"。作为位高权重的老臣，召公还自觉地担负起了教育年轻国王的责任。他利用迁都的机会，以历史经验告诫成王要有忧患意识，并提出了对后世有深刻影响的"殷鉴"思想："我不可不监于有夏，亦不可不监于有殷。"他要求成王要以德治民，"肆惟王其疾敬德，王其德之用，祈天永命”。召公晚年对政局仍有很大的影响。成王临终时，他受顾命册立周康王，《尚书·顾命》云：“成王崩，命召公、毕公率诸侯相康王”。在成王召见的辅臣当中，召公成为首辅，成王死后，召公主持了康王的登基典礼，并率诸侯大臣接受了康王的诰命，从而使周王朝的政权得以顺利交接。

(4) 姬奭治理陕地以西地区时，深受百姓们的拥护。姬奭巡行乡里城邑，当时姬奭便在一棵棠梨树下判断案件，处理政事，上至侯伯、下到百姓都各得安置，无人不满。姬奭辅佐周成王、周康王两代君主，开创四十多年没有使用刑罚的“成康之治”，为周朝打下延续八百多年的坚实基础。

3.1.2　燕王哙

(1) 诸国变法的时代背景。春秋战国时期是奴隶制崩溃、封建制确立的过渡时期，在这一时期，铁制农具的使用和牛耕的逐步推广，导致奴隶主的土地国有制，逐步被封建土地私有制所代替，地主和农民两大对立的阶级的产生。新兴军功地主阶级随着经济实力的增长，要求获得相应的政治权利，从而引起了社会秩序的变动。因此，纷纷要求在政治上进行改革，发展封建经济，建立地主阶级统治。

第一，魏国李悝变法。当时的魏国，在变法之前面临的局面是在外部环境上，诸侯之间的征战日烈，外部的军事压力日益增大；内部经济上，魏国本身就是晋国中相对落后的地区，在富庶程度上，魏国不如韩国，在军力的强悍程度上，魏国又不如赵国。为了增强魏国实力，魏文侯任用李悝为相，变法图强。李悝变法的主要内容：

① 提出了“选贤任能，赏罚分明”的政策，主张改变旧的世卿世禄制。旧的世卿世禄制对世袭的贵族有特权，那些对国家没有贡献，却依靠父祖辈享有厚禄的人是国家的“米虫”，应该把厚禄授予那些对国家作出贡献的人，因此，改善吏治的同时也大大削弱了旧贵族的

特权。

② 编制了中国历史上第一部比较系统完整的封建法典——《法经》。《法经》的编制是为了保护统治阶级的利益，对维护社会秩序，稳定政局等方面具有重要作用。

③ 提出了“尽地力”的“重农政策”，革除旧有的阡陌封疆，鼓励自由开垦土地，提倡在一块土地上杂种各种粮食作物，要求农户在住宅周围栽树种桑，充分利用空闲地扩大农户农副业生产。

④ 实行“平籴法”。李悝在变法中提出一项设置“常平仓”的政策，在收成好的时候，政府以平价收购多余的粮食作为储备，保证粮价不至于暴跌；在收成不好的时候，政府再以平价出售粮食，保证粮价不至于暴涨。运用这种方法可以有效地限制商人的投机活动，更好地保护农民的利益。

⑤ 任用吴起改革军制，精选武士。魏国创建一支强大的军队——“武卒”，使得“秦兵不敢东向”。

李悝变法有效地打击了旧的制度，使得魏国的经济得到迅速的发展，国力日渐强大，成为战国初期一个强盛的国家。李悝变法的同时也开启了战国大变法运动的序幕，各国纷纷学习魏国进行变法，从而提高自己的经济和军事实力，最终纷纷的变法汇成一股时代的潮流。李悝变法是中国古代规模最大、历时最长、成效最显著的一场变法运动。

第二，楚国吴起变法。楚国地广人众，能够调集百万大军，在战国七雄中是一支举足轻重的力量。由于政治腐败，经济落后，国力一直萎靡不振。楚悼王继位后，连年遭到魏、赵、韩等国的进攻，不断丧失土地。在极其窘迫的形势下，楚悼王不得不用重礼贿赂秦国，在秦国的帮助下才和魏、赵、韩讲和。面对这种内外交困的形势，楚悼王很想有一番作为，但苦于缺乏变法图强的真正人才和支持者。恰恰这时吴起来到楚国，吴起为楚悼王分析楚国的弊端说，楚国贫弱的原因是“大臣太重，封君太众”，即大臣的权势太大，威胁着国君的权力；受封食禄的贵族太多，影响着国家的财政税收。要扭转这种局面，只有“明法审令”，尽快变法革新。对吴起分析的种种弊端，楚悼王深有感触，于是先任其为宛守，防御韩、魏。一年以后，晋升为令尹，于公元前386—前381年主持变法。

① 均爵平禄。凡封君的贵族，已传三代的取消爵禄；停止对疏远贵族的按例供给，将国内贵族充实到地广人稀的偏远之处。吴起认为楚国积弱的原因是“大臣太重，封君太众”。他们对上威逼君主，对下欺凌百姓，导致国贫兵弱。吴起实行“使封君之子孙，三世而收爵禄，减百吏之禄秩”的政策，废除旧贵族世袭特权。吴起还根据楚国地广人稀的特点，把旧贵族及所属迁到人迹罕至的荒凉地区。这一方面打击了贵族势力，同时也对楚国边远地区的开发起到积极作用。

② 废除无用、无能的官职，削减官吏俸禄，将节约的财富用于强兵，剥夺王室贵族的威权，使他们不能徇私情，因私废公。削减无用的开支，以奖励真正为国出力报效的战斗之士。精简政府机构，重用贤能之士，为了整治官场腐败，禁止官员之间私下请托，要求官吏做到“使私不害公，谗不蔽忠，言不取苟合，行不取苟合，行义不顾毁誉”。同时裁汰“无能”“无用”之官，节约经费“抚养战斗之士”。

③ 统一楚国风俗，禁止私人请托；纠正楚国官场损公肥私、谗害忠良的不良风气，使楚国群臣不顾个人荣辱一心为国家效力。

④ 制定法律并将其公布于众，使官民都明白知晓。

⑤ 改“两版垣”为四版筑城法，建设楚国国都郢。

⑥ 加强军事力量。吴起早年在鲁，魏都以军功见长，吴起认为强国“要在强兵”。而“强兵”的开支，吴起则用“捐不急之官，废公族

疏远者”的方法来解决，用财政提高士兵待遇，增强战斗力。

公元前381年，楚悼王去世，楚国贵族趁机发动兵变攻打吴起。吴起被箭射杀，死后尸身被处以车裂肢解之刑。变法运动宣告结束。吴起变法，旨在富国强兵。任用贤能，打击了楚国大贵族既得的政治经济利益，遭到大贵族的激烈反对，是一次打击世袭贵族政治经济特权的运动。吴起的变法使楚国国力强盛，向南攻打百越，将楚国疆域扩展到洞庭湖、苍梧郡一带。前381年，楚国出兵援助赵国，与魏军大战于州西。楚军穿越梁门，驻军林中，饮马于黄河，切断魏国河内郡与首都安邑的联系。赵国借助楚国的攻势，火攻棘蒲，攻克黄城，楚、赵两国大败魏军。吴起变法促进了楚国贵族政治向官僚政治的转化。也影响到秦国的商鞅变法。

第三，秦国商鞅变法。商鞅（约公元前390——前338年）卫国（今河南洛阳一带）人，原名卫鞅或公孙鞅，战国时期著名的政治家和法家主要代表人物。自幼喜好刑名之学，公元前361年去到秦国，深得秦孝公的信任，历任左庶长、大良造等职，执掌秦国军政大权达一、二十年之久。秦孝公曾以于（今河南内乡东）、商（今陕西商县东南）十五邑封他，号为商君，故又称商鞅。商鞅生活在诸侯分裂割据、兼并战争十分频繁的战国中期。他为了使秦国富国强兵，建立统一的封建帝国，先后推行了两次以“农战”和“法治”为中心的变法活动。商鞅变法是我国历史上一场比较深刻的社会变革，有力地打击了旧的世卿世禄制和旧的生产关系，使落后的秦国一跃而为压倒山东六国的一等强国，并为后来秦始皇统一中国奠定了坚实的基础。

商鞅变法前后共两次，第一次开始于公元前359年，第二次开始于公元前350年。变法涉及内容很多，今归纳如下：

政治方面。商鞅对政治的改革是以彻底废除旧的“世卿世禄”制、建立新的封建专制主义中央集权制为重点。他在这方面的贡献远远超过李悝和吴起。主要内容有如下三点：

① 制定二十级爵。制定二十级爵的作法，意味着废除旧世卿世禄制，今后根据人们的军功大小授予爵位，官吏从有军功爵的人中选用。二十级爵：一级曰公士，二级曰上造……第十九级曰关内侯，二十级曰彻侯。各级爵位均规定有占田宅、奴婢的数量标准和衣服等次。又制定了“奖励军功，严惩私斗”的办法。奖励军功的做法是：将卒在战争中斩敌首一个，授爵一级，可为五十石之官；斩敌首二个，授爵二级，可为百石之官。宗室贵族无军功的，不得授爵位。有功劳的，可享受荣华富贵；无功劳的，虽家富，不得铺张。严惩私斗的做法是：为私斗的，各以情节轻重，处以刑罚。

② 实行县制。废除分封制，以县为地方政区单位。分全国为四十一县，县设令以主县政，设丞以副县令，设尉以掌军事。县下辖若干都乡邑聚。后来秦在新占地区设郡，郡的范围较大，又有边防军管性质，因之郡的长官称守。后来郡内形势稳定，转向以民政管理为主，于是郡下设若干县，形成秦的郡县制度。

③ 实行什伍制度。秦之都乡邑聚原来都是自然形成的大小居民点。至此时，均作为基层行政单位。居民登记于户籍，分五家为一伍，两伍为什，同于后代的保甲制度。为了加强管理和统治广大居民，规定什伍之内各家互相纠察，“不告奸者腰斩，告奸者与斩敌首同赏，匿奸者与降敌同罚”。

经济方面。商鞅对经济的改革是以废除“井田制”、实行土地私有制为重点。这是战国时期各国中唯一用国家的政治和法令手段在全国范围内改变土地所有制的事例。主要内容有如下三点：①废井田，开阡陌。在全国范围废除井田制度，实行土地私有制度。废止“田里不粥(鬻)”的原则，准许民间卖买田地。此后秦政府虽仍拥有一些国有土地，如无主荒田、山林川泽及新占他国土地等，但后来又陆续转向私有。②重农抑商政策。奖励耕织，凡努力耕织、生产多的，免除徭役。凡从事末业（工商）及因懒惰而贫穷的，全家没入官府，罚为官奴婢。③统一度量衡。统一斗、桶、权、衡、丈、尺，并颁行了标准度量衡器，全国都要严格执行，不得违犯。如今传世之“商鞅量”，上有铭文记有秦孝公“十八年”“大良造鞅”监造，“爰积十六尊（寸）五分尊（寸）之一为升”。知此量为“升”。由这件量器及其铭文可知，当时统一度量衡一事是十分严肃认真的。

社会方面。主要推行小家庭政策，以利于增殖人口、征发徭役和户口税等。具体规定：凡一户有两个以上儿子到立户年龄而不分居的，加倍征收户口税。禁止父子兄弟（成年者）同室居住。

商鞅变法深远的历史影响主要是：建立了较完善的封建专制的行政机构，为秦统一中国奠定了基础；沉重打击了领主贵族，扶植了新兴地主阶级，推动了历史向前发展；改变了泰国的旧习陋俗，促进了泰国与中原地区人民。

(2) 燕王哙让国

第一，让国事件缘由。燕王哙三年，公元前 319 年，苏代作为齐国使臣出使燕国。燕王哙问苏代：“你觉得齐王怎么样？”苏代回答说：“齐王必不能称霸。”燕王哙又问：“这是为什么？”苏代回答：“因为齐王不信任和重用他的大臣。”苏代想用这番话激燕王哙重用子之。果然，燕王哙更加重用子之。为此，子之送给苏代百余金，并表示要听从苏代的吩咐。鹿毛寿劝燕王哙：“不如把国家让给子之。当年，帝尧之所以被后世称为贤君，因为他曾经要把国家让给许由，许由没有接受，所以尧既得到了让贤的美名又没有失去天下。现在，大王如果将国家让给子之，那么子之必然不敢接受，这样一来大王便可以与当年的尧相媲美了。”燕王哙听信了鹿毛寿的蛊惑，使子之的权位更加大了。还有大臣劝燕王哙说：“当年，禹把伯益定为自己的继承人，但他任用的官吏都是启的党羽。等到禹老了,觉得启的党羽不足以担当统治天下的大任,就传位给了伯益。而启却和他的党羽攻打伯益,最终夺了伯益的国君之位。所以天下人都认为禹虽然名义上传位给了伯益,但不过是给了他一个虚位,而实际上是要让启取而代之。现在,大王您说要把国家让给子之,但所任用的官吏都是太子的人,这就和当年的禹一样,表面上要把国家让给子之,但实际上还是太子说了算。"于是燕王哙竟将三百石俸禄以上大官的玺全部收回,另由子之擢贤任用。这样子之大权在握,成了实际上的君主。而燕王哙总也不上朝听政,只想做一个臣子。前314年,子之行新政三年,将军市被与太子平聚众作乱,围攻子之,数月,死者数万。社会上人心惶惶,百姓们都离心离德了。孟轲(孟子)劝说齐王抓住时机,攻打燕国。于是齐国派兵入燕干涉,齐宣王攻破燕国,燕王哙死于战乱,因为他把国家让给了子之,所以死后连谥号都没有。子之逃亡,被齐人抓住砍成肉酱(醢其身)。赵武灵王趁燕国内乱,将燕王哙的庶子姬职从韩国送回燕国,继承王位,是为燕昭王。

第二,对燕王哙的不同评论。从上述文字中可以看出,燕王哙让国于子之,整个事件就像是一个精心编织的层层迭进的骗局。第一步是苏代游说燕王,让燕王更加信任子之,苏代因而获得百金贿赂;第二步是鹿毛寿建议燕王效仿尧将国君之位禅让给子之;第三步是有人进一步建议燕王不要学习禹那样的假禅让,应该把治理国家的实权交给子之,子之因而得到全国俸禄三百石以上官员的官印;第四步是拥有实权的子之坐在君位之上行使君权,而燕王哙却成了臣下。

研读这段文字后,发现司马迁几乎是全文引用《战国策·燕策一》,而《战国策》是一部记录游说之士的政治主张和谋略的史书,其风格是重实利与计谋,因而难免有演绎历史的成分存在。比如,苏代收受子之百金贿赂之事,这种纯属两个人私下的交易如何却变成了铁板钉钉的事实？鹿毛寿又是谁呢？这个鹿毛寿被韩非子叫做潘寿，是个无法实证的隐士。而最后建议燕王哙的人更是一个没有姓名无法确指的虚拟人。

从这段文字不仅可以看出，世人眼中的子之是个阴谋家，燕王哙更是一个没有头脑的“七国之愚主”：“王哙，七国之愚主也，惑苏代之浅说，贪尧之名，恶禹之实，自令身死国破，盖无足算！”“其愚至此，尚足论乎？”事实果真如此吗？从太史公这段文字的记载中可以看出，将军市被、太子平与齐国相勾结发动了叛乱，当包围王宫的将军市被攻打子之时却没有攻克，反而倒戈攻击太子平，结果战死。这说明子之在燕国并非完全不得人心，其中定有一些能够转变叛军军心的重要因素。这场战争持续数月之久，死了好几万人，这足以说明拥护子之的军事力量并非弱小的一方。如果没有齐国的入侵，这场战争未必是子之一方的失败。至于齐军伐燕时“士卒不战，城门不闭”的说法，在国内大乱不止之际，弱小的燕国守军面对强大的齐军更有可能是投降自保的方法而已。

子之为政并没有彻底丧失人心的另一个理由可以从燕人对齐国的仇恨这一点上看得出来。齐国的入侵并没有征服燕国的人心，反而激起了燕人的强烈反抗。燕昭王（专家考证认为，昭王并非太子平）即位后，以“厚币”招贤纳士，谦卑地对待天下名士，一大批贤人归燕。终于在昭王二十八年（前 284 年），燕王任命乐毅为上将军，和秦、楚以及赵、魏、韩等国共同谋划，发兵征讨齐国。齐军战败，齐湣王逃到外地。燕军单独追击败逃的齐军，攻入齐都临淄，夺取了齐国所有的宝物，焚烧了齐国的宗庙宫室。齐国城池没有被攻下的，只有聊、莒和即墨三处，其余都隶属于燕国，达六年之久。

如果子之为政之劣彻底丧失了人心，燕国何以能够迅速崛起，并且能够战胜强大的齐国？很有可能的事实是，燕昭王后来很多的政策继承了子之的做法，燕国的复兴是子之打下了良好的底子。

这虽是一种没有历史根据的推测，但从文献资料中却很难找到子之为政如何丧失人心的具体事例，很难看出他是如何腐朽的人，或者是如何实行暴政的。从别人手中接过王位的子之，必然有过人之处，这是毋庸置疑的。除此之外，他必然还会小心谨慎，励精图治，实现富国强兵的目标。这是显而易见的。仅从常识来说，子之能够得到燕王哙的信任，并能让燕王最终将国柄交给自己，非有杰出才能是难以实现的。如果仅仅说燕王哙是“七国之愚主”，那么燕国的那么多的大臣都是同样愚不可及的吗？

子之为人为政是如此的悬疑，没有任何资料可以查证，然而，关于燕王哙的为人，行文刻薄的韩非子却有这样一段精彩的描述：“燕君子哙，邵公奭之后也，地方数千里，持戟数十万；不安子女之乐，不听钟石之声；内不堙污池台榭，外不罼弋田猎；又亲操耒耨以修畎亩，子哙之苦身以忧民如此其甚也，虽古之所谓圣王明君者，其勤身而忧世不甚于此矣。”（《韩非子·说疑》，燕国的君主子哙，是邵公奭的后代，他拥有的国土方圆有几千里，全副武装的士兵有几十万；他既不沉溺于同美女的寻欢作乐，也不陶醉于敲钟击磬的靡靡之音；在宫内不修筑池塘台榭，到宫外不骑马打猎；还亲自拿着木镢锄头去整治农田。子哙为民操心而使自己受苦得这样厉害，即使是古代所谓的圣王明君，他们为天下操心而使自己劳苦的程度也不会比他厉害。

从韩非子的这段文字中可以看出，燕王哙的行为似乎受到了墨家、农家等学派思想的影响。他之所以走出禅让这一步，并非是自己的愚蠢，或是被蒙蔽，而且以自己的实际行动践行墨家、农家思想的宗旨。作为君主，能够放弃声色犬马的贵族生活，却与劳动人民同甘共苦，燕王哙的事迹在中国历史上实为罕见。

3.1.3 燕昭王

(1) 昭王生平

谁是燕昭王？争论了两千多年，在燕王哙的儿子中，有两个人被说成是燕昭王，一个是太子平，一个是公子职。

第一，太子平之说。由于燕昭王的父亲将王位禅让给子之后，没有很好地和父亲进行交流，为了维护自己的利益，在未能准备好只有一个将领支持的情况下，发动了对子之的进攻。

“太子因数党聚众。将军市被围公宫，攻子之，不克。将军市被及百姓乃反攻太子平。将军市被死，以殉。国构难数月，死者数万众，燕人恫怨，百姓离意。”

这里说的是“将军市被”死了，殉国了。没有明确地说太子平死难。《战国策·燕一·燕王哙既立》：“二年，燕人立公子平……”其后许多人认同“太子平为燕昭王”。在史记《燕召公世家》“燕子之亡二年，而燕人共立太子平，是为燕昭王”，《史记集解》《史记索隐》也支持燕昭王为太子平而否定赵国送公子职回国继位的说法。侯坤都认为：从逻辑上看，太子平守着下都，在燕王哙身边，所以，大胆使用人才的套路，与其父亲极为相似，又避免了父亲“禅让”的过激行为。所以说认为太子平即是后来的燕昭王是有所根据的。杨宽先生分析认为“将军市被及”五字为衍文，是《史记·燕世家》集解、索隐引《六国年表》云：“君哙及太子、相子之皆死。”（诗铭案：今本刊去“太子”二字，误。）是《纪年》《国策》《六国年表》皆称太子平已死，其后被立为昭王之公子平，自不得为太子平。《国策》简札讹舛，《史记·燕世家》照录策文，又有窜改，以致聚讼纷纭，莫衷一是。这只是怀疑。

第二，公子职之说。关于燕昭王为公子职的说法，源出于《竹书纪年》，《竹书纪年》因错简乱章，经后人多次整理，始终没有被认定，曾经大多人认为是伪书，当然也不排除其中有未经秦火的珍贵史料。

所以,“徐广曰:《纪年》云立燕公子职。”(《史记六国年表》集解)《竹书纪年》则说:“子之杀公子平,不克。”《史记六国年表》:“君哙及太子、相子之皆死。”《赵世家》称武灵王十年:“齐破燕。燕相子之为君,君反为臣。十一年,王召公子职于韩,立为燕王,使乐池送之。”学者方诗铭在《古本竹书纪年辑证》的论述:《史记·赵世家》:“(赵武灵王)十年……齐破燕,燕相子之为君,君反为臣。十一年,王召公子职于韩,立以为燕王,使乐池送之。”集解:“徐广曰:‘《纪年》亦云尔。’”索隐:“《燕系家》无其事,盖是疏也。今此云‘使乐池送之’,必是凭旧史为说,且《纪年》之书,其说又同。”《存真》据此作“赵召燕公子职于韩,立以为燕王,使乐池送之”;《辑校》作“赵立燕公子职”。皆列于今王五年。《国策·燕策一》:“子之三年,燕国大乱,百姓恫怨。将军市被、太子平谋,将攻子之。……太子因子党聚众,将军市被围公宫,攻子之,不克。(将军市被及)百姓乃反攻,太子平、将军市被死已殉国。……二年,燕人立公子平,是为燕昭王。”《燕策》称所立者为“公子平”,称“公子”而不称“太子”,其误当在“平”字,《燕世家》则改“公子”为“太子”,益滋混乱。(《战国策》鲍彪、吴师道校注本更据《燕世家》之文改“公子”为“太子”,误。)雷学淇《竹书纪年义证》卷40云:“《燕策》立太子平句,本是立公子职之误,《燕世家》又承其讹也。”

第三,文物发掘鉴定昭王身份。尽管记载的相较于太子平多了几句参照,但是,也不能说服人。在1929年,对燕下都的发掘就开始了并且很有成效。出土燕国兵器铜戈及宝剑,有“郾(燕)王职”的铭文。1967年在辽宁省北票县东官营子发现一件铜戈,今藏辽宁省博物馆。全长27厘米、高13厘米、援长18厘米、内长9厘米。形体较大,中脊略隆起,两旁有沟;胡刃有弧曲三,阑内三穿,直内一穿,内隅一穿,内上有虎形纹;铭文在胡上:“郾王职作御司马”。燕国势力就目前的考古成果看，达到了辽河两岸，在吉林省四平地区就发现了两处相当于燕国战国时期的遗址。辽宁境内就更多了。

公元1981年夏天（一说为1977年），洛川县严家庄的一位农家女子，将取土时发现的一柄锈迹斑驳却锋利无比的断成两截的青铜剑，拿回扔在自家的猪圈棚上。这件兵器便使村里的孩子们，在戏要时挥舞起来觉得比棍棒威风多了。秋天是收获的季节。偏偏有个偶尔走进这所小院的考古专家发现了这柄青铜剑。剑身上“郾王职作武业著（鍺）剑”八个字，使专家们确认是以燕昭王的名义监制成，赠给亲信佩带的宝剑。

1998年，临淄淄河沙滩中出土一把铜剑，由挖沙农民挖出，上面有铭文，经鉴定，这把铜剑铭文释“郾王职作武某旅剑”八个字。该剑长59厘米，宽4.3厘米，重1000克，剑脊上铸有燕（“郾”通“燕”）王剑字样，该剑挺拔庄重，茎为扁圆形，在茎的两面各有一凸起的棱深入剑身，剑的刃部留下了砍刻的缺口，但至今仍锐利如初。

(2) 求贤政策与黄金台

第一，千金买马、修黄金台。燕昭王当了国君以后，他消除了内乱，决心招纳天下有才能的人，振兴燕国，夺回失去的土地。虽然燕昭王有这样的号召，但并没有多少人投奔他。于是，燕昭王就去向一个叫郭隗的人请教，怎样才能得到贤良的人。

郭隗给燕昭王讲了一个故事：从前有一位国君，愿意用千金买一匹千里马。可是三年过去了，千里马也没有买到。这位国君手下有一位不出名的人，自告奋勇请求去买千里马，国君同意了。这个人用了三个月的时间，打听到某处人家有一匹良马。可是，等他赶到这一家时，马已经死了。于是，他就用500金买了马的骨头，回去献给国君。国君看了用很贵的价钱买的马骨头，很不高兴。买马骨的人却说，我这样做，是为了让天下人都知道，大王您是真心实意地想出高价钱买马，并不是欺骗别人。果然，不到一年时间，就有人送来了3匹千里马。郭隗讲完上面的故事，又对燕昭王说："大王要是真心想得人才，也要像买千里马的国君那样，让天下人知道你是真心求贤。你可以先从我开始，人们看到像我这样的人都能得到重用，比我更有才能的人就会来投奔你。"燕昭王认为有理，就拜郭隗为师，还给他优厚的俸禄。并让他修筑了"黄金台"，作为招纳天下贤士人才的地方。

燕昭王爱贤敬贤的名声不胫而走，风传天下，各国才士争先恐后地奔赴燕国。其中不乏名士，如武将剧辛从赵国来，谋士邹衍从齐国来，屈庸从卫国来，乐毅从魏国来……真是人才济济。邹衍是阴阳五行家，当时已名闻天下，他在齐国时就受到尊重；周游魏国时，魏惠王亲自跑到郊外去迎接；到赵国时，平原君侧着身子走路来迎接他，并用衣袖替他拂去座席上的灰尘，毕恭毕敬。燕昭王迎接邹衍时，比魏赵更为恭谨。他亲自用衣袖裹着扫把，退着身子边走边扫，在前面清洁道路。入坐时昭王主动坐在弟子座上，敬请邹衍以师长身份给自己授业。昭王特意为邹衍修建了一座碣石宫，供其居住讲学。后人因此便用"拥彗先驱"和"碣石宫"这两个词语来比喻用优厚待遇尊礼贤才。

昭王的这些做法引起了很大的反响，投奔燕国的士人更为踊跃。昭王大开国门，不拘一格地广为接纳，不惟欢迎知名学者，而且把那些有志灭亡齐国的，熟悉齐国险阻要塞和君臣关系的善于用兵打仗的士人，尽数收留下来，并给予优厚的待遇，多方积蓄力量，以利兴燕破齐。聚集于燕都辅助燕王振兴燕国的众多士人之中，最杰出的人物要数乐毅。乐毅是名将乐羊之后，才学出众，深通兵法，曾被荐为赵国官吏，为了躲避赵国内乱，便到了魏国。他听说燕昭王礼贤下士，随生向往之心。正巧一次乐毅为魏出使燕国，昭王十分恭敬地客礼相待,乐毅颇受感动,决意留在燕国,昭王随即任其为亚卿,委以国政和兵权。这时候,燕昭王看到齐愍王骄横自大,不得人心,就对乐毅说:“如今齐王无道,正是我们雪耻的时候,我打算发动全国人马去打齐国,你看怎么样?”乐毅说:“齐国地广人多,靠我们一个国家去打,恐怕不行。大王要攻打齐国,一定要跟别的国家联合起来。”燕昭王就派乐毅到赵国跟赵惠文王接上了头,另派人跟韩、魏两国取得联络,还叫赵国去联络秦国。这些国家看不惯齐国的霸道,都愿意跟燕国一起发兵。

公元前284年,燕昭王拜乐毅为上将军,统率五国兵马,浩浩荡荡杀奔齐国。齐愍王听说五国联军打过来,也着了慌,把全国兵马集中起来抵抗联军,在济水的西面打了一仗。由于乐毅善于指挥,五国人马士气旺盛,把齐国军队打得一败涂地,齐愍王逃回临淄去了。赵、韩、秦、魏的将士打了胜仗,各自占领了齐国的几座城,不想再打下去了。只有乐毅不肯罢休,他亲自率领燕国军队,长驱直入,一直打下了齐国都城临淄。齐愍王不得不出走,最后在莒城被人杀死。燕昭王认为乐毅立了大功,亲自到济水边劳军,论功行赏,封乐毅为昌国君。

第二,黄金台考。针对黄金台现象,当前学者围绕其地点和历史价值进行了多方研究,其中典型代表是洛宝生、孙进柱两位教授。黄金台故址究竟位于何处,历来也是众说纷纭,有今河北省易县说、定兴县说和北京市说,等等。其中以易县东南和定兴县说为最多。例如:鲍照《放歌行》李善注引《上谷郡图经》曰:“黄金台,易水东南十八里。燕昭王置千金于台上,以延天下之士。”明弘治载:“黄金台在州治东南四十里,昔燕昭王师事郭隗,筑台置千金于其上,以延天下士。士争趋燕,故号黄金台。”明代蒋一葵所著《长安客话》中载:“黄金台有二,故燕昭王所为乐、郭筑而礼之者,其胜迹皆在定兴;今都城亦有二，后人所筑。”《大清一统志》载：“燕昭王庙在(定兴)县城西三十里黄金台上。”在今北京市和河北省满城县、徐水县，都传说有黄金台。南朝梁任昉《述异记》载：“燕王为郭隗筑台，今在幽州燕王故城中，士人呼为贤士台，亦曰招贤台。”后来成为燕京八景之一——金台夕照。故址一说在今北京市朝阳门外东南，或说在永定门外东南，原有碑立于朝阳门外约五华里的关东店。在河北省满城县的黄金台又称“贤台”“招贤台”，“贤台夕照”亦为满城八景之一。有资料称，这些黄金台多为后世人慕名而造；也有人认为，当时燕昭王招贤心切，所筑黄金台并非一处。

保定市旅游文物局徐浩生经考证后认为，黄金台应在定兴县西部的金台陈村为是。其一，定兴县于金大定六年(1166 年)割涞水、易县、容城三县地始置，金台陈村古属易县，位于燕下都东部，其位置在武阳村东十二华里，易县城东南四十华里，北易水南十五华里，定兴县城西三十五华里，与《上谷郡图经》和明弘治《易州志》所载位置基本相合。其二，在金台陈村也确实有遗址存在，遗址位于村东南部。据新纂修的《定兴县志》记载：原台略呈方形，占地约 20 亩，台高约 20 米，台顶面积有 10 亩，前部正中建昭王殿。两侧建招贤馆，东有钟鼓楼，昭王殿后为观音殿，再后还有药王庙、孙圣殿、露天石佛等。从郦道元所见燕下都一带古代建筑毁损情况来看，台上这些建筑都当系后人所建。明代曾于正德二年(1507 年)、万历二十七年(1599 年)、崇祯十二年(1639 年)重修昭王殿。崇祯十二年重修碑尚存，上刻有“黄金台，燕昭王拜郭隗而建，其谋略也大，其心志也深，其立业远。正欲其富国强兵，剪群雄，平列国，有以一服八之意也”。此黄金台曾被列为易州和定兴县八景之一——金台夕照。后台上建筑因年久失修而倾圮，高大的土台基也因周围群众用土，几乎被夷为平地，今有古井尚存。1984 年，定兴县将台址、古井、碑刻列为县级文物保护单位。

黄金台现象不仅在中国古代影响深远，即使在当代仍具有积极作用。在当代的地方史志类书籍和大型辞书中都不乏对黄金台的记载和描述。从古至今，出现了大量与之相关的地名，如河北定兴县不仅有金台陈村，附近还有银台村，北京市区有金台路，保定古称金台顿，设有金台驿，至今仍有金台驿街，保定市区中心的人民广场主雕塑被命名为“金台旭日”。河北保定市和保定地区合并，建立新的保定市后，中共保定市委、市人民政府在《人民日报》发表题为“京畿古城再崛起，今朝重筑黄金台”的长篇文章，以示诚恳招贤之意。这都可视为人们的黄金台情结。

无论是治国还是地方发展都需要人才。燕昭王在招聘和使用人才上没有狭隘的地域或任人唯亲的观念。黄金台现象所体现的正是重视人才和合理使用人才的一种理念，在当代社会仍有借鉴作用。

黄金台现象的借鉴意义还在于，形成良好的用人机制是非常重要的。自从燕昭王筑馆招贤，群贤毕至，而使燕国中兴后，黄金台现象便传之久远，人们不仅赞叹燕昭王的广泛招贤，更称赞他的礼贤下士，对人才合理而大胆的使用。他对人才能够推心置腹，用而不疑，给人才以充分的用武之地，因此赢得了燕国的恢复与发展及对齐作战的胜利。但是燕昭王的继任者燕惠王却没有昭王那样的胸怀和胆略，不能正确地对待人才，用人时满腹狐疑、举措失当，导致人才的流失，直接后果就是对齐作战的全面失败和燕国的衰落。究其原因除了个人因素外，最主要的是在用人上没有形成一种合理的机制。在封建专制政体下，一切都取决于最高统治者，如果这位统治者是有雄才大略的人，能够听取不同的意见，他的身边就能凝聚一批治国的良才，国家就会兴旺发达；反之如果统治者是一位平庸之辈，只喜欢阿谀奉承，那他的周围就会环绕一群只知溜须拍马的奴才，真正的人才就得不到任用，国家也会因此而衰败。昭王的成功和惠王的失败足以说明这一点,我们可以从中汲取成功的经验和失败的教训。燕国之所以只有短暂的辉煌,却没有从根本上强盛起来,关键是没有实行一系列与用人机制相配套的改革,无论是在治国方略上,还是在用人政策上都随着统治者的变化而改变,没有一个完善的能够长期延续的制度,而是将整个国家的命运维系在某一个人身上,所以最终导致失败。这在现代社会也极为引人深思。

3.2　苏秦与合纵连横

3.2.1　苏秦生平

(1) 苏秦(? —前 284 年),字季子,雒阳(今河南洛阳)人,战国时期著名的纵横家、外交家和谋略家。《史记·苏秦列传》载:“出游数岁大困而归。兄弟嫂妹妻妾窃皆笑之曰‘周人之俗治产业力工商逐什二以为务。今子释本而事口舌困不亦宜乎’。苏秦闻之而惭自伤乃闭室不出出其书遍观之。”早年到齐国求学,拜鬼谷子为师。学成后,外出游历多年,穷困潦倒,狼狈而回。家人都私下讥笑他不治生产而逞口舌之利,舍本逐末。苏秦甚感惭愧,于是闭门不出,遍观所藏之书,感叹道:“从师受教,埋头攻读,却不能换来荣华富贵,读再多书又有什么用呢?”于是找到《阴符》,伏案钻研。一年后,揣摩出合纵连横之术,认为凭此可以游说当世君王了。

苏秦首先将目标定在洛阳,求见周显王。但显王周围的大臣一向了解苏秦的为人,都瞧不起他,因而周显王并不信任他。于是,苏秦西行至秦国。时秦孝公已死。就游说秦惠王兼并列国,称帝而治。秦惠王“秦四塞之国被山带渭东有关河西有汉中南有巴蜀北有代马此天府也。以秦士民之众兵法之教可以吞天下称帝而治”。秦王曰:“毛羽未成不可以高蜚文理未明不可以并兼。”认为时机不成熟,且秦国刚处死商鞅,讨厌说客,未采纳他的建议。苏秦离开秦国,向东,到达赵国。当时赵肃侯任命其弟赵成为国相,封为奉阳君。而奉阳君不喜欢苏秦。

(2) 燕文公二十八年(前334年),苏秦到燕国,等待了一年多才见到燕文侯。苏秦游说燕文侯,“燕东有朝鲜、辽东,北有林胡、楼烦,西有云中、九原,南有呼沱、易水,地方二千馀里、带甲数十万、车六百乘、骑六千匹、粟支数年。南有碣石、雁门之饶北有。栗之利民虽不佃作而足于。栗矣。此所谓天府者也”。“夫安乐无事不见覆军杀将无过燕者。大王知其所以然乎夫燕之所以不犯寇被甲兵者以赵之为蔽其南也。秦赵五战秦再胜而赵三胜。秦赵相毙而王以全燕制其后此燕之所以不犯寇也。且夫秦之攻燕也逾云中、九原过代、上谷弥地数千里虽得燕城秦计固不能守也。秦之不能害燕亦明矣。今赵之攻燕也发号出令不至十日而数十万之军军于东垣矣。渡呼沱涉易水不至四五日而距国都矣。故曰秦之攻燕也战于千里之外赵之攻燕也战于百里之内。夫不忧百里之患而重千里之外计无过于此者。是故原大王与赵从亲天下为一则燕国必无患矣。”苏秦先从地理位置上分析了燕国与赵国的相依之势,接着批评燕国的战略错误:担忧千里之外的秦国,却不担心百里之内的赵国;最后建议燕文侯合纵赵国,结为一体。燕文侯认为苏秦之议很有道理,允诺苏秦“如果能以合纵之计维持燕国安定,愿举国相报”。于是资助苏秦车马金帛,开始了合纵游说之旅。

3.2.2 合纵六国

(1) 说赵。苏秦第二次来到赵国,奉阳君赵成已死,便游说赵肃侯,提出六国联合起来抵抗秦国的主张。苏秦详细分析了赵国和其他诸侯国的关系,指出赵对韩魏的战略相依关系,进而说明了自己的合纵主张:韩、魏、齐、楚、燕、赵六国联合起来,共同对抗秦国,并建议赵国组建六国联盟并力抗秦,如此一来,六国一体,秦国一定不敢从函谷关出兵侵犯,赵国的霸主事业也就成功了。赵肃侯采纳了苏秦的“合纵”主张，资助他去游说各诸侯国加盟，以订立合纵盟约。

（2）说韩。苏秦到了韩国，游说韩宣王。苏秦先分析韩国的优势：地势坚固，军队几十万，且善于冶炼兵器；再陈述臣服秦国的弊端：侍奉秦国，秦必然要求割让宜阳、成皋，一旦同意，秦国就会变本加厉，土地有限，秦国的欲望无限，离灭亡之日就不远了；最后苏秦说：大王如此英明，军队又如此强悍，却甘居秦国之后，我真替大王感到羞耻！韩宣王听完脸色大变，手按宝剑，仰天叹息道：“我虽然没什么才能，但也决不能侍奉秦国。既然赵王已经有了主意，我愿意举国听从您的安排。”

（3）说魏。苏秦来到魏国，游说魏襄王。苏秦先分析魏国的地理情况，指出：魏国地方虽小，但田舍密集，人口众多，车马奔驰，国势与楚国不相上下；如今侍奉秦国，每年纳贡，一旦秦国征伐魏国，没人愿意出兵相救。接着苏秦以越王勾践和武王伐纣的以少胜多为例，提醒魏王：魏国兵强马壮，不用惧怕秦国；如果割地侍秦，未及作战，国家已经先亏损了，主张侍奉秦国的都是奸佞之臣，要谨慎决策。最后援引《周书》，劝诫道：事前不考虑成熟，后必有大患，如果大王能听从我的建议，六国同心协力，就无强秦危害之患了，所以赵王派我呈上合纵条约，等候您的差遣。魏王说：“我从没听过如此贤明的指教，愿举国相从。”

（4）说齐。于是苏秦向东行进，来到齐国，游说齐宣王。苏秦先分析齐国国势，指出：“齐国四面天险，兵精粮足，自有战役以来，从未征调过泰山以南的军队，也不曾渡过清河，涉过渤海去征调这二部的士兵。都邑临淄富有而殷实，人口众多，居民就有七万户，足够凑齐二十一万大军，没有哪个国家能比齐国强大。”

最后苏秦又提醒楚王：“秦是虎狼之国，有吞并天下的野心，是天下诸侯公敌。主张连横之人都想割地给秦，这是敬奉仇敌，对外依仗强秦，对内挟持君主，罪恶深重。合纵成功，各诸侯会割地事楚；连横成功，楚就要割地奉秦。二者天上地下，希望您能好好考虑。”

楚王说：“秦楚接壤，秦有吞并之意，不可亲和。韩、魏经常遭受秦国威胁，不可与之深入谋划，怕有叛逆之人告密，危及国家安全。我自料以楚抗秦，又未必能胜。与群臣谋划，皆不可信，因而辗转反侧，无法安睡。如今您打算统一天下，团结诸侯，保护危国，我愿举国服从。”

苏秦游说完各个诸侯后，六国达成合纵联盟，团结一致。苏秦被任命为从约长（合纵联盟的联盟长），并且担任了六国的国相，同时佩戴六国相印。

3.2.3 合纵思想

（1）“合纵论”。合纵论是战国时代政治军事形势不断变化，特别是战国中后期七雄纷争导致当时“国际关系”（华夏文明圈内诸国）出现重大变化的产物。战国早期，七雄并立，彼此旗鼓相当，相互制衡。到了战国中期，秦国厉行变法，锐意改革，兼并巴蜀，国强地险；而六国彼此消耗，七雄并立的均势格局自此被打破。苏秦正是洞悉到了这一客观现实，适时提出了以遏制秦国、维护七雄均势为宗旨的合纵战略。

“合纵”，即“合众弱以攻一强”，是联合许多弱国抵抗一个强国，以阻止强国兼并的策略。苏秦提出合纵战略的宗旨在于遏阻秦国势力的进一步扩大，以免力量失衡格局进一步加剧。其相应对策则是通过六国联盟遏制秦国，以求维持以崤函、河西为界线的东西两个战略区域的力量均衡。

（2）苏秦的合纵说首先是基于一种地缘政治的分析。他深谙天下山川形胜，熟知各国力量现状，他每到一国即首先向当局者详陈该国的地缘环境形势，苏秦提醒山东六国首先应明确各自的安全状况，他反复告诫六国的君主，要明白这一形势，即他们共同的危险来自西方侧翼的秦国。由于秦国享有得天独厚的区位优势、地形地势优势、体制优势，将来必定是一种能够凌驾于六国实力之上的强权力量。因此，六国中每一个国家都绝对不能与秦国单独媾和以求苟安一时，更不能与秦结为同盟，那不啻是与虎谋皮。摆在他们面前的路只有一条："六国从亲"，并力西向以抗秦。

苏秦的合纵理论极其注重地缘因素的重要性，并充分论证了六国结盟与其地缘政治因素的内在关联。苏秦认为，山东六国在区位上相互关联，有着表里相属、唇齿相依的利害关系，应视为一个有着共同利益的战略整体。六国应充分利用这一整体性，以求在战略上相互依托、相互策应、互为犄角，从而在对秦作战中造成有利的态势。他反复向六国的当政者陈述这一关系。

(3) 苏秦的合纵理论不仅仅是一种认知体系，而且是一套行动纲领。它提出了一套遏制秦国、维持均势的方法，即以联盟战略、凭借山东六国的合力抑制秦国势力的扩张，以此挽救和维护原有的均势。行动方案有两个，其一是以攻为守，六国联合起来，主动进攻，突破函谷关，深入秦国腹地；其二是当六国中任何一国遭到秦国攻击时，其他五国绝不能坐视不管，必须群起救助。这无疑是一个卓越的协同作战方案，它充分利用了山东六国地缘上的相关性，使六国彼此在组织指导、兵力分配、战略协同、战术策应诸方面协调动作、密切配合，从而使秦国东向攻击任何一个国家时都将陷入四面受敌、多线作战的窘境，进而遏止其逐步蚕食六国以进一步壮大自己的企图。

苏秦睿智地看到，如果一国遭到秦国的攻击而其他国家坐视不救，后果将是极其严重的，犹如多米诺骨牌，一个倒下，其余的将依次倒塌！战国后期的历史发展证明，苏秦的分析是极具预见性的，山东六国在一段时间内采取了合纵战略，即便是三心二意的，也确乎有效地遏制了秦国东向扩张的势头达到十五年。后来六国虽未免于逐个被秦国吞灭的命运，但这非但不能归咎于合纵之策，而恰恰说明山东六国没有始终如一地贯彻实施合纵之策，以及六国政治家们褊狭的一己之私、低劣的战略目光，加以彼此错综复杂的利益纠葛等因素所致。

合纵是围绕着战国七雄间地缘政治关系而产生的大战略，更是一种处理国际间政治军事关系的原则和方法。合纵以维护均势为宗旨，以地缘政治论为认知基础，以联盟战略为应对手段。立论周密、视野宏阔、分析精湛、旨意高远，称之为地缘政治论的先驱是毫不为过的。苏秦以地缘政治因素作为研判国际形势、制定应对策略的主要依据，这种分析方法无疑具有现代的意义。

3.3 太子丹与荆轲刺秦

3.3.1 太子丹其人

（1）受质于秦不得志

太子丹的全名应该叫作姬丹。姬丹是燕王姬喜的儿子，后来被立为燕国的太子。太子这种职业在和平年代听起来很风光，但是在战国那个战火不断的乱世，太子实在是一种压力很大、风险很高的“职业”。

战国时代诸侯国之间为了实现联盟的关系，很多国家只好把太子抵押给盟友国家作为保证，比如楚顷襄王熊横和楚考烈王熊完父子。太子丹的命运与熊横和熊完很相似，在他年轻的时候先是被抵押给赵国，后来又被抵押给秦国。当太子丹在赵国充当抵押人质的时候，他遇到了那位后来统一六国的千古大帝秦始皇。那时候秦国王子子楚在赵国当人质，在赵国期间生下了嬴政，也就是后来的秦始皇。在邯郸的那段岁月里，两个遭遇相似的孩子同病相怜，他们一起游戏、一起聊天，一起慢慢地长大。

造化弄人，随着时光的推移，当时两个童年亲密无间的孩子后来迎来了截然不同的命运。嬴政后来跟随父亲回到了秦国，在吕不韦的精心策划下，嬴政的父亲当上了秦国的国王，他就是秦庄襄王。秦庄襄王是一位短命的国王，他在位三年就死去了。就这样少年嬴政登上了秦国的王位，那一年嬴政十三岁。

大约在嬴政登上王位后十几年，燕王喜为了争取秦国的支持，把自己的儿子太子丹送到了秦国抵押。自从嬴政跟随父亲离开邯郸以后，嬴政和太子丹已经有十多年没有见面了，此时的秦王嬴政和太子丹都已经是二十多岁的青年了。即将见到阔别多年的儿时玩伴，太子丹喜出望外，两小无猜的小哥们现在已经是秦国的国王了，太子丹有理由相信自己在秦国的日子应该是开心和滋润的。

然而事实证明友谊这种珍贵的资源往往会因为地位的变化而变化，尤其对于太子丹和嬴政这种出身王室家庭的孩子更是如此。此时的嬴政已经是秦国的国王，他不仅掌握着当时最强大的军队和国家机器，还肩负着几代秦王为之奋斗的、统一天下的历史重任。然而此时太子丹的身份和在赵国的时候没有任何区别，他不仅没有得到权力，甚至没有人身自由和独立人格，他仍然是一件“抵押物”。

高居在王座上的秦始皇冷漠地注视着站在下面仰望自己的太子丹，不仅没有表现出久别重逢的高兴，反而向自己昔日的伙伴展现了帝王特有的冷酷。太子丹很受刺激，虽然燕国是一个小国，不过太子丹和荆轲一样，都是自尊心很强的青年。如果太子丹从来不认识那个高高在上的秦始皇，或许他也不会这么痛苦，往日一起朝夕相处、分享快乐的小伙伴现在不仅可以主宰天下的命运，而且还可以主宰自己的命运。尤其让太子丹伤心的是，自己过去的小哥们儿不仅没有善待自己，甚至有意地在增加太子丹身为人质的屈辱和痛苦，仿佛太子丹不是自己以前的朋友，倒像是他的仇人。太子丹疑惑了很久，怎么也想不起来自己什么时候得罪过秦始皇，事实上在邯郸的时候嬴政只是一个人质王子的儿子，这样的身份是不容易被得罪的。不管太子丹有没有得罪过秦始皇，反正现在秦始皇得罪了太子丹，因为他对太子丹很不好，让太子丹很受伤。太子丹咽不下这口恶气，他后来找了一个机会逃回了燕国。

《史记·刺客列传》："燕太子丹者，故尝质于赵，而秦王政生于赵，其少时与丹欢。及政立为秦王，而丹质于秦。秦王之遇燕太子丹不善，故丹怨而亡归。"从《史记》的这段记载来看，形容儿时的秦始皇和太子丹的关系是一个字"欢"，而当太子丹来到秦国以后，秦始皇对待他的态度是两个字"不善"，前后反差如此悬殊很值得琢磨。

（2）谋划行刺行为

太子丹回国后，面对强秦逼境的严峻形势，再想到自己在秦国的境遇，愤怒、仇恨，使他坐不安席、食不甘味，处心积虑地谋划御敌复仇之计。用他自己的话说："秦王反戾无常，虎狼其行，遇丹无礼，为诸侯最，丹每念之，痛人骨髓。"如何能解国难、释己限？他向师傅鞠武讨教良策。鞠武回答说："秦地遍天下，威胁韩、魏、赵氏，北有甘泉、谷口之固，南有泾、渭之沃，擅巴、汉之饶，右陇、蜀之山，左关殺之险，民众而士厉，兵革有余。意有所出，长城之南，易水以北，未有所定也。奈何以见陵之怨，欲批其逆鳞哉。"鞠武从整个局势出发，要太子丹忍一时之愤，等待时机，从长训气义，不可率性而行。

鞠武基于这样的认识，给太子丹两点具体建议：一是不要收留秦将樊於期。原来，樊於期得罪秦王政之后，亡命燕国，被太子丹收留。鞠武认为这样做会火上浇油，更加激怒秦国，得不偿失，应尽快将樊於期送往匈奴，以免给秦国留下口实。二是西约三晋，南连齐、楚，北靖单于，从而结成强大同盟，来共同对付秦国。在当时，东方六国靠一己之力，要抵御秦国虎狼之师，都难以匹敌，最后只能是被各个击破，所以，鞠武联合抗秦的方策是最佳选择。然而，太子丹没有接受这个建议，他的心情太急切了，认为这样做费时费力，“旷日弥久”，不能在须臾间报仇雪耻。他说，若“收天下之勇士，集海内之英雄”，以“一剑之任，可当百万之师，须臾之间，可解丹万世之耻”。很明显，他的方案是靠“英雄”“勇士”刺杀秦王政。他对樊於期的处理也没有听从鞠武的意见，他认为：“樊将军穷困到了无路可走的时候来投奔我，正是我忘死保护他的时候，希望师傅能重新考虑对策。”鉴于太子丹的态度，鞠武带有警告性地劝阻道：“你的想法和做法，好比身处险境而希望得到平安，制造了祸根还祈求得到幸福，计谋短浅而招致更深的仇怨。你为了交结一人而置整个国家危险于不顾，结果将如常言所说：‘积蓄怨恨而助长祸’！”最终太子丹还是没有听从劝告。鞠武明显意识到自己的救国方案不可能被采纳，只好将处士田光介绍给太子丹，请他帮太子谋划。

用行刺来报仇雪耻的方案确定后，太子丹便下气力物色和培植能一剑使秦王毙命的“英雄”或‘勇士”。经鞠武推荐，太子丹先虔诚拜请的是处士田光，鞠武便出去拜会田光，说：“太子希望跟田先生一同谋划国事。”田光说：“谨领教”，就前去拜访太子丹。太子丹上前迎接，倒退着走为田光引路，跪下来拂拭座位给田光让坐。田光坐稳后，左右没别人，太子丹离开自己的座位向田光请教说：“燕国与秦国誓不两立，希望先生留意。”田光说：“我听说骐骥盛壮的时候，一日可奔驰千里，等到它衰老了，就是劣等马也能跑到它的前边。如今太子光听说我盛壮之年的情景，却不知道我精力已经衰竭了。虽然如此，我不能冒昧地谋划国事，我的好朋友荆卿是可以承担这个使命的。”

这就为荆轲于太子丹的结缘、为千古流传的荆轲刺秦的历史事件拉开了帷幕。

3.3.2 荆轲刺秦

(1) 荆轲其人

传说荆轲本是齐国庆氏的后裔,后迁居卫国,始改姓荆。荆轲喜爱读书、击剑,凭借着剑术游说卫元君,卫元君没有任用他。此后秦国攻打魏国,设置了东郡,把卫元君的旁支亲属迁移到野王。荆轲漫游曾路经榆次,与盖聂谈论剑术,盖聂对他怒目而视。荆轲出去以后,有人劝盖聂再把荆轲叫回来。盖聂说:“刚才我和他谈论剑术,他谈的有不甚得当的地方,我用眼瞪了他;去找找看吧,我用眼瞪他,他应该走了,不敢再留在这里了。”派人到荆轲住处询问房东,荆轲已乘车离开榆次了。派去的人回来报告,盖聂说:“本来就该走了,刚才我用眼睛瞪他,他害怕了。”荆轲漫游邯郸,鲁句践跟荆轲士博戏,争执博局的路数,鲁句践发怒呵斥他,荆轲却默无声息地逃走了,于是不再见面。荆轲到燕国以后,和当地的狗屠夫及擅长击筑的高渐离结交,成为知己。荆轲特别好饮酒,天天和那个宰狗的屠夫及高渐离在燕市上喝酒,喝得似醉非醉以后,高渐离击筑,荆轲就和着节拍在街市上唱歌,相互娱乐,不一会儿又相互哭泣,身旁像没有人的样子。荆轲虽说混在酒徒中,可以他的为人却深沉稳重,喜欢读书;他游历过诸侯各国,都是与当地贤士豪杰德高望众的人相结交。他到燕国后,燕国隐士田光也友好地对待他,知道他不是平庸的人。

(2) 燕丹礼待

田光在与太子丹进行了开诚布公的交谈后,弯腰驼背地走着去见荆轲,说:“我和您彼此要好,燕国没有谁不知道,如今太子听说我盛壮之年时的情景,却不知道我的身体已力不从心了,我荣幸地听他教诲说:‘燕国、秦国誓不两立,希望先生留意。’我私下和您不见外,已经把您推荐给太子，希望您前往宫中拜访太子。”荆轲说：“谨领教。”田光说：“我听说，年长老成的人行事，不能让别人怀疑他。如今太子告诫我说：‘所说的，是国家大事，希望先生不要泄露’，这是太子怀疑我。一个人行事却让别人怀疑他，他就不算是有节操、讲义气的人。”于是田光要用自杀来激励荆轲，说：“希望您立即去见太子，就说我已经死了，表明我不会泄露机密。”因此就刎颈自杀了。

荆轲于是便去会见太子丹，告诉他田光已死，转达了田光的话。太子丹拜了两拜跪下去，跪着前进，痛哭流涕，过了一会说：“我所以告诫田先生不要讲，是想使大事的谋划得以成功。如今田先生用死来表明他不会说出去，难道是我的初衷吗！”

荆轲坐稳，太子丹离开座位以头叩地说：“田先生不知道我不上进，使我能够到您跟前，不揣冒昧地有所陈述，这是上天哀怜燕国，不抛弃我啊。如今秦王有贪利的野心，而他的欲望是不会满足的。不占尽天下的土地，使各国的君王向他臣服，他的野心是不会满足的。如今秦国已俘虏了韩王，占领了他的全部领土。他又出动军队向南攻打楚国，向北逼近赵国；王翦率领几十万大军抵达漳水、邺县一带，而李信出兵太原、云中。赵国抵挡不住秦军，一定会向秦国臣服；赵国臣服，那么灾祸就降临到燕国。燕国弱小，多次被战争所困扰，如今估计，调动全国的力量也不能够抵挡秦军。诸侯畏服秦国，没有谁敢提倡合纵策政，我私下有个不成熟的计策，认为果真能得到天下的勇士，派往秦国，用重利诱惑秦王，秦王贪婪，其情势一定能达到我们的愿望。果真能够劫持秦王，让他全部归还侵占各国的土地，像曹沫劫持齐桓公，那就太好了；如不行，就趁势杀死他。他们秦国的大将在国外独揽兵权，而国内出了乱子，那么君臣彼此猜疑，趁此机会，东方各国得以联合起来，就一定能够打败秦国。这是我最高的愿望，却不知道把这使命委托给谁，希望荆卿仔细地考虑这件事。”

过了好一会儿,荆轲说:“这是国家的大事,我的才能低劣,恐怕不能胜任。”太子丹上前以头叩地,坚决请求不要推托,而后荆轲答应了。当时太子就尊奉荆轲为上卿,住进上等的馆舍。太子丹每天前去问候。供给他丰盛的宴席,备办奇珍异宝,不时进献车马和美女任荆轲随心所欲,以便满足他的心意。

(3) 易水送别

过了很长一段时间,荆轲仍没有行动的表示。公元前 228 年,秦将王翦已经攻破赵国的都城,俘虏了赵王,把赵国的领土全部纳入秦国的版图。大军挺进,向北夺取土地,直到燕国南部边界。太子丹害怕了,于是请求荆轲说:“秦国军队早晚之间就要横渡易水,那时即使我想要长久地侍奉您,怎么能办得到呢!”荆轲说:“太子就是不说,我也要请求行动了。现在到秦国去,没有让秦王相信我的东西,那么秦王就不可以接近。那樊将军,秦王悬赏黄金千斤、封邑万户来购买他的脑袋。果真得到樊将军的脑袋和燕国督亢的地图,献给秦王,秦王一定高兴接见我,这样我才能够有机会报效您。”太子丹说:“樊将军到了穷途末路才来投奔我,我不忍心为自己私利而伤害这位忠厚老实之人的心,希望您考虑别的办法吧!”

荆轲明白太子丹不忍心,于是就私下会见樊於期说:“秦国对待将军可以说是太狠毒了,父母、家族都被杀尽。如今听说用黄金千斤、封邑万户,购买将军的首级,您打算怎么办呢?”於期仰望苍天,叹息流泪说:“我每每想到这些,就痛入骨髓,却想不出办法来!”荆轲说:“现在有一句话可以解除燕国的祸患,洗雪将军的仇恨,怎么样?”樊於期凑向前说:“怎么办?”荆轲说:“希望得到将军的首级献给秦王,秦王一定会高兴地召见我,我左手抓住他的衣袖,右手用匕首直刺他的胸膛,那么将军的仇恨可以洗雪,而燕国被欺凌的耻辱可以涤除了,将军是否有这个心意呢?”樊於期脱掉一边衣袖,露出臂膀,一只手紧紧握住另一只手腕，走近荆轲说："这是我日日夜夜切齿碎心的仇恨，今天才听到您的教诲！"于是就自刎了。太子丹听到这个消息，驾车奔驰前往，趴在尸体上痛哭，极其悲哀。已经没法挽回，于是就把樊於期的首级装到匣子里密封起来。

当时太子丹已预先寻找天下最锋利的匕首，找到赵国人徐夫人的匕首，花了百金买下它，让工匠用毒水淬它，用人试验，只要见一丝儿血，没有不立刻死的。于是就准备行装，送荆轲出发。燕国有位勇士叫秦舞阳，十三岁上就杀人，别人都不敢正面对着看他。于是就派秦舞阳作助手。荆轲等待一个人，打算一道出发；那个人住得很远，还没赶到，而荆轲已替那个人准备好了行装。又过了些日子，荆轲还没有出发，太子丹认为他拖延时间，怀疑他反悔，就再次催请说："日子不多了，荆卿有动身的打算吗？请允许我派遣秦舞阳先行。"荆轲发怒，斥责太子丹说："太子这样派遣是什么意思？只顾去而不顾完成使命回来，那是没出息的小子！况且是拿一把匕首进入难以测度的暴秦。我所以暂留的原因，是等待另一位朋友同去。眼下太子认为我拖延了时间，那就告辞诀别吧！"于是就出发了。

太子丹及宾客中知道这件事的，都穿着白衣戴着白帽为荆轲送行。到易水岸边，饯行以后，上路，高渐离击筑，荆轲和着节拍唱歌，发出苍凉凄惋的声调，送行的人都流泪哭泣，一边向前走一边唱道："风萧萧兮易水寒，壮士一去兮不复还！"复又发出慷慨激昂的声调，送行的人们怒目圆睁，头发直竖，把帽子都顶起来。于是荆轲就上车走了，始终连头也不回。

(4) 荆轲刺秦王

一到秦国，荆轲带着价值千金的礼物，厚赠秦王宠幸的臣子中庶子蒙嘉。蒙嘉替荆轲先在秦王面前说："燕王确实因大王的威严震慑得心惊胆颤，不敢出动军队抗拒大王的将士，情愿全国上下做秦国的臣子，比照其他诸侯国排列其中，纳税尽如同直属郡县职分，使得以奉守先王的宗庙。因为慌恐畏惧不敢亲自前来陈述。谨此砍下樊於期的首级并献上燕国督亢地区的地图，装匣密封。燕王还在朝廷上举行了拜送仪式，派出使臣把这种情况禀明大王，敬请大王指示。”秦王听到这个消息，非常高兴，就穿上了礼服，安排了外交上极为隆重的九宾仪式，在咸阳宫召见燕国的使者。

荆轲捧着樊於期的首级，秦舞阳捧着地图匣子，按照正、副使的次序前进，走到殿前台阶下秦舞阳脸色突变，害怕得发抖，大臣们都感到奇怪。荆轲回头朝秦舞阳笑笑，上前谢罪说：“北方藩属蛮夷之地的粗野人，没有见过天子，所以心惊胆颤。希望大王稍微宽容他，让他能够在大王面前完成使命。”秦王对荆轲说：“递上舞阳拿的地图。”荆轲取过地图献上，秦王展开地图，图卷展到尽头，匕首露出来。荆轲趁机左手抓住秦王的衣袖，右手拿匕首直刺，未近身。秦王大惊，自己抽身跳起，衣袖挣断。慌忙抽剑，剑长，只是抓住剑鞘。一时惊慌急迫，剑又套得很紧，所以不能立刻拔出。荆轲追赶秦王，秦王绕柱奔跑。大臣们吓得发呆，突然发生意外事变，大家都失去常态。而秦国的法律规定，殿上侍从大臣不允许携带任何兵器；各位侍卫武官也只能拿着武器都依序守卫在殿外，没有皇帝的命令，不准进殿。正当危急时刻，来不及传唤下边的侍卫官兵，因此荆轲能够追赶秦王。仓促之间，惊慌急迫，没有用来攻击荆轲的武器，只能赤手空拳和荆轲搏击。这时，侍从医官夏无且用他所捧的药袋投击荆轲。正当秦王围着柱子跑，仓猝慌急，不知如何是好的时候，侍从们喊道：“大王，把剑推到背后！”秦王把剑推到背后，才拔出宝剑攻击荆轲，砍断他的左腿。荆轲残废，就举起他的匕首直接投刺秦王，没有击中，却击中了铜柱。秦王接连攻击荆轲，荆轲被刺伤八处。荆轲自知大事不能成功了，就倚在柱子上大笑，张开两腿像簸箕一样坐在地上骂道："大事之所以没能成功，是因为我想活捉你，迫使你订立归还诸侯们土地的契约回报太子。"这时侍卫们冲上前来杀死荆轲，而秦王目眩良久。

第 4 章　燕文化发展脉络

文化是一个历史概念,任何文化都在特定的时空状态下产生、形成和发展。地域是文化生长的土壤,地域文化是地理环境与历史脉络的结晶,并随着社会的发展而积淀形成鲜明特征。燕文化的孕育、形成、发展、繁荣、转型,均体现出燕域的环境特征以及燕域人与人、人与社会之间的行为方式、心理特征、思想情结。

4.1　燕文化的形成过程

4.1.1　萌芽于原始社会

(1) 燕域遗址发掘

人类活动从原始社会开始,经历了漫长的岁月,留下了亘古遗迹。燕域这片土地上发现的多处旧石器和新石器遗址,充分证明燕域是古人类的发源地之一。(见图 4.1　泥河湾)

泥河湾遗址群,震惊全世界,为人类起源提供了一个新的视角。泥河湾盆地,位于河北阳原县东部,桑干河北岸,化稍营镇泥河湾村境内,东西长六十余公里,南北宽约十公里。在二百多万年前,这里是一个较大的湖泊,湖泊的周围,是古动物的世界。后来,湖水干枯,湖底裸露,由于河流的侵蚀作用,干枯的"古湖平原"变成了丘陵、台

图 4.1　泥河湾

地、盆地，泥河湾盆地就是其中之一。此时，盆地周围的山地森林密布，气候温暖潮湿，野生动物密集，同时也是远古人类理想的生活场所。早在 20 世纪二三十年代，中外科学家就在这一带发现了许多双壳蚌化石和哺乳动物化石，新中国成立后，我国地质及古生物工作者到这里多次进行考察，发现了数以百计的、种类繁多的动物化石，又发现了许多旧石器时代文化遗址，在时代上，从一百多万年到一万年旧石器时代早、中、晚期每个阶段的遗址都有，且内容十分丰富。其中百万年以上遗址就有 18 处，这在世界上是独一无二的。考察发现证明，泥河湾遗址是寻找早期人类化石的一处重要地区。本世纪考古工作者在张家口怀来县附近发现了珠窝堡遗址群，经过考察，该遗址群与泥河湾同属一个年代层，从此张家口涿鹿县、蔚县、怀来县，同山西大同、北京延庆的泥河湾文化层共同组成了“大泥河湾遗址群”。

其中涿鹿、蔚县、怀来、北京均是后来燕国重点活动区域。

“四方洞”(见图4.2　四方洞),位于原燕域内的承德市城南鹰手营子矿区营子镇,是河北省境内第一处旧石器时代遗址,也是在燕山山脉深处首次发现旧石器时代人类活动的足迹。洞穴生成于奥陶系灰岩山体中,为一构造洞。洞口呈高12米、宽13米较规则的四方形,西向,高出现柳河水面约3米,近洞口深10米外方正如厅状。在深10米处向南、向东北分为两个支洞。南支洞于山体背后有一出口,夏日有山泉流出,没有土状堆积及人类活动遗迹。东北支洞被土状堆积充填,堆积层从外向内呈12倾斜的坡面渐次抬升,可入最深处距洞口约45米。该遗址位于燕山山脉深处,有明显的人类活动足迹,通过考古专家论证,该遗址最少距今已有三百万年,属于旧石器时代晚期。充分证明在蒙昧时期,燕文化已经萌芽。

图4.2　四方洞

北京周口店遗址第1地点从1921年发现和发掘起,已下挖了40多米。宛如一口深井。已挖堆积还不到全洞堆积物的一半。“北京人”化石从第11层至第Ⅲ层均有发现，共出土骨头6具、头骨碎片12件、下颌骨15件、牙齿157枚、股骨7件、胫骨1件、肱骨3件、锁骨和月骨各1件以及一些头骨和面骨破片。这些“北京人”遗骨分属40多个体。在周口店第1地点发现用火遗迹，把人类用火的历史提前了几十万年。包括五个灰烬层、两处保存很好的灰堆遗存，烧骨则见于有人类活动的各层，此外，还发现烧过的朴树子、烧石和烧土块，甚至个别石器有烤灼的痕迹。对用火遗迹的研究，可知“北京人”不仅懂得用火，而且有控制火和保存火种的能力。烧火的燃料主要是草本植物，也用树枝和鲜骨作薪。石器是“北京人”文化的主要代表，“北京人”创造了三种不同的打片方法，主要用砸击法，生产出长20—30毫米的小石片；常见长度为20—40毫米；工具分两大类，第一类包括锤击石锤、砸击石锤和石钻，第二类有刮削器、尖状器、砍砸器、雕刻器、石锥和球形器。（见图4.3　北京人牙齿）

北京人牙齿

位于辽宁省营口市的金牛山遗址，是位于燕域发现的另一重要遗址群。（见图 4.4　金牛山遗址出土的头骨化石）金牛山遗址位于辽宁省营口市大石桥南 8 公里处一个孤立的山丘上，长大铁路线东侧，东距渤海湾 20 公里，是一座由震旦纪的白云质大理岩、石灰岩和云母片岩夹菱镁矿等多种岩石组成的孤立山丘，为中国东北地区最早旧石器时代古人类遗址。遗址海拔约 70 米，面积为 0.308 平方公里。1984 年 9 月，北京大学考古系旧石器时代考古实习队在发掘金牛山洞穴时，发现了一批人类化石和用火遗迹，化石有较完整的头骨（缺下颌骨）、脊椎骨、肋骨、筋骨、尺骨、腕骨等共 50 余件，属一个刚成年的女性个体。金牛山出土的石制品用脉石英制成，石核较少，石片较多，以锤击法和砸击法打制。石器有刮削器和尖状器，前者数量多，石器的打片方法、加工方法或类型都与北京人相似。在地层中发现有厚约 30 厘米的灰烬层，其上还有两处圆形的灰堆，灰烬层与灰

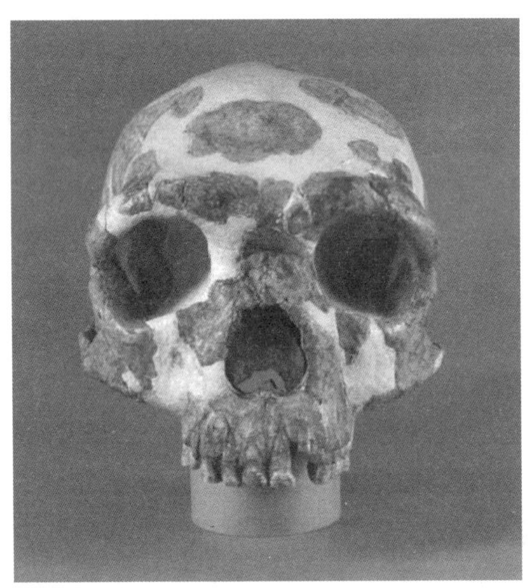

金牛山遗址出土的头骨化石

堆内有大量的烧骨和烧石，烧骨中有较多的兔类、鼠类和鹿类的肢骨，这些动物都是当时人们狩猎的主要对象。与金牛山猿人共存的动物化石十分丰富，较重要包括有变种狼、中国貉、三门马、梅氏犀、肿骨大角鹿、巨河狸、最后斑鬣狗、中华猫、葛氏斑鹿、恰克图转角羚羊、莫氏田鼠和硕猕猴等，其地质年代属于中更新世。金牛山猿人化石除材料丰富外，最大特点就是保存较完整。虽然有少数几件残破，但都可以复原，这就保证了研究的准确性。这样完整的化石在中国是首次发现，在其他国家也是很少见的。经过年代测定，确定金牛山人距今约28万年左右。据初步观察，金牛山人化石的形态比北京人进步，与早期智人阶段的大荔人接近。这个发现对研究从猿人过渡到智人阶段的人类体质特征及其直立姿势、手足分工的形成均有重要价值。

(2) 燕域神话传说

燕域不仅有大量的考古发现，更流行着亘古神话。神话传说虽然不能作为科学研究的有力论证，但是传说不是无根之举，是人们在日常生产生活中的夸张写照，传说来源于现实，又神秘于现实。至今仍流传的许多家喻户晓的神话传说有：

① 涿鹿之战。关于涿鹿之战的记载较阪泉之战丰富得多，其中时代较早的是《逸周书・尝麦》："昔天之初，诞作二后，乃设建典，命赤帝分正二卿，命蚩尤宇于少昊，以临四方……蚩尤乃逐帝，争于涿鹿之阿，九隅无遗。赤帝大慑，乃说于黄帝，执蚩尤，杀之于中冀，以甲兵释怒，用大正顺天思序，纪于大帝，用名之曰绝辔之野。乃命少昊清司马鸟师，以正五帝之官，故名曰质。天用大成，至于今不乱。"

《逸周书》关于涿鹿之战的追述，虽然掺进了后人的思想和理解，仍是研究涿鹿之战难得的重要历史文献，由这段记载可知，战争起于蚩尤西向侵掠，炎帝大败，疆土全无，转向黄帝求助，引起黄帝、蚩尤的涿鹿之战。相传蚩尤是九黎之君，九黎即九夷，属东夷集团。还传说“蚩尤兄弟八十一人，并兽身人语，铜头铁额，食沙石子，造立兵杖、刀、戟、大弩，威震天下”、“蚩尤作冶”、“以金作兵”，可见蚩尤是九个亲属部落结成的部落联盟的首领，他们勇武善战，武器装备也比较先进，这些传说反映了真实历史的影子，今已从考古学中得到证明。

蚩尤“宇于少昊”，说明其发祥地在今山东曲阜，这一地区史前时代属于大汶口文化和龙山文化分布区。从距今六千多年前开始获得迅速发展，到距今五千年前后的大汶口文化晚期，不仅作为社会经济基础的原始农业、家畜饲养有了长足的进步，各种手工业部门无论是石器还是骨角牙器制作，其工艺水平都日渐超过了同期的中原，制陶业更逐步走向中华史前制陶的顶峰。在此基础上铸铜工艺萌芽，开始只能铸造小型铜工具，稍晚的龙山文化时已有了青铜容器的铸造，并逐渐取代了制陶业的尖端手工业的地位。随着社会经济、文化、技术的迅速发展和人口的增多，一支支大汶口文化的先民相继西向发展，进入华夏集团居地去拓展新的生存空间，据研究得知，距今五千年前后，其部分居民已西迁进入豫中，直接发生接触的影响所及直达豫西、豫南、苏南等地，涿鹿之战就是在这样的历史背景下展开的。

繁荣昌盛、有81个氏族的九黎诸部落在蚩尤率领下西向进入华夏集团分布地区，目标也可能是豫中，因为首当其冲的是居于豫东的炎帝，相传他都于陈(今河南淮阳)。蚩尤率领的部落联盟由于生产力水平较华夏集团略高一筹，武器制作精良又勇猛善战，于是所向披靡，因而留下“铜头铁额”“威震天下”的英名。炎帝部落无法抵挡、节节败退，在蚩尤大军的扫荡下，居地全失，连一个角落也没留下，本着同一联合体应互相救助的原则，炎帝求救于黄帝，引发了涿鹿之战。黄帝与蚩尤九战九不胜，蚩尤作大雾弥漫三天三夜，黄帝之臣风后在北斗星座的启示下，发明了指南车，才冲出大雾。还传说黄帝在困境中得到玄女的帮助，制作了80面夔皮鼓，夔是东海中的神兽，“状如牛，苍身而无角”，“入水则必风雨，其光如日月，其声如雷”，黄帝用其皮蒙鼓，用雷兽之骨作鼓槌，“声闻五百里，以威天下”。黄帝与蚩尤的战争延续了不少时日，最后的决战进行于冀州之野，《山海经·大荒北经》记述了一个传说：“有人衣青衣，名曰黄帝女魃。蚩尤作兵伐黄帝，黄帝乃令应龙攻之冀州之野。应龙畜水，蚩尤请风伯雨师，纵大风雨。黄帝乃下天女曰魃，雨止，遂杀蚩尤。魃不得复上，所居不雨。”反映战斗过程中，双方先由巫师作法，希望借助自然力征服对方，黄帝呼唤有翼的应龙畜水，以便淹没蚩尤军队，蚩尤也请风伯、雨师相助，一时风雨大作，黄帝军队再次陷入困境，危急中，黄帝只得请下天女旱魃阻止风雨，天气突然晴霁，蚩尤军队惊诧万分，黄帝乘机指挥大军掩杀过去，取得了最后胜利。黄帝的胜利得来不易，而胜利以后，又遇到很多新的困难，不仅旱神女魃制止了大风雨后神力大减，“不得复上”，应龙参战以后，也“不得复上”，天上“无复作雨者”，使地上连续大旱数年。

涿鹿之战以黄炎华夏集团的胜利而告终，传说黄帝进入东夷活动地区“合鬼神于泰山之上，驾象车而六蛟龙，毕方并辖，蚩尤居前，风伯进扫，雨师洒道，虎狼在前，鬼神在后，腾蛇伏地，凤皇覆上，大合鬼神，作为清角”。“清角”是古代一支悲凉激越的乐曲。黄帝胜利了，原来的敌人——蚩尤、风伯、雨师和东方的神灵都降服了。还有一种流传更广的传说，蚩尤被黄帝擒杀了，其氏族和部分亲属部落引而远去，将蚩尤的英雄故事带向四面八方。仍居少昊之地的先民，举清继任领袖，以地命氏，称少昊清。这场战争由于双方势均力敌，黄帝一方打败蚩尤，回到自己的原居地后，两大部族集团尽释前嫌，重又相安相处，甚至解仇结盟。相传“蚩尤没后，天下复扰乱，黄帝遂画蚩尤形象以威天下，天下咸谓蚩尤不死，八方万邦皆为弭服”。在历史上，长期以来蚩尤都享祭于东夷之地，在今山东东平县和巨野县，有传说中的蚩尤冢和他的肩髀冢，因为他被黄帝所杀，身首异处，所以人们用两个高七丈的土冢作他的纪念碑，并常在十月于蚩尤冢前举行祭祀。不仅如此，还传说南方的大荒之中，宋山上的香枫树是蚩尤被杀时的刑具所化，今山西解县盐池中，盐水作红色，民间称之为"蚩尤血"等等，很多地方都有蚩尤的传说，可见他煊赫的威名早已超出了他的故地。而据文献记载，周秦间蚩尤已和黄帝齐名并列为战神，四时利用田猎进行军事训练时，都要举行师祭，"祭造军法者，祷气势之增倍也，其神盖蚩尤，或曰黄帝"。秦祀东方八神将，"三曰兵主，祭蚩尤"，后来汉高祖刘邦起兵也在沛庭"祠蚩尤，衅鼓旗"，类似习俗一直行于宋代，出师祭旗的典礼中，仍要祭蚩尤，由此也可见涿鹿之战后，华夏、东夷共同融为后来华夏族的核心。

② 阪泉之战。黄帝刚刚打败蚩尤，一直屯兵于阪泉而作旁观的炎帝，突然向黄帝发起军事攻击，他想趁黄帝因多年征战疲惫不堪之际，将黄帝一举打败，以泄胸中积聚已久的怨恨，并借此一洗与蚩尤一战即溃的耻辱，重振往日的威严。黄帝对于亲兄弟之间的反目成仇非常吃惊，虽经多方面努力而终不能化解炎帝的怒恨，因而叹息："贞良而亡，先人余殃。猖獗而活，先人连祸。卑而正如增，高而倚者崩。山有木，其实屯屯。虎狼为猛可插，昆弟相居，不能相顺。同则不肯，离则不能。伤国之神，神何不来？胡不来相教顺兄弟？兹昆弟之亲，尚何易哉！"于是黄帝告知炎帝，择日决战。

一连两天，黄帝都是亲率熊、罴、貔、貅、貙、虎六部之军，出轩辕之丘，在阪水河谷谷口，树大旗七杆，摆起了一字长蛇阵，向阪泉进军，炎帝自然都是严阵以待。但战斗的结果，却都是黄帝所率的军队显得十分疲惫，不胜而归轩辕之丘。到了第三天，当两军相接之际，黄帝突然摆动大纛，以黄帝所在之卫队为摇光，后队变前卫，分别以六部之军为开阳、玉衡、天权、天玑、天璇、天枢，变成了一个七星北斗军阵，其以虎部军队为首的的斗魁，立刻形成了杓头一样三面包围、一面开网的阵势，像刮着旋风似地卷向了炎帝所在之处。炎帝心慌，急忙夺路而逃，谁知黄帝就如同紧握杓柄挥动，炎帝始终逃不掉这个随他而动的身后杓形合围军阵，当炎帝感到体力不支之际，也就款款地做了战俘。回到轩辕之丘，文武群臣像早有准备似地以礼恭迎他们的行政领袖，黄帝自亦动情抚慰，但炎帝却很冷漠，始终辞而不再做事，直到黄帝以战去战一统华夏大地，派官、置法以治全国各地之际，黄帝又提出与炎帝分治南北，炎帝仍不肯为君“后”，黄帝只好封其为“缙云”之官，任其主政于南方。

这场战争，在历史意义上，是彻底结束了原始社会末期因战争产生而形成的帝、后双头领导体制。黄帝在这场战争中，经“三战然后得其志”，成为各部落拥戴的天子，而炎帝败得心服口服，甘愿称臣，发誓不再与黄帝抗衡。所以说，阪泉之战，是部落方国时期双头领导体制向文明时代一元领导的一个转换，是一种政治制度上具有划时代意义的历史变革。

③ 釜山合符。黄帝经过长期征战，特别是阪泉之战胜利后，《史记·五帝本纪》就这场战争记载：“黄帝与炎帝战于阪泉之野。三战然后得其志，于是合符釜山，而邑于涿鹿之阿。”两战之后，黄帝继续南征北战，“天下有不顺者，黄帝从而征之”（《史记·五帝本纪》）。直到黄帝控制了“东至于海，登丸山，及岱宗。西至崆峒，登鸡头。南至于江，登熊、湘。北逐荤粥”（《史记·五帝本纪》）这样一个广阔的领域。在这种社会条件和历史背景下，黄帝将所有氏族、部落、部落联盟的首领召集于涿鹿县的釜山，举行了政治大会盟，即司马迁所说的黄帝“合符釜山”。至此，黄帝与诸侯在釜山合符契，“诸侯咸尊轩辕为天子”（《史记·五帝本纪》），天下共认黄帝为共主，一统天下。

釜山进行的合符是什么意思，也就是干了些什么值得我们这样纪念的事呢？通俗地说：这次合符如同新中国成立前第一届政治协商会议一样，要选主席、定国名、定国旗、定国歌、定首都等。黄帝组织的釜山合符，虽然没有这么复杂，但所做的事近乎这样重大。当时，最重要的是办了三件事，一是共推轩辕为天子，公认黄帝为共主，中华先民第一次有了共认的领袖和统治者。二是合符契，即将原来各氏族、部落、部落联盟各自的图腾或叫符契一律废除，同时，又取各氏族、部落、部落联盟各自的图腾的某一突出点组合共创了一个虚拟而有活现的、集万物于一身的、统一共识的图腾——龙，作为中华民族的共认的符契。可以说龙的产生是中华民族先民集团智慧的结晶，是中华民族大融合，大统一的标志，是中华民族由“迁徙往来无常处”的游牧状态进入农耕社会、由母权制进入父权制、由荒蛮社会进入文明时代的社会跨越式变革的里程碑。三是定都涿鹿，经过合符，天下公认黄帝为主，统一符契共称龙。黄帝作为天子，奉天之命“邑于涿鹿之阿”。就是在涿鹿山边的一个高地上建起了都城，即黄帝城。后来曾称过轩辕之丘、青丘、黄帝城、涿鹿故城，中华初都等。“合符釜山”的三个主要事件，是决定当时社会发展方向、历史发展进程的最重大的事件。我们可以假想：两战之后，如果黄帝不举行合符，不统一符契，不确立黄帝作为天子的统治地位，不在涿鹿及时建都，就没有统一的中华民族。争战会重起，融合会破裂，纷争割据会重演。那么，中华文明的开源、生产技术的发展、社会进步的变革就不会是合符以后的局面和走向。相反，可能许多氏族、部落仍然会在相当长的时期内在荒蛮中摸索，在“求生存”中挣扎。中华先民仍然会四分五裂、争战不断。文明社会可能要推迟几百年甚至上千年才能实现。今天，我们中华儿女都荣耀地喊：“中华文明五千年”，这要归功于黄帝“合符釜山”的历史壮举，而釜山在涿鹿，所以，大史学家顾颉刚说“千古文明开涿鹿”。

黄帝建立方国时期，是中华大地上最早发生的文明时期，可称为中华文明曙光。而古都涿鹿，则是中华文明的发源地，是中华炎、黄、蚩三始祖荣誉与共，共同步入文明发展的一方古老的圣土。

④ 大禹治水。大禹，他的名字叫文命。禹的父亲叫鲧，算起来，他还是黄帝的后代。他是中国古代最有名的治水英雄。相传大禹治水最先治理的是黄河地区，最古老的黄河河道是河北省的中部地区，因此，在燕域一直以来也流传着各种大禹治水的传说。

自黄帝之后，黄河流域又先后出现了三位德才兼备的部落联盟首领，他们就是尧、舜、禹。当尧还在世的时候，中原地带洪水泛滥，无边无际，淹没了庄稼，淹没了山陵，淹没了人民的房屋，人民流离失所，很多人只得背井离乡，水患给人民带来了无边的灾难。在这种情况之下，尧决心要消灭水患，于是就开始访求能治理洪水的人。一天，他把手下的大臣找到身边，对他们说：“各位大臣，如今水患当头，人民受尽了苦难，必须要把这大水治住，你们看谁能来当此大任呢？”于是群臣和各部落的首领都推举鲧。尧素来觉得鲧这个人不可信，但眼下又没有更合适的人选，于是就暂且将治水的任务委任给鲧。鲧治水治了九年，大水还是没有消退，鲧不但毫无办法，而且消极怠工，拿国家这一艰巨的任务当儿戏。后来舜开始操理朝政，他所碰到的首要问题也是治水，他首先革去了鲧的职务，将他流放到羽山，后来鲧就死在那里。舜也来征求大臣们的意见，看谁能治退这水，大臣们都推荐禹，他们说：“禹虽然是鲧的儿子，但是比他的父亲德行能力都强多了，这个人为人谦逊，待人有礼，做事认认真真，生活也非常简朴。”舜并不因他是鲧的儿子，而轻视他，而是很快把治水的重任交给了他。大禹实在是一个贤良的人，他并不因舜处罚了自己的父亲就记恨在心，而是欣然接受了这一任务。他暗暗下定决心：“我的父亲因为没有治好水，而给人民带来了苦难，我一定努力再努力。”但是他知道，这是一个多么重大的职责啊！他哪里敢懈怠分毫。考虑到这一特殊的任务，舜又派伯益和后稷两位贤臣和他一道，协助他的工作。当时，大禹刚刚结婚才四天，他的妻子涂山氏是一位贤惠的女人，同意丈夫前去，大禹洒泪和自己的恩爱妻子告别，就踏上了征程。

禹带领着伯益、后稷和一批助手，从都城开始，沿黄河治理，治理完黄河以后，又开始一路往南开始治理其他河流水患。跋山涉水，风餐露宿，走遍了当时中原大地的山山水水，穷乡僻壤，人迹罕至的地方都留下了他们的足迹。大禹感到自己的父亲没有完成治水的大业而空留遗憾，而在他的手上这任务一定要完成。他沿途看到无数的人民都在洪水中挣扎，他一次次在那些流离失所的人民面前流下了自己的热泪，而一提到治水的事，相识的和不相识的人都会向他献上最珍贵的东西，当然他不会收下这些东西，但是他感到人民的情意实在太浓太浓，这也倍增了他的决心和信心。

大禹左手拿着准绳，右手拿着规矩，走到哪里就量到哪里。他吸取了父亲采用堵截方法治水的教训，发明了一种疏导治水的新方法，其要点就是疏通水道，使得水能够顺利地东流入海。大禹每发现一个地方需要治理，就到各个部落去发动群众来施工，每当水利工程开始的时候，他都和人民在一起劳动，吃在工地，睡在工地，挖山掘石，披星戴月地干。他生活简朴，住在很矮的茅草小屋子里，吃得比一般百姓还要差。但是在水利工程上他又是最肯花钱的，每当治理一处水患而缺少钱，他都亲自去争取。他治水三过家门而不入，有一次他治水路过自己的家，听到小孩的哭声，那是他的妻子涂山氏刚给他生了一个儿子，他多么想回去亲眼看一看自己的妻子和孩子，但是他一想到治水任务艰巨，只得向家中那茅屋行了一个大礼，眼里噙着泪水，骑马飞奔而走了。大禹根据山川地理情况，将中国分为九个州，就是：冀州、青州、徐州、兖州、扬州、梁州、豫州、雍州、荆州。他的治水方法是把整个中国的山山水水当作一个整体来治理，他先治理九州的土地，该疏通的疏通，该平整的平整，使得大量的地方变成肥沃的良田。然后他治理山，经他治理的山有岐山、荆山、雷首山、太岳山、太行山、王扸山、常山、砥柱山、碣石山、太华山、大别山等，就是要疏通水道，使得水能够顺利往下流去，不至于被堵塞。山路治理好了以后，他就开始理通水脉，长江以北的大多数河流都留下了他治理的痕迹。他治水讲究的是智慧，如治理黄河上游的龙门山就是如此。龙门山在梁山的北面，大禹将黄河水从甘肃的积石山引出，水被疏导到梁山时，不料被龙门山挡住了，过不去。大禹察看了地形，觉得这地方非得凿开不可，但是偌大一个龙门山又如何是好，大禹选择了一个最省工省力的地方，只开了一个 80 步宽的口子，就将水引了过去。因为龙门太高了，许多逆水而上的鱼到了这里，就游不过去了。许多鱼拼命地往上跳，但是只有极少数的鱼能够跳过去，这就是我们后人所说的“鲤鱼跳龙门”，据说只要能跳过龙门，马上鱼就变成了一条龙在空中飞舞。大禹治水一共花了十三年的时间，正是在他的手下，咆哮的河水失去了往日的凶恶，驯驯服服地平缓地向东流去，昔日被水淹没的山陵露出了峥嵘，农田变成了米粮仓，人民又能筑室而居，过上幸福富足的生活。后代人们感念他的功绩，为他修庙筑殿，尊他为“禹神”，我们的整个中国也被称为“禹域”，也就是说，这里是大禹曾经治理过的地方。

⑤ 女娲斩黑龙。传说当人类繁衍起来后，忽然水神共工和火神祝融打起仗来，他们从天上一直打到地下，闹得到处不宁，结果祝融打胜了，但败了的共工不服，一怒之下，把头撞向不周山。不周山崩裂了，撑支天地之间的大柱折断了，天倒下了半边，出现了一个大窟窿，地也陷成一道道大裂纹，山林燃起了大火，洪水从地底下喷涌出

来，龙蛇猛兽也出来吞食人民。人类面临着空前大灾难。

女娲是一位人首蛇身的善良的神，目睹人类遭到如此奇祸，感到无比痛苦，于是决心补天，以终止这场灾难。她选用各种各样的五色石子，架起火将它们熔化成浆，用这种石浆将残缺的天窟窿填好，随后又斩下一只大龟的四脚，当作四根柱子把倒塌的半边天支起来。在女娲补天之后，依然有很多的恶兽捕食人类。其中领头的则是一条庞大无比的黑龙。这条黑龙长约百丈，是一条变异的邪恶龙族。它的实力之强，足以惊天动地。在它的面前人类根本就无法抵抗。这条黑龙长着一对黑色的巨角，全身被黑色的鳞片包裹。四只爪子张牙舞爪，一张大嘴更是森寒无比，骇人异常。这条巨龙，收复手下一片，带领着自己的部下，不断地吞食屠杀人类。特别是这条黑龙，嘴里黑雾一吐，周围茫茫一片，被包裹在黑雾里的动物、植物甚至是人类全部都消失，就连骨头都侵蚀干净，之后黑龙大嘴一吸，黑雾尽数被其吸入腹中。这一吐一吸间，不知道多少生灵涂炭。黑龙喜欢兴风作浪，用洪水淹没一切。黑龙的鳞片坚硬，曾有很多的凶兽，甚至是荒兽都难以与之匹敌，无法防御分毫。黑龙的强悍可见一斑。

女娲寻找一些具有灵性的藤蔓，编织成一张七彩巨网，在女娲的法术之下，这张巨网竟然缩小成巴掌大小。随后，女娲又去仙岛，寻得一根丈许长的神木，做成木棍。做完这些后，女娲便寻得黑龙，欲将其斩杀。黑龙见女娲到来，便口吐毒物。女娲右手一挥，巴掌大小的七彩巨网忽然变大，将毒物和黑龙困在一起。奇怪的是，毒物居然无法渗出巨网半点。被困住的黑龙不断地翻滚挣扎，但是网却是越捆越近，紧紧地包裹住黑龙。女娲拿出神木木棍，不断地狠狠击打黑龙的七寸之处，黑龙咆哮连连，最终在第三棍落下的时候，一命呜呼。黑龙死后，其他的神兽一哄而散，不知去向。黑龙的死亡，震慑了无数凶兽，从此，人间少有凶兽袭击，归于和平。

4.1.2　兴起于西周早期

商燕文化也称为“先燕文化”。商人部落长期生活在河北南部、河南北部一带。商人的祖先虽然多次迁都，但始终在河南北部、河北南部一带。都城所在地及周边为王畿，王畿外围领土为四土，四土外围是臣服于商的方国，称为四至。燕域早在商部落繁荣之前就已经存在土著居民，孤竹国是当时北方最大的方国，都城位于今唐山滦南地区，领土范围西至太行山，东至北朝鲜，北至外蒙古，只不过到周朝以后，周王为了巩固统治，封召公于燕，孤竹国的国土压缩到冀东一隅。因此，商朝的孤竹国文化与当前探讨的燕国土著文化具有极大一致性。孤竹国接受并深受商朝文化的影响，由于远离中原变革中心，也成为商朝遗风保留最完好的地区之一。当然，除了孤竹国以外，还存在蓟这个国家。蓟灭亡后，燕以蓟为都城，故也是燕域土著居民之一。西周初年的大分封，为该地带来了先进的周文化，并得到广泛推广。周文化、商文化、土著文化相融合，加之周边少数民族文化的影响，促进了燕文化的大繁荣。综合北京地区、内蒙古地区挖掘的燕国墓葬来看，在占卜用的甲骨、祭祀铜器、生活陶器、官用印玺等上面都有文字。

(1) 琉璃河遗址挖掘。琉璃河遗址是北京市著名商周遗址。位于房山区东南京广线上，北距北京城约 50 公里。旁有石河流过，古称圣水，又名琉璃河(亦作刘李河)，地因河得名。包括今董家林、刘李店、黄土坡、洄城、立教、庄头等六个自然村，东西长约 3.5 公里，南北宽约 5.25 公里。自上世纪 60 年代起，经过二十多年对该遗址的发掘，不仅发现了城址，还有燕国贵族墓葬区，并出土一批带有燕侯铭文的青铜器，从而确定了这里就是西周时期北方重要邦国——燕国的都城。

古城址位于遗址中部的董家林村。上世纪 60 年代初期，北城墙有的地段，在地面上还留有 1 米多高的城墙，后被夷为平地。但整个城址仍比周围地面高出 1 米有余。经过发掘,得知北城墙和东西两面城墙的北半部,地下尚保留了大部分墙基。其中城的东北角保存最好。北城墙全长 829 米,东、西二面城墙保留的北段长约 300 米,南城墙及东、西面城墙的南段,由于破坏严重,长度不明。在东、西、北三面城墙外,发现有深 2 米多的护城壕沟。据已知的城墙长度,推测城的平面应是方形或长方形。由于城墙内侧的"护坡",被商末周初的墓葬以及属于西周时期的灰坑、房址所打破,说明古城的修建年代最迟不应晚于西周初期。这和古代文献所记西周初期北京地区的历史情况,基本一致。

墓葬区 1973 年秋开始墓葬的钻探和发掘工作,最集中的地区,是在遗址中部的黄土坡村。至 1986 年冬,两区共发掘墓葬二百余座,车马坑近三十余座。按照墓葬规模,可分为大、中、小三种类型。墓葬的基本特征是:中、小型墓为长方形土坑竖穴,四周一般有熟土二层台,坑底置棺停,大型墓墓室部分亦为长方形土坑竖穴,一般带有二条墓道,个别的带有四条墓道,坑底木停保存较好。入骨保存情况,一般是小型墓较好,葬式多为仰身伸直,屈肢葬则较少。中、小型墓,有殉狗。其中七座墓发现有殉人现象。随葬器物。多放在二层台上及头前的棺椁间,小型墓以陶器为主,中型墓以青铜器为主,大型墓因被盗严重,青铜器不多见。附葬的车马坑,最少的二匹马,一辆车,最多为四十二匹马,十余辆车。有的车马坑,出有众多的铜质车马器。

随葬品在出土的器物中有陶器、青铜器、玉石器、玛瑶器、骨角器以及原始青瓷器、漆器、蚌器、货贝等。青铜礼器有百件之多,大都铸有铭文,加上其他质料随葬品,全部出土器物有数千件。青铜礼器及其器物上所铸的铭文,尤其是铸有"匽侯"铭文的青铜礼器,为确定古城址的性质、作用,提供了直接的证据。此外,就其器物本身的造型、纹饰等方面看，对研究古代的铸造工艺、美术等方面内容，也都有很高的价值。251号墓出土的伯矩鬲，通体饰满浮雕牛头形花纹，盖内和口沿内都铸有内容相同的铭文，记述伯矩受到匽侯赏赐的情况。253号墓出土的堇鼎。通高62厘米，口径48厘米，重41.5公斤。是目前北京地区发现和出土的商周青铜礼器中最大的一件。器内壁铸有铭文26字，记述堇奉侯之命，前往宗周向太保贡献食物，而受到太保的赏赐。铭文所记正好与文献上所载召公本人并未前往燕国就封燕侯，而“以元子就封，而次子留周室代为召公”一事相印证。在一些青铜礼器中，铭文中有明确记载人的名字和事迹的，有十数件之多。大都是中型墓里发现的，联系到铸有铭文，尤其是铸有“[?]侯”铭文青铜礼器的发现，可知分布在黄土坡村周围的这批墓葬，应是燕侯家族的一处墓地。而墓地中的一些大型墓，可能是燕国的某一代侯王墓，其生前所居之所，就是墓地西侧的古城。出土器物中，有青铜器、玉器、漆器等，玉器制作，表现了商代的琢玉工艺水平。漆器包括豆、杯、俎、簋、彝、觚、壶等器类，有的器表采用蚌片镶嵌技术，并有彩漆绘制成的各种图案。其中以一件通高50厘米的漆罍形体最大，是漆器制作中的精品。这批漆器的被发现，把中国出现螺钿漆器的历史，从南北朝开始的说法，提早了1500年。

从墓葬及其出土器物以及古城址的存在，再加上遗址本身的范围，结合文献进行综合分析。考古学家认定这里是西周初燕国的封地，而古城则是燕国的都城，从而解决了自汉代以来对燕的封地具体所在之争。证明了《史记·燕召公世家》“周武王之灭封，封召公于北燕”的记载是可靠的。琉璃河商周遗址的发掘，是北京地区考古工作中一项重大的收获。

(2) 孤竹文化辉煌。据《史记·伯夷列传》注引《索隐》所记：“孤竹君是殷汤三月丙寅日所封。”是为孤竹侯国。殷墟甲骨卜辞文中称

“竹侯”。时在商汤建立商朝之初，一说是商汤十八年(待考)，约公元前1600年。然，从新发现有关孤竹国文物推断，孤竹国建国可能要远早于《史记》记载的殷商之初。商代中叶，孤竹国发展到了鼎盛时期。北方和东北地区的物资转运贸易，多在其间进行。这个时期的孤竹国，无论文化经济都较发达，名扬四海。殷墟甲骨亦有多件甲骨记载孤竹之事。商末，孤竹国为西周分化。西周在其西部建立了燕国，管控孤竹及其北方属地和方国。箕子东迁时，大部孤竹先民同往朝鲜。故，此时的“孤竹国”已名存实亡。孤竹国疆域，逐渐被新封赏方国压缩于燕南地区。随后，又析孤竹为令支，孤竹国属地再次缩小。公元前664年(周惠王十三年)山戎出兵伐燕国，燕向齐国求援，齐桓公为救燕出兵伐山戎，“北伐山戎，弗令支，斩孤竹而南归”，至此，“孤竹国”鲜见史书记载。

孤竹国君及其王子，在殷商国度历任要职。及至商末，孤竹国走出了两位圣贤——伯夷和叔齐。那时的孤竹国君共有三个儿子，大儿子是伯夷，小儿子是叔齐。孤竹国君生前有意立叔齐为嗣子，继承他的事业。后来孤竹国君死了，按照当时的常礼，应该由大儿子即位。但清廉自守的伯夷却说：“应该尊重父亲生前的遗愿，让叔齐来做国君吧。”于是他放弃君位，逃到孤竹国外。大家请叔齐作国君。叔齐说：“我如当了国君，于兄弟不义；于礼制不合。”于是也逃到孤竹国外，和他的哥哥一起过流亡生活。古人对他们兄弟相互谦让的行为很尊崇，认为他们是讲道义的楷模。伯夷、叔齐兄弟在当时的历史条件下，不为王位相争而相让，是可贵的。因此有关伯夷、叔齐的美德，自古以来就广为人们传颂，对于谦恭揖让的民族传统的形成产生过影响。

伯夷叔齐忠于祖国，耻为周臣。武王伐商大军过河。伯夷、叔齐拉住武王战马而劝阻说：“父亲死了尚未安葬，就动起干戈来，能说得上是孝吗？以臣子的身份而杀害君王，能说得上是仁吗？”武王身边的人想杀死他们，太公姜尚说：“这是两位义士啊！”扶起他们，送走了。武王克商，伯夷和叔齐以商遗民自居，不仕周朝，不食周粟，在首阳山下采薇而食。一天，一个老丈发现有两个外乡人在首阳山采野菜吃，就好奇地走上前来问伯夷叔齐：“你们二位是哪里人士，为何在此采薇而食呢？”伯夷叔齐对这位老丈讲明了自己的身世和经历，老丈随即答道：“普天之下，莫非王土。率土之滨，莫非王臣。你们想必知道这个道理？你们虽然没有吃周家的粮食，可你们吃下的野菜不也是周朝的吗？”二人一听，顿觉羞愧。于是决意不食一物，最终饿死在首阳山下。如今，河南偃师依然保存有“叩马村”古地名，山东、河北、河南、江苏、安徽、山西、陕西、甘肃等地，夷齐祠庙遗址和坟冢遗迹仍在，当地依然传颂着伯夷叔齐的故事。伯夷叔齐清名，“光高日月”，与日月同辉。

伯夷叔齐的故事被代代传颂至今。管子曰：“故伯夷、叔齐非于死之日而后有名也，其前行多备矣。”韩非子曰：“圣人德若尧舜，行若伯夷。”孔子曰：“伯夷叔齐，古之贤人也。”孟子曰：“伯夷叔齐，圣之清者也。”“治则进，乱则退，伯夷也。”屈原歌曰：“行比伯夷，置以为像也。”历代帝王更是对伯夷、叔齐倍加称颂。据《永平府志》记载，清康熙永平知府彭士圣《重修清节祠碑记》云：“……自汉熹平五年已有祠。唐天宝七载祀义士八人于郡县。崇祭则自此始。宋大中祥符四年曾访庙遣官致祭。‘清惠’、‘仁惠’谥号则封于政和三年。进侯加公则更于元至元十有八年。至顺元年颁庙额曰‘清圣’，古庙久废。移于郡城内东北隅，为明洪武九年。郡丞梅珪所建，未几复废。景泰五年，郡守张茂乃重建于孤竹故城。成化九年郡守王玺请于朝，赐今额御定祭文……弘治十年，郡守吴杰重修。嘉靖二十六年，郡守张玭重修。隆庆六年，郡守辛应乾，万历十一年兵备雷以仁、郡守任凯，二十七年郡守徐准、曹代萧等，皆经重修……”清代康熙、雍正、乾隆、嘉庆、道光五帝，皆有诗文歌颂伯夷叔齐。毛泽东也曾借伯夷、叔齐清名，作“外辱需人御，将军独采薇”的诗句，赞颂为抗日战争卫国殉难的戴安澜将军。

4.1.3 断代于西周至春秋

燕国是一个历史不详全的国家，司马迁写《史记·燕召公世家》对召公奭受封以及召公的个人功德进行了详细介绍。但是除此之外，“自召公已下九世至惠侯”一句将中间九世概括。接下来对燕国历史的记载也仅仅是“某年，某某侯卒，某某侯立”，对各燕侯的功绩以及燕国发生的时间，全无记述。其他史料关于燕国历史事件也无考证。直至齐恒公救燕伐山戎，才有了燕国史事的记载。

对于燕国历史“消逝”的原因，学术界提出了各种推测，概括有两点：

（1）少数民族侵扰说。燕国活动范围在周朝疆域的北部，周围有戎、狄和东胡等部落，仅东南面与齐国相邻，与中原各诸侯国往来交流不便。根据考古挖掘，在出土的西周的燕国遗址中，少数民族元素普遍使用。据于此，有学者提出燕国记载断代是因为少数民族屡次犯燕，甚至燕国在此期间处于灭亡状态。此推测未免有些大胆。《世本》和《史记》两部记载中均提到燕召公受封以后至燕惠公共九世，说明当时是先后有九位国君存在，并非亡国。如若少数民族侵犯，燕国覆灭，则与记载相冲突。

（2）实力弱小，被忽视说。我国历史上各朝各代均有史官，其中“内史”记录皇帝命令，外史负责搜集各地民间传说，外史也就是所谓的野史，一般为游学之人所传授。商周时期因为文字尚未成熟，考古挖掘仍在进行中，对于这一时期的完整正史掌握尚少，加之秦始皇时期焚毁大量书籍史料，留给后人的文字更是极其匮乏。司马迁整理编写的《史记》除了一部分来源于保留的文字记载，仍有一部分是来源于外史。在史料记载中，燕国一直是被鄙视的一个大且弱的国家。如孟子对于齐国伐燕的师出之名为“燕虐其民”，燕王接见张仪时说“寡人蛮夷辟处”，荆轲刺秦中自称“北藩蛮夷之人”。可见当时燕国实力确实弱小，在弱肉强食的战争年代，实力弱小的燕国被人忽视也是有可能的。

4.1.4　中兴于战国时期

燕国虽然在七国中实力最弱，但是能跻身于战国七雄，得益于在战国时期的兴盛。燕国的兴盛表现在：

(1) 燕国遗址范围扩大。燕昭王继位以来，一直以报仇复国雪耻为己任，为了达到这一目标，需要在北方解除东胡人的袭扰。燕昭王即位不久，即遣燕将秦开“为质于胡”，秦开深得胡人信任，他知悉东胡内部情况，约在燕昭王十一年后，他奉命回燕，率师袭破东胡，向东北扩张至今辽东地区，拓地千里，置上谷郡(今河北怀来、宣化一带)、渔阳郡(今北京市怀柔、密云地区)、右北平郡(今天津市蓟县以东至河北滦县以北地区)、辽西郡(今秦皇岛东北至锦州一带)、辽东郡(今辽阳至丹东一带)。并修建长城，西起造阳(今河北怀来境内)，东抵襄平(今辽阳市)，计千余里，用以防卫东胡的袭扰，还在东北设令疵塞(今河北迁安西)，在北边设居庸塞(今北京市昌平居庸关)。这是燕国空前兴盛强大的壮举。西周时期的燕国遗址挖掘主要集中在北京、天津、河北地区，为西周燕文化的研究提供了地域界定。近几年战国时期的燕文化遗址范围不断扩大，不仅仅包括京津冀地区，还包括内蒙古、辽宁、吉林，甚至在朝鲜地区均已发现具有燕文化元素的墓葬、兵器、钱币、用具。在辽宁省葫芦岛市建昌县碱厂乡东大杖子发现和发掘的古墓，经确认为已发现的长城以北地区规模最大的战国燕国墓葬。在内蒙古自治区赤峰市喀喇沁旗境内的西桥，发现战国贵族墓葬群，墓内出土的一批铸工精湛的战国青铜礼器，为内蒙古地区首次发现。这些战国青铜礼器以饕餮纹、蟠螭纹、动物雕塑、人物故事等为主，显示了战国时期燕国文化艺术魅力，及墓主身份。《魏略》中记载："昔箕子之后朝鲜侯，自称为王，后子孙稍骄虐，燕乃遣将秦开，攻其西方，取地两千余里，至满番汗为界，朝鲜遂弱。"从考古挖掘和史料记载，均可充分说明燕域北疆最远曾到达吉林，东端到达朝鲜半岛，燕国军事实力之强大可见一斑。

（2）燕国农业发达，物产丰盛。《战国策》中记载苏秦游说燕文侯时说："地方二千余里，带甲数十万，车七百乘，骑六千匹，粟支十年。南有碣石、雁门之饶，北有枣粟之利，民虽不由田作，枣粟之实，足食于民矣。此所谓天府也。"[1]考古界在今河北易县、兴隆，辽宁抚顺、鞍山和内蒙老虎山等地，出土了大批铁农具，还有V形铁犁，反映了当时农业耕作技术的进步，史书记载，燕文侯执政时，燕国已有大量粮食的储备，朵可支十年，粮食之外还有蚕桑、冬朵之利。《周礼》："东北曰幽州……其谷宜三种。"此"宜"字当是指较普遍适宜播种某种农作物之意。郑注："三种，黍、稷、稻。"是知燕国较广泛种植的农作物主要有黍、稷、稻等。黍，即今天我国北方栽培较多的黍子。黍子喜温暖，不耐霜，抗旱力极强。稷为何种农作物，历来说法不一。李时珍《本草纲目》以为子实不粘或粘性不及黍者为稷，即把稷看作是黍的一个变种。《尔雅》孙炎注则以为是粟的别称。还有学者以为是高粱。程瑶田《九谷考》云："稷，今人谓之高粱，或谓之红粱。"王念孙《广雅疏证》："稷，今人谓之高粱。"按以上诸说当以《尔雅》孙炎注为是。粟，即通常所说的谷子。这种农作物今天华北、东北等地种植甚广，这或许可以作为古之稷即粟的一个反证。战国时期在我国气

〔1〕(汉)刘向. 战国策[M]. 湖南：岳麓出版社，2015年版. 第48页.

候变迁史上属于温暖期。气候温暖，有利于农作物的生长，提高单位面积产量。《战国策》载，燕“粟支十年”。此语虽为纵横这士的饰辞，但反映出燕国的粮食产量是比较高的。燕下都遗址出土的战国陶仓模型，就应是燕国有大量粮食储藏的物证。

(3) 贤君任位，国治民安。公元前311年，燕昭王就位于国败家亡之时，他视这场大难为燕国的奇耻大辱，决心要兴燕以雪国耻，他付郭隗说：“齐因孤之国乱而袭破燕，孤极知燕小力少，不足以报。然诚得贤士以共国，以雪先王之耻，孤之愿也。”(《史记·燕昭公世家》)郭隗建议“招贤纳士”，昭王则“单身厚币以招贤者”，为郭隗“改筑宫而师事之”，吊死问孤，与国人同甘苦。于是士争趋燕，乐毅自魏往，邹衍自齐往，剧辛自赵往，苏秦也自洛阳奔燕。除史载的这几位知名的军事政治家外，“诸天下之士其欲破齐者”、“善用兵者”，他“尽养之”，在燕国集中了大批各方面的人才。乐毅被委为亚卿，受任以国政，想来他协助燕王一定施行过不少的重大变革，史书缺载这一变革史料，但从《乐毅报燕王书》中可寻到这一变革的称迹。他于该书中称赞古之圣贤之君“不以禄私其亲，功多者受之；不以官随其爱，能当者处之”，并援引昭王临逝前的遗教：“循法令顺庶琴者，施及萌隶。”话虽不多，但力主改革的主张是溢于言辞间的。经过二十八年的努力，燕国殷富，达到了历史上的极盛时期，这不仅由燕下都的大规模营建、乐毅率五国之师伐齐和秦开却胡、拓土看得出来，就以近些年来的考古勘察也有所反映。

4.2　燕文化的发展转型

公元前222年，秦国灭燕以后，燕文化开始进入转型阶段。随着社会的变化和发展，尤其是政治因素的主导，燕文化逐渐转型为京都文化、津卫文化和畿辅文化。

4.2.1 秦汉幽燕文化

西汉元封五年(前106年),汉武帝为了加强中央对地方的控制,将全国除京畿附近七郡之外的郡国分设为十三个监察区,每一区均由中央政府派置刺史一人担任监察之职而称刺史部。《周礼·职方氏》云:“东北曰幽州。”故帝国于东北地区所设监察区称“幽州刺史部”,简称“幽州”,部刺燕地诸郡国。战国时期燕国基本位于幽州地区,西汉初年又于此分封燕国,故此地又被称为“燕”“燕地”“燕土”或“幽燕”。关于幽州地理位置,主要地区位于今河北北部地区、辽宁大部分地区。

(1) 幽燕文化的原始性。幽州地方文化还具备一定的原始性,这主要体现在当地的婚姻形态上。《汉书·地理志》中记载:“宾客相过,以妇侍宿。”这种婚姻形态和儒家礼制背道而驰。卢云在《汉晋文化地理》一书中指出,此为借妻习俗,“是古代夫兄弟或对偶婚的变相遗存,人类婚姻进化史上的一种特殊形态”。总之,这是原始社会婚姻形态的遗留。借妻习俗于先秦时“在华夏族各地有着相当广泛的分布”。

西汉时期,由于文明的进步与儒家礼制的推行,这种古老的婚姻形态逐渐消亡,“仅在燕地得以保留”,即使文明推进,“但至成帝时,借妻婚习俗尚未完全革除”。借妻婚俗之所以会在燕地保留,卢云总结了两个主要原因:“第一,这一地区偏在北方,战国时学术文化落后,婚姻礼制的传播还比较薄弱”;“第二燕太子丹向宾客开放后宫,其事距西汉最近,流风所及,也影响到该地的婚姻习俗”。我认为,幽燕保留这种原始古老的婚姻形态,还有其他原因可作补充。具体如下:其一,受北方游牧民族的影响。在匈奴的传统里,女性的地位很低。“父死,妻其后母;兄弟死,皆取其妻妻之。”在匈奴人眼中,女性就好比物质财产,父子兄弟之间有着继承关系。冒顿在上位过程中,牺牲自己的爱马与爱妻以磨炼手下，建立威信。东胡向冒顿索取千里马，冒顿予之；东胡再“使使谓冒顿，欲得单于一阏氏”，冒顿“遂取所爱阏氏与东胡”。和马匹一样，冒顿也将阏氏送给东胡。如此妥协退让，并非畏惧东胡。当东胡要求获得匈奴的土地时，冒顿怒而击之，大破东胡。面对东胡的索取，冒顿将千里马与阏氏拱手相让，可见在冒顿眼中阏氏的价值与马匹相等同。男性与女性结为婚姻关系后，女性即使改嫁也不能嫁于男性之子辈，男性也不能将女性作为财物而相让于人。匈奴反其道而行之，说明匈奴的婚姻关系实际上并不牢固，乌桓也“其俗妻后母”。受北方游牧民族的影响，幽州民众的婚姻关系变得松散，有助于“以妇侍宿”借妻相让的情况的保留。其二，道德礼仪观念淡薄。幽州俗与赵、代相类，赵、代人民“不事农商”，“丈夫相聚游戏……休则掘冢作巧奸冶，多美物，为倡优”，而“女子则鼓鸣瑟，跕屣，游媚富贵，入后宫，徧诸侯”，礼制观念缺乏。幽州的情况也当相似。其三与其四，距离文化礼制发达地区较远与区域的幽闭性皆不利于传播婚姻礼制。前文提及，幽州在地理位置上远离大中原文化圈，环境幽闭，这就使得中原先进的婚姻礼制难以传播、普及。

幽州文化的原始性还表现在教育上。《汉书·儒林传》主要记载了 27 位西汉时期的儒学大家，将这些人物的出生地与各地区人数进行统计，结果表明，青州 8 人，豫州 6 人，徐州 5 人，兖州 4 人，司隶 2 人，冀州和幽州各 1 人。幽州仅有一位知名儒士，冀州也只有一位，两州共居末位，幽州文化落后的状态是其地方文化愚昧少虑的鲜明佐证。汉武帝“罢黜百家，独尊儒术”之后，儒家文化盛行于大中原文化圈，成为了中国传统文化的主流。幽州处在北方边境，地理位置上远离大中原文化圈，而文化的传播需要一段时间，所以幽州在文化上与中原地区相比自然要落后。而且幽州环境幽闭，阻碍文化的传播。清人顾祖禹在《读史方舆纪要》中如是描述幽州之地曰：“东滨海”，

“南控三齐”,“西阻太行”,“北届沙漠”,明晰地勾勒出幽州东、西、北三面隔绝的形势。除此之外,幽州常年受到北方游牧民族的侵扰,地方发展缺乏一个稳定的环境。主要由于以上这些局限性因素,使得愚昧少虑成为幽州地方文化中的一大特点。

受原有尚武风习的影响,两汉时的幽燕社会既以孔武著称,成为“天下精兵”的盛产地和输出地。《太平御览》录引《史记》曰燕秦“士马所生”。两汉之际的吴汉游说渔阳太守彭宠:“渔阳、上谷突骑,天下所闻”;东汉蔡邕上灵帝《幽冀刺史久阙疏》:“幽州突骑,冀州强弩,为天下精兵,国家瞻使。四方有事,军师奋攻,未尝不办于二州也。”宋人注《周礼》:“燕居东北之极,迫近边境,人善御敌。”崇尚武功的幽燕因此成为其时边防之士的诞生地,为国家边靖之所依。北齐武成帝河清三年(564 年),“机警善骑射”的斛律羡出任幽州刺史。为防备突厥南袭州境,斛律羡利用当地产马和民众尚武之优势,“在州养马二千匹、部曲三千”,突厥因之甚为畏恐,“谓之南面可汗”,不敢轻犯其境。并且,幽燕尚武之民还曾在楚汉战争期间,以骁骑助汉击楚,为刘邦的最终胜利贡献了一份力量;而东汉建国前,刘秀北巡幽燕,借助渔阳、上谷兵力,初步奠定了自己的实力,为后来践祚提供了坚实的保障;东汉末年曹操手下英勇善战之士,除去其故营部曲外,其余无不出自幽燕地区。

(2) 好议论、多疑,富有叛逆意识。受利益的驱动,幽燕民众议论政治多与自身利益紧密相连,且因患得患失而处心积虑,以致疑虑重重,一旦不满,就会走向叛逆。例如,一向被秦始皇尊赐甚厚的卢生,通过议政,从秦始皇那里得到了不菲的利益回报,且秦帝对之也是笃信有加,甚至言听计从。但卢生仍恐其骗术有朝一日会败露,于是就以“始皇为人,天性刚戾自用”、“专任狱吏,狱吏得亲幸”等为藉口,大肆诽谤始皇帝,并邀约诸方士逃遁,公然背叛此前依附的一国之君。方士密谋叛乱者如东汉初年渔阳方士颜忠、刘子产等与济南王康交通，康“多遗其缯帛，案图书，谋议不轨”。燕民的叛逆意识，还表现为劝谕地方官长背叛其主子，建立一个独立的区域性政权。如陈胜起义爆发后，上谷郡卒史韩广响应陈胜而起义，占领蓟城。他在归附陈胜部将赵王武臣以后，奉命北徇燕地。而“燕故贵人豪杰”则谓之曰：“楚已立王，赵又已立王。燕虽小，亦万乘之国也，愿将军立为燕王。”在燕民的游说下，韩广终“以为然”，以蓟城为京都，自称燕王。两汉幽燕民间好议论、多疑之风，与其地方士文化不无密切关系，且历史悠久。战国后期，燕昭王的礼贤下士和太子丹的广招宾客，曾吸引了不少士人的纷至沓来。纷杂积聚的士人中，很多为方术之士和纵横人才。两汉尤其西汉时，喜好议论的幽燕方士活动十分活跃，他们四处游说，参与政治，对汉代中央和地方形势与政局，产生了不小的影响。

两汉时，流存于幽燕民众之间的愚戆、剽悍，以及尚武好斗、极富叛逆意识等风习，对两汉幽燕社会产生了显著的影响，社会叛乱和违制等事件屡有发生。两汉时的幽燕，地处偏远，加之民风剽悍和少数民族政权的诱胁，地方政权公然与中央相叛的事件多有发生。其中为人熟知者有西汉高祖时臧荼、卢绾，昭帝时刘旦，以及东汉光武帝时渔阳太守彭宠与涿郡太守张丰、灵帝时中山故相张纯与太山太守张举等发动的叛乱等。这些地方郡长的叛乱，都是影响至甚者，且与少数民族政权有所联合。如彭宠、张丰叛乱，就与匈奴相联结，气焰甚嚣。他们围击州牧，攻陷蓟城，自立为燕王，并分兵攻占广阳、上谷、右北平等郡；灵帝中平四年(187 年)六月，渔阳人张纯和张举利用乌桓叛乱、“凉州贼起，朝廷不能禁”之机，与乌桓大人连盟，攻围蓟下，燔烧城郭，掳略百姓，攻杀乌桓校尉，军众至 10 余万，自称天子，并率部数万入犯青、冀二州，杀害吏民。上述叛乱，作乱者固然有其政治目的，但幽燕民风对之助推作用是绝对不能忽视的。汉武帝的一席感慨之言，堪为对此作出的最好诠释。当年，针对“燕土硗，北迫匈奴，其人民勇而少虑”之情，并虑及国防，武帝封刘旦于幽燕。在其诏书中，武帝反复要求刘旦务必恪尽职责，藩卫汉邦。从所封三子为王的诏旨看，武帝封旦为燕王，应当是既考虑到了幽燕的民风，也以为其个人素质是能够胜任其责的。然而，到达幽燕后的刘旦，不免受到当地强悍民风的影响，心怀勇健，觊觎帝祚。“巫蛊之祸”后，身处北圉的刘旦不远千里地遣使上书，“请身入宿卫于长安”。武帝见书，击地怒曰：“生子当置之齐鲁礼义之乡，乃置之燕赵，果有争心，不让之端见矣。”并奋斩使者于阙下。从这段记载看，当时的武帝已意识到燕赵和齐鲁社会文化的差别，幽燕之剽疾、尚武等社会风习，当是促使刘旦秉性转变并最终走向叛乱的根本动因。

不仅幽燕地方政府时常与中央作对，就是普通民众和汉政府之间，由于社会风习等差异和受游牧民族的影响，百姓对政府的“一种政治上的认同仍需要发展”。因此，在地方政权背叛中央的同时，以地方民众为主体的叛动事件也屡见不鲜。如光武十六年(40 年)九月，“郡国大姓及兵长、群盗，处处并起，攻劫在所，害杀长吏。郡县追讨，到则解散，去复屯结。青、徐、幽、冀四州尤甚”。反叛事件较典型者有二：一为武帝时的坚卢、范生之属；二为东汉末黄巾起义间，幽燕民众云集响应，捕杀幽州刺史郭勋和广阳太守刘卫等。正因为民间暴力和盗寇频繁，事务颇剧，汉魏时期的幽燕遂有“外剧郡”之谓。后来的《三国志》载云：涿北接鲜卑，数有寇盗……明帝即位，下诏书使郡县条为剧、中、平者。主者欲言郡为中、平，(涿郡太守王)观教曰：“此郡滨近外虏，数有寇害，云何不为剧邪?”主者曰：“若郡为外剧，恐于明府有任子。”观曰：“夫君者，所以为民也。今郡在外剧，则于役条当有降差。岂可为太守之私而负一郡之民乎?”遂言为外剧郡,后送任子诣邺。虽然王观要求将涿郡定为“外剧郡”,是为减轻百姓赋役负担,而相关责任人员“恐于明府有任子”之虑和涿郡最终被定为“外剧郡”,说明该郡“外剧郡”之定位,确实是名实相副的。

(3) 社会风习导致地方权势僭越。《后汉书·刘虞传》:献帝初平三年(192年),“(公孙)瓒既累为(袁)绍所败,而犹攻之不已,虞患其黩武,且虑得志不可复制,固不许行,而稍节其禀假。瓒怒,屡违节度,又复侵犯百姓……积不能禁,(虞)乃遣驿使奉章陈其暴掠之罪,瓒……乃筑京于蓟城以备虞”。如果说此则记载反映的公孙瓒“屡违节度”是东汉末衰世战争年代的产物,那么,下面两件事例则较好地体现了幽燕地方权势阶层僭越汉制的情况。

事例一为八宝山西部发现的东汉和帝永元十七年(105年)的“汉故幽州书佐秦君神道”石阙。该石阙是幽州书佐秦君之子秦仙为其父而建。石阙规模宏大,发现的17件石阙构件,均分别刻有铭文和精美的纹饰。据陈直估计,当时建造这样的石阙,耗资甚巨。而作为主办文书的州郡小吏——书佐,其月钱甚微,无论是就其自身财力,还是从汉朝制度而言,书佐死后都不可能建造如此规模宏大、雕刻精美的神道石阙。郭沫若据此而推测秦仙必在和帝时身居要职,所以才敢僭制为其父建树神道石阙。这是问题的一方面。但另一方面,我们又不能排斥与当地民风具有反叛精神有关。正是有了社会风习的支撑,身为名不见经传的幽州书佐才敢僭越汉制,建造规模宏大、形制华美的神道。

事例二为大葆台汉墓中出土的玉制古代佩器。《说文解字·角部》:“佩,角锐,可以解结。”郑玄注《礼记·内则》:“貌如锥,以象骨为之。”所谓“解结”,除指实用外,又寓意佩可解疑除困,是为刘向所说的能“治烦决乱”。又据郑注“小,解小结”可知,由于结之大小不同,因而有大、小之别。《礼记》:子事父母、妇奉舅姑,须左佩小等,右佩大等。因此,古人佩在形制、大小上通常有一定区别,这种区别在汉代考古中也得到了充分的反映。根据汉制和惯例,在一墓中发现两件及以上佩时,其大小、长短不一者属正常,否则为反常。而在大葆台刘建夫妇墓中出土的一对凤形玉,其大小长短、形式和两面饰纹则完全相同,且同出一墓,与汉制和其他考古发现的情况形成鲜明对比。有研究者据此认为,可能是墓主人身份特别,可违反汉制不能佩戴、使用成组佩玉之禁令。而笔者以为,如果将此发现与东汉幽州书佐秦君神道违制之事相结合,我们就会发现,刘建在玉上的僭越汉制恐怕不完全在于其特别的身份,更主要还可能是受幽燕社会风习影响的结果。

有剽悍、尚武、任侠民风支撑,每当社会动乱、政权更迭或国家控制力下降时,幽燕豪强就会恣肆,挑战国家与地方政府的统治。如西汉宣帝时,幽燕"时郡比得不能太守",社会动荡不安,涿郡毕野白等人趁势"废公法而狡乱";大姓西高氏、东高氏肆虐一方,"自郡吏以下皆畏避之",莫敢牾逆,咸曰:"宁负二千石,无负豪大家。"高氏放纵宾客为盗作贼,案发后躲匿高宅,吏不敢追,该地盗匪因此浸浸日多,社会治安混乱,以致"道路张弓拔刃,然后敢行"。可见,豪强巨姓恣肆情形绝非一般。又如东汉初郭为渔阳太守时,幽燕"民多猾恶,寇贼充斥。到,示以信赏,纠戮渠帅,盗贼销散"。但其后张堪任渔阳太守时,幽燕豪猾恣肆依旧。张堪上任伊始,沿袭郭治术,"捕击奸猾,赏罚必信,吏民皆乐为用",幽燕稍有安靖。

4.2.2 正统的京都文化

(1) 北京的历史。北京是一座有着三千多年历史的古都,在不同的朝代有着不同的称谓,大致算起来有二十多个别称。

蓟据史书记载,公元前 11 世纪,周武王克商以后,封帝尧之后于蓟,封召公奭于燕。另说周以前就有燕国,后燕并蓟,以蓟城为国都,这就是现在北京的前身。秦灭燕之后,设置蓟县,故址在今北京城。

幽州为远古时代的九州之一。幽州之名，最早见于《尚书·舜典》：“燕曰幽州”。两汉、魏、晋、唐代都曾设置过幽州，所治均在今天的北京一带。

燕都因古时为燕国都城而得名。战国七雄中有燕国，据说是因临近燕山而得国名，其国都称为“燕都”。以后在一些古籍中多用其为北京的别称，上个世纪 80 年代曾出版过一种北京文史的刊物，其名就叫《燕都》。

日下始见于《晋书》，颍川距晋国都洛阳极近，故称日下。后来唐朝诗人王勃作《滕王阁序》时有“望长安于日下，指吴会于云间”之句，即运用于此典故，此后便以“日下”为国都的代称。作为北京的代名词来用的有清人朱彝尊的《日下旧闻》和乾隆年间成书的《日下旧闻考》等。

幽都。唐代曾设置幽都县，辽时也曾设置过幽都府，所治在今天的北京一带。

燕京。唐肃宗乾元二年(759 年)，史思明自称燕帝，以范阳为燕京。安史之乱平定后，罢燕京。后来北京的正式命名虽屡有变动，而燕京这个名称却广泛使用。近百年来，“燕京”是北京最常用的一个别称，甚至一些企业的名称、产品的命名也多用这两个字。

春明。起源于唐代，唐朝首都长安的正门(东门)名为春明门，古人认为东方主春，于是后人遂以“春明”作为首都的别称，北京成为国都后，也曾被称为“春明”。清人孙承泽著有《春明梦余录》，盖其意即此。

京城。唐天宝元年(742 年)以前，称首都长安为京城，以后京城就泛指国都，北京成为国都后，也多将其称为京城，时至今日也是人们称呼北京最常用的代名词。

南京。辽会同元年(938 年)，将原来的幽州升为幽都府，建号南京，又称燕京，作为辽的陪都。当时辽的首都在上京(今内蒙古巴林左旗南部)。

燕山。北宋宣和四年(1123 年),宋、金联合伐辽,攻占燕京。宋、金议和后,燕京回归北宋,建燕山府(因临近燕山脚下),故燕京又称燕山。

中都。宋宣和六年(1125 年),金人南侵,占领宋的燕山府。金贞元元年(1153 年)金人迁都燕京,改称中都,所治均在今天北京西南一带。

大兴。金在将燕京改为中都的同时,设大兴府,所治在今天的北京东南部,包括今东城区、崇文区、朝阳区及大兴区的东部。

大都。元代以金的离宫(今北海公园)为中心重建新城,至元九年(1272 年)改称大都,俗称元大都。

汗八里。元时蒙古人称大都为汗八里,蒙语的意思为"汗城",即可汗所居之处。所以元朝定都北京后也被称为汗八里,马可·波罗在他著的游记中就称大都(北京)为汗八里。

北平。明代洪武元年(1368 年),朱元璋灭掉元朝后,为了记载平定北方的功绩,将元大都改称北平。

北京。明永乐元年(1403 年),明成祖朱棣(永乐皇帝)取得皇位后,将他做燕王时的封地北平府改为顺天府,建北京城,并准备将都城迁于此,这是正式命名为北京的开始,至今已有 600 余年的历史。

京师。明成祖于永乐十八年(1420 年)迁都北京,改称京师,直至清代。京师一词最早见于《诗经·大雅·公刘》:"京师之野,于时处处。"后世遂称国都为京师。还有一种说法,陕西凤翔有山曰京,有水曰师,因周文王和武王在此建都,故统名为京师,以后便将京师当成国都的代称,北京被称为国都后,也曾被称为京师。

宛平。这是老北京人对北京的泛称,其实不准确,明清的宛平县治区只是今天北京的一部分,大致方位是现在的北京西南部,包括今西城区、宣武区、海淀区的一部分以及石景山区、门头沟区和大兴区的西部。

京兆。民国二年(1913年)废顺天府,翌年置京兆地方,直隶中央,其范围包括今天的北京大部分地区,民国十七年废京兆地方,改北京为北平。

北京历史上除了用过上述名称外,还有秦汉之时,北京曾是广阳郡的治所;隋大业年间,曾是涿郡的治所;唐天宝年间,曾是范阳郡的治所;辽代时曾是析津府的治所;明清之时,曾是顺天府的治所,于是广阳、涿郡、范阳、析津和顺天府也成了北京的别称。

(2) 北京的文化特色。北京地区虽然一直以来是燕国的管辖范围,但真正成为全国政治中心是在辽金以后,从此北京开始渐进性地从燕文化中脱离出来,形成独特的京都文化。明清时期京都文化发展到顶峰,北京地域成为中国传统文化集大成区域。

① 政治责任感强。作为全国最高统治者所在地,北京政府机构林立,各国使臣云集,关乎国计民生的所有政令均出于此地,各地区的实时消息也均从四面八方汇聚于此。作为北京常住居民,有多一半是士大夫或者与官员有密切关系的富商,国家的前途和命运与他们自身的利益息息相关,另外一部分本土居民的日常起居也与士大夫阶层断不开联系,长期接触和环境熏陶中,本土居民具有了其他地区没有的高度政治敏感性。北京人关注时政也热衷于议论时政,街头巷尾、茶馆酒肆经常看见三三两两的人围在一起在滔滔阔论。

北京人敢说敢做,政治责任感并不仅仅体现在嘴上,更体现在实际行动中。新文化运动开展最激烈、最具有成效的地区是北京大学,是北京大学生最先站起来,举起了新民主主义旗帜。抗日战争时期,中华民族命悬一线,北京大学的学生开展了一二九运动,掀起了全国人民抗日运动的新高潮,促进了抗日民族统一战线的形成。[1]

---

〔1〕顾军.北京文化特征小议[J].北京联合大学学报,2001,01:81—83.

② 市民文化素质高。由于政治中心的开放性，北京市民结构复杂，其中既有本土燕地遗民，也有士大夫统治阶层、没落官僚贵族。从隋唐开始实行科举制以后，官员的选拔不再以世族官僚为主，辽、金、蒙、清少数民族政权进入北京以后，纷纷实行了有利于民族融合的政策，延续了科举选拔制度，不仅大大提高了士大夫贵族的素质，更在这一过程中实现了对少数民族的汉化，也叫做“去胡化”。在这个过程中，北京地区原有的“崇勇尚武”遗风逐渐弱化，老百姓由习武到习文。西方列强枪炮打开中国大门后，1862 年北京地区建立了清末最早设立的“洋务学堂”——京师同文馆，开授外语、几何、地理等学科。1898 年，又建立中国近代第一所国立大学——京师大学堂。改革开放以后，我国教育事业发展迅速，北京更是教育资源的集中地，在只有 2000 万人口的直辖市，其中 211 大学 22 所，985 大学 8 所。这种教育资源的倾斜也是由其首都地位决定。

③ 官本位气息显著。北京成为都城以后，成为声名显赫、达官贵人的集中之地，官场上的行为习惯不可避免地渗透到北京的所有角落中，老百姓也逐渐官本位气息。主要体现在两个方面，一是好面子，北京人常说的一句话是“面儿比理重要”，所以北京人说话经常称呼对方为“大爷”或“某某爷”，在我国重宗教伦理的思想下，“爷”是一种高辈分的身份，称呼中带这个字可以让对方听起来非常舒服，对方也会同样用此方式回复你。北京人称呼你为您内，称呼他为丫，这样在说话时称呼对方用尊称，称呼第三方用蔑称，更能体现出谈话的对方地位高，给足对方面子。这种圆滑、世故的语言风格，就是所谓的“京油子”。另一种官本位气息就是重圈子，有政治的地方就有斗争，就有政治团体，在我国古代社会也一样，达官贵族之间因为利益不同，往往会结成各种人际圈子，圈子内有身份高的，也有身份地位低的，运用圈子内的力量，操控时局，是官场上习惯的做法。至于老百

姓之间也是一样，就如冯小刚的电影《老炮儿》，不同年龄、不同社会地位、不同经历都会结成各种人脉团体。到了现代，北京地区成为国家机构、事业单位、国企央企集中的地区，从事体制内工作的人员明显高于其他城市，这成为当前滋养官本位文化的土壤。

④ 自大散漫情结。北京人的散漫在各种漫画、小说、影视作品中均有描绘。明清时期，早起遛鸟、喂鸽子，有事的做小买卖，没事的蹲墙根聊天、晒太阳。遛鸟、喂鸽子、散漫的生活最早起源于京城的贵族子弟，而能在墙根下悠闲晒太阳的人，必定也不需要为生计发愁，于是拥有这种生活成为身份的象征。作为皇城根下生活的居民，久而久之也就把悠闲自得的享受生活，成为人生追求，并进行效仿。北京人能够享受生活还源于稳定的生活环境，作为政治中心的所在地，除非改朝换代，这里一直是最为稳定的地区，即使边疆战争和地区灾害不断，北京人也不需要担心自己的生活环境会受到严重的威胁，这种安全感久而久之就产生了安逸散漫的行为。到今天为止，这种行为特征依然存在。外地人到北京求学、打工、定居，但是祖辈就在北京的本地人，很少有外出打工或者定居，他们宁愿在北京从事一份工资并不很高的工作，依然自得其乐。这种优哉游哉、逍遥自在的心理并不病态，恰恰是北京皇城根下人的特有心境。

4.2.3　多元的津卫文化

天津是北京的东大门和通商、通洋大通道，也是信息人才资源库，北京通过天津接收消化多元文化。

(1) 天津的历史起源。四千多年前，天津所在的地方慢慢露出海底，形成冲积平原。现在天津所处的位置原来是海洋，黄河改道前由泥沙冲积形成，古黄河曾三次改道，在天津附近入海，三千年前在宁河县附近入海，西汉时期在黄骅县附近入海，北宋时在天津南郊入海。金朝时黄河南移，夺淮入海，天津海岸线固定。汉武帝在武清设置盐官。

隋朝修建京杭运河后，在南运河和北运河的交会处（今金刚桥三岔河口），史称三会海口，是天津最早的发祥地。

唐朝在芦台开辟了盐场，在宝坻设置盐仓。辽朝在武清设立了“榷盐院”，管理盐务。南宋金国贞佑二年（1214 年），在三岔口设直沽寨，在今天后宫附近已形成街道，是为天津最早的名称。元朝改直沽寨为海津镇，这里成为漕粮运输的转运中心。设立大直沽盐运使司，管理盐的产销。

明建文二年（1400 年），燕王朱棣在此渡过大运河南下争夺皇位。朱棣成为皇帝后，为纪念由此起兵“靖难之役”，在永乐二年十一月二十一日将此地改名为天津，即天子经过的渡口之意。作为军事要地，在三岔河口西南的小直沽一带，天津开始筑城设卫，称天津卫，揭开了天津城市发展新的一页。后又增设天津左卫和天津右卫。

清顺治九年（1652 年），天津卫、天津左卫和天津右卫三卫合并为天津卫，设立民政、盐运和税收、军事等建置。雍正三年（1725 年）升天津卫为天津州。雍正九年（1731 年）升天津州为天津府，辖六县一州。

清末时期，天津作为直隶总督的驻地，也成为李鸿章和袁世凯兴办洋务和发展北洋势力的主要基地。1860 年，英、法联军占领天津，天津被迫开放，列强先后在天津设立租界。1900 年 7 月，八国联军攻打天津，天津沦陷。1901 年，由八国联军组成的天津都统衙门下令拆除城墙。

民国初年，天津在政治舞台上扮演重要角色，数以百计的下野官僚政客以及清朝遗老进入天津租界避难，并图谋复辟。其中包括民国总统黎元洪和前清废帝溥仪。

1928 年 6 月，国民革命军占领天津，南京国民政府设立天津特别市。1930 年 6 月，天津特别市改为南京国民政府行政院直辖的天津市。11 月，因河北省省会由北平迁至天津，天津直辖市改为省辖市。

1935年6月,河北省省会迁往保定,天津又改为直辖市。

日本侵占时期对天津基本实行武力统治。日军对天津肆意烧杀抢掠,加上当时天津水灾,使天津成为名副其实的人间地狱。被抓走的“劳工”达5万人。天津曾于清朝大量开辟租界,日军占领初期租界内还算比较安全。太平洋战争爆发后,日本强行占领其他国家租借地后天津再无宁日。

1949年1月15日凌晨5时,人民解放军东西突击集团在金汤桥上胜利会师。17日解放塘沽,天津全境解放。

1949至1958年2月,天津是中央直辖市。1958年2月天津划归河北。1967年1月恢复直辖市。

地名来源,众说纷纭,大致有以下几种:

诗词之说。“天津”一词最早出现于战国时代楚国著名诗人屈原的诗歌中,他在《离骚》中写下了“朝发轫于天津兮”这一昂扬的诗句。

星官之说。“天津”的名称来源于星官名“天津星”,《隋书·天文志》在记载“九坎东列星”时记载:“尾亦为九子箕,亦曰天津。”

河名之说。“天津”源自河名“天津河”,《金史·河渠志》中记载:“通济河创设巡河官一员,与天津河同为一司,通管漕河闸岸,上名天津河巡河官隶督水监。”

赐名之说。“天津”流传最广、史料最充分、记载最清楚的说法是源于皇帝的赐名,天津是“天子津渡”之意,是明朝皇帝朱棣夺取帝位成功,始发于渡过沽河,于永乐二年十一月二十一日(1404年12月23日),传谕旨“筑城浚池,赐名天津”。明朝文人李东阳的《重建三官庙碑记》,碑记里注有“天津象征天子车马所渡之地”的词句。

金朝在三岔河口设立军事重镇“直沽寨”,“直沽”之名始见史籍,是天津最早的名称。元朝延佑三年(1316年)时在直沽设“海津镇”。直至永乐二年十一月廿一日(1404年12月23日),明成祖朱棣赐名

“天津”，即天子渡口之意。清朝，天津升卫为州，升州为府，但“天津”二字保持此名至今。

（2）天津的文化特点

① 兼收并蓄的河海码头文化。天津的发展与水离不开。金、元时期，天津的河运、海运迅速发展，奠定了它重要的经济地位和水路交通枢纽地位。在这之后，都城迁至今北京地区，大批的粮食和生活物资都需要经由现在的南运河、潘阳河、子牙河、大清河等汇集到天津各个码头，再转至都城。天津经济和文化的发展与漕运码头息息相关，漕运码头的发展为天津带来的丰富的物资、人口，带动了当地商品贸易、服务业等各种行业的繁荣，其中最重要的就是盐商业的发展。紧邻都城，又是经济繁荣之地，必然成为官府和驻军的要地。在天津，人口构成复杂，自古商人南来北往、形形色色，驻军也由明成祖时期从两江地区迁来，因此天津人均是外来人口，各地的价值观、行为方式相互交融，例如原先在江浙地区的歌舞小调，随着漕运码头的发展传入天津，并在天津地域文化的影响下形成了独具天津特色的曲艺文化。

② 气息浓厚的市井文化和兵文化。天津人豁达乐观，光明磊落，讲义气。天津是一座移民城市，早期移民来到天津的都是普通的穷苦百姓，衣食住行、生老病死、官府地痞盘剥，各种困难使得这些流落异乡的人们只能守望相助[1]，因此当地形成了各种帮派，帮派的生存之道就是“义”字，久而久之，随着人际圈子界限的越来越模糊，义气的范围不断扩大，成为了人们普遍认可的道德准则。

天津人“哏”。“哏”形容人滑稽、可笑、有趣。这是天津人特殊的情结，它展现了天津人豁达、开朗、乐观的性格，再艰辛的生活和困难的情况都可以让轻易化解、一笑而过。天津人自嘲的称本地为“哏

[1] 刘鹤丹. 天津妈祖信仰和文化遗产保护研究[D]. 天津师范大学，2014.

都”，并创造了相关艺术，其中最具有代表性的就是天津相声。天津相声是天津本地民俗的文化和艺术，它以天津方言为载体，向世人展现了天津人独有的“精神气”。天津人的语气、心态、性情、举手投足、处世方法都透露着豪迈直爽的“天津味”[1]。

兵文化是天津作为“卫”的军事地位决定的。天津兵源来自五湖四海，军人崇武尚义、嫉恶如仇、勇于反抗、爱国爱家、服从仗义、正直等性格浸透到天津民风之中。当然，也产生了好勇斗狠、恃强凌弱的无赖品性。甚至具有讲友情而忽视纪律规则，强调绝对服从权威命令而罔顾法纪约束的文化现象。其末流就是臭名昭著的混混群体。

③ 中西合璧的租界文化。近代以来天津一直处于恐怖黑暗的凶险境地。第一次鸦片战争中英国军舰直逼天津，第二次鸦片战争后天津被迫开埠，以及甲午海战失败、不平等的马关条约的签订、八国联军火烧大直沽，强拆大沽口炮台等等。作为九国租界，充满异域风情的大量建筑物、贸易、宗教等文化符号使东西文化的对比更是鲜明。艰难中则奋起，危难中则变革，地主阶级洋务派和先进的民族资本家看到中国的落后，将天津成为封建社会改良的实验田。天津社会生活最早步入近代，津榆铁路是清政府修建的最早铁路，津沪电报总局是我国第一个官办电报局，北洋学堂是我国近代第一所大学，这些近代的第一纷纷出现在天津。在天津还产生了中国最早的几所现代医院和医学堂、最早的邮票和邮局、最早的自来水公司；以及具有海内外广泛影响力的报纸杂志，如《大公报》《益世报》等；天津还拥有世界上最先进的制碱方法，海洋工艺全国领先。这些进步离不开天津人的努力，也受利于外商企业的影响。总体来说这一时期，天津地区古今中外文化交错，相互角力，形成了杂糅的文化特色。

---

[1] 章用秀．天津文化及其思想精华[J]．天津行政学院学报，2004，04：66—70.

4.2.4 朴实的畿辅文化

(1) 畿辅文化的由来。畿辅,京都附近的地方。畿,京畿;辅,三辅。《南齐书·王融传》:"若来之以文德,赐之以副书,汉家轨仪,重临畿辅,司隶传节,复入关河。"宋周密《齐东野语·景定彗星》:"戚畹嬖倖,遍居畿辅,借应奉之名,肆诛剥之虐。"《明史·英宗前纪》:"〔正统元年正月〕庚寅,发禁军三万人屯田畿辅。"

现在特指北京城周围附近的地区,在清朝是直隶省的别称,管辖范围包括北京、天津和河北的大部分,河南、山东的小部分地区。直隶省的前身是元朝的"腹里",明朝时有所缩小,称为北直隶,清朝时称为直隶,省城定于保定。直隶所管辖的县域均环卫都城,久而久之形成了特殊的畿辅文化,其中以河北省的北部张家口、承德、廊坊、唐山、保定文化最为突显。

元明清时期,河北的政区建置相对稳定。元代在全国分置有10个行中书省,今河北、山东、山西、北京、天津以及河南、内蒙古一部分地区为"腹里"由中书省直辖。今河北地区分属大都、上都、兴和、永平、保定、真定、河间、顺德、广平、大名等10路,置有2府,28州,123县。明初,全国先后设十三承宣布政使司简称布政司,但习惯上仍称行省或省,河北属北平承宣布政使司。明成祖迁都北京后,改置北直隶。北直隶共辖8府,2直隶州,17属州,116县。清朝建立后,改北直隶为直隶,今河北地区起初分属顺天巡抚、保定巡抚和宣府巡抚,雍正二年(1724年)改直隶巡抚为直隶总督。直隶省辖顺天、保定、永平、河间、天津、正定、顺德、广平、大名、宣化、承德等11府和冀、赵、深、定、易、遵化等6直辖州,以及张家口、独石口两直隶厅,共置127县。

所谓畿辅文化,是指元明清时期,伴随着大一统王朝比较稳定的运行和政治中心的定都北京,河北成为元明清王朝政治中心所在地的元代'腹里"、明代北直隶和清代直隶的组成部分,在地域上构成了拱卫京师的核心圈，在行政建置成为直接隶属于朝廷的京都“畿辅”地区，文化上形成了以“天子脚下”为特点的地域文化。在元明清时期，京城城墙之外是农业地区，与城内的文化景观判然有别，但城墙并不能阻隔京城文化向外扩散，并与当地文化结合，形成独特的畿辅文化圈。因此，明清士大夫在著书描述帝京景物的时候，非常清楚地把空间上有区别的风物都包括在他们的记述之中。如刘侗的《帝京景物略》按四方方位记载城内外的景点，另加上西山和畿辅名迹；清代吴长元的《宸垣识略》则分大内、皇城、内城、外城、园囿、郊垧诸部分；震均的《天咫偶闻》记述范围基本与前者相同，但清人记录的范围要比前举明人的小，很少涉及今北京郊县以外的风物。

那么，在以上这些作品中，关于郊县的部分都涉及到哪些地区、哪些内容呢？《长安客话》描述了西直门外高梁桥、玉泉山、香山一带景物，西南则钓鱼台、白云观、天宁寺塔、卢沟桥，西北则海淀、百望山等地，北则清河、沙河、天寿山，东则东岳庙、大通桥。范围多在今北京之二环路与五环路之间。

在北京的服务业、手工业人口中，有相当部分来自附近县。比如“京师瓦木工人多京东之深、蓟州人，其规约颇严”；保姆、奶妈也往往来自河北三河等地；冬天城里做跑旱船表演的，“多在河间府宁津县，每逢大秋之后，必要来京挣钱价”；甚至明代宦官得势的时候，有许多家庭还把子弟送入宫中，以求富贵：“而蕞辅之俗，专借以博富贵。为人父者，忍于熏腐其子，至有兄弟俱阉，而无一人选者。”尤其能体现这种文化互动的是说唱、杂技等民间艺术，像西河大鼓、梅花大鼓、京韵大鼓等鼓词艺术、相声、琴书、时调，以及中幡、摔跤等杂技艺术，艺人们都在北京、天津等地串演。侯宝林即生于天津，在北京天桥学习京剧和相声，抗战期间在天津演出成名，后又转回北京表演。天桥的说唱文化既是北京的民俗文化，又是融入了天津、河北等畿辅地方风情的文化。在这里，地方文化的特色非常明显，但受京城文化的影响也很明显，或者说，当地方文化通过在京城“扬名立万”之后，它在地方上的影响就变得更大。

(2) 畿辅文化的特点。第一，环卫国都，顾全大局，无私奉献。京城为天子所在地，是一朝的政治中心，京城是否稳定决定着天下是否太平，百姓是否安居乐业。在生产力低下的封建社会，人们无法决定天灾，只能尽力减少人祸。畿辅作为环卫北京的重要城区，百姓们深谙所处环境的重要性，自愿无私奉献，为京城百姓提供生产、生活资料，维护统治中心的安定。除了正常供给以外，畿辅之地的百姓还需要面对非正常的资源掠夺。如京城征用劳役，最先征用的就是畿辅之地的百姓。朝廷大兴土木，侵占的最先是畿辅百姓的土地。面对如此事件，畿辅的百姓往往会无抱怨的选择奉献，并成为一种习惯，延续到当前。例如为了保护北京的环境，张家口地区宁愿贫穷也不发展重工业；唐山等地也是只要逢重要会议，则关闭一切工厂。面对国家利益和个人利益发生冲突时，这些地区的百姓习惯地选择顾全大局，无条件地服从国家利益。第二，勤劳简朴，安于现状，缺乏竞争。河北人勤劳，这是有口皆碑的。河北人很少有像四川、重庆、海南等地喝下午茶、整天打麻将的习惯。一方面由于先天环境恶劣，地处北方，冬天气温寒冷不适合生产耕作，正常的工作时间只有三个季度，因此百姓习惯在可利用的时间内尽可能多地完成积蓄。另一方面，受京城显赫生活环境的刺激，畿辅之地的百姓自然也追求更高层次的生活，不甘拮据。我国封建社会形态下，统治者重农抑商的思想牢牢束缚住百姓，这种思想最浓厚的区域就是涉及到京城安定的畿辅之地。畿辅之地的家庭生产几乎全部用来自给自足，辛勤劳动提高生产，是实现生活富足的最重要条件。但是受统治者思想禁锢的影响，畿辅之地百姓创新意识、改革精神欠缺，富商很少，大多是小富即安。例如著名的有徽商、晋商、扬州盐商，河北北部的商人却很少，就连“冀州帮”也属于冀南地区，已出畿辅范围。

4.3　燕文化的历史脉络

燕国虽然史料记载缺乏，但是在考古的支持下历史脉络已经逐渐清晰。三皇五帝的原始社会，炎黄阪泉之战、釜山合符均在燕域发生，标志着燕文化萌芽产生。商朝燕国是商的一个臣服部落，归商部落管辖；西周初，周武王封召公为燕国君，标志着燕正式成为周王室统治范围，先进的周文化与当地的商文化、土著文化融合，促进了燕文化兴起。西周后期至春秋时期，燕国的史料记载或者缺乏或者泛泛，为燕国的断代期。战国时期燕国成为七雄之一，并在政治舞台上扮演了重要角色，燕昭王时期燕国实力达到鼎盛时期，为燕国的发展奠定了强大的物质基础，燕王喜时期，荆轲刺秦激变了燕文化精神，燕文化实现了中兴。

燕文化发展过程见图 2.1。

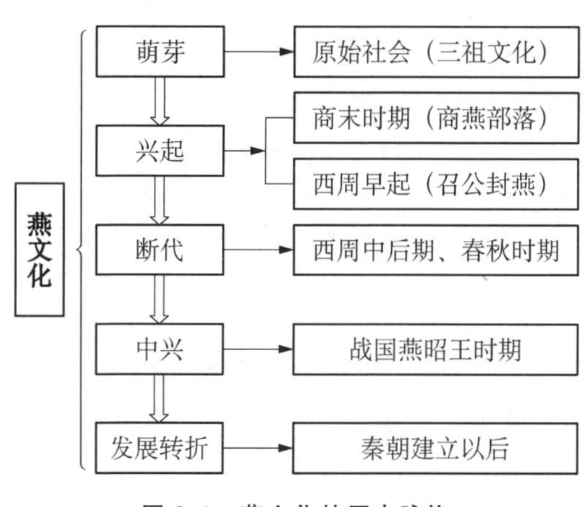

图 2.1　燕文化的历史脉络

第5章 燕文化主要内容

由于研究的角度和使用方法不同，当前学术领域包含多种文化分类方法。其中二分法，分为物质文化和精神文化；三分法，包括物质文化、精神文化和制度文化；四分法，则在物质文化、精神文化、制度文化之后增加了行为文化。几种分法并不矛盾，无非是越来越细，二分法比较笼统，内含了四分法中的制度文化和行为文化。我们认为，三分法更有利于研究，本章以此为据展开燕文化内容解构。物质文化是指生产生活过程中，一切物态、可感知事物的总和。精神文化是人类在社会实践和意识活动中，经过长期蕴育而形成的价值观念、审美情趣、思维方式等构成，是文化的核心部分。制度文化是指文化主体在社会化过程中建立的普遍适用的行为规范。

5.1 厚重的物质文化

5.1.1 领先的冶铁技术

(1) 我国冶铁技术史。中国古代用铁的历史始于商代。中国人工炼铁技术可能发明于春秋之前。

近年考古发现在三门峡虢国墓地出土一铜柄铁剑，学者们认为这是西周晚期我国发现最早的铁器真品。西周末春秋初，秦襄公（前

777—前 766 年在位)时代的诗《诗·秦风·驷》有“驷孔阜”之句,说驾车的四马,色黑如铁,特别肥硕。以铁形容马的颜色,说明铁已经使用并为人们所熟悉。那时候的铁是熟铁,通常叫“块炼铁”,是矿石在 800℃—1000℃的条件下,由木炭还原得到的,出炉时是含有大量杂质的固体块。这种铁有几个缺点:一是炼完一炉后,不能从炉里流出,取出铁块时,炉膛要受到破坏,不能连续生产,生产率低,产量小。二是需要反复锻打,才能制造一些形状简单的器物。三是含碳量很低,质地很软。由于上述缺点,这种铁不可能普遍应用。从目前出土的铁器看,至迟在春秋后期,我国已发明了生铁冶炼技术。生铁是在 1150℃—1300℃的条件下冶炼出来的,出炉时呈液态,可以连续生产,可以浇铸成型,含碳量高,质地比较硬。这就使冶炼和成型效率以及产品的产量和质量都大为提高。所以由块炼铁到生铁,是炼铁技术史上一次飞跃。欧洲直到公元 14 世纪才炼出了生铁,比我国晚了一千九百年。吴墓出土的铁丸和铁条(前者是白中铁铸件,后者是用块炼铁锻成的),经科学分析,铁丸是白口生铁。这是到目前为止我国考古工作者发掘的关于生铁冶铸器物的最早的生铁实物见证,也是世界上最早的生铁实物。在冶金史上是一个划时代的进步。

铁制工具的推广,从文字记载看,《国语·齐语》有这样的内容:“美金以铸剑戟,试诸狗马;恶金以铸。”“美金”指青铜,“恶金”指铁,是用来铸造生产工具的。可见,春秋中期齐国已使用了铁制农具。《左传》昭公二十九年(前 513 年)记载:晋国用铁铸刑鼎,鼎上铸有范宣子所作的刑书。铸鼎的铁是作为军赋向民间征收的。可见当时晋国民间铁已不少。要把刑书铸在铁鼎上,不是件简单的事,即使这部刑书文字不多,总该有一些条文,这个鼎不会太小,所需流动状态的铸铁也不会太少,否则,就不可能铸成功。可见至少到春秋晚期,中原地区铸铁冶炼技术已经比较成熟。

1976年在湖南长沙出土了一口春秋末期的钢剑。炼钢新技术给人们提供了比铁更锐利、坚韧的材料。钢对于农具、手工工具和兵器质量的提高有深远意义。对洛阳水泥厂战国早期灰坑出土的铁锛等的考察表明，它们都是生铸铁件经柔化处理后的产物。铸铁柔化术（即热处理脱碳技术）改善了白口铁性脆、易断裂等弱点，增强了强度和韧性。这在冶金史上又是一个划时代的事件。它加快了铁器代替铜器为生产工具的历史过程。中国在战国时期已能生产高强度铸铁，比欧美早了两千多年。河北易县燕下都出土的战国晚期兵器，有一些经鉴定是块炼渗碳钢件，其中多数经过淬火处理。这证明淬火技术已广泛应用。河北省兴隆燕国遗址发现了一批战国时期的铁范，其中有复合范和双型腔，这些铁范都是精美的白口铸铁件。用铁范甚至可以铸出壁厚仅三毫米不到的薄壁铸铁件。

从出土文物看，江苏六合程桥春秋晚期吴国墓、湖南常德德山楚国墓、长沙楚墓，还有山西侯马北西庄遗址等出土的铁器，都是春秋晚期的遗物。计有铁块、铁条、铁削、铁铧、钢剑等。这些铁器，有的是用块炼法炼出的熟铁锻造的，有的是用生铁铸造的。根据地下发掘，结合文献记载，春秋时期铁农具已在相当范围内得到使用。当时一些铜制工具（如铜锄、铜铲等）和大量用木石骨蚌等原料所制农具都还在生产领域中起着一定的作用。虽然铁器的使用在春秋时期还处于初期阶段，但它却标志着农业生产力的发展水平已进入一个新的阶段。铁器作为一种新的生产力因素，为开发山林，扩大耕地，发展水利交通，促进社会生产创造了条件。解放以来，北起辽宁，南至广东，东至山东半岛，西到陕西四川，包括齐、楚、燕、韩、赵、魏、秦七国的广大地区的战国中期遗址，都有铁器出土，而且种类多，数量大。在河南辉县战国魏墓中，出土58件铁农具，有犁铧、锄、锸、镰、斧等，其中两个“V”形的犁铧，虽还没有翻土镜面的装置，但已能起破土划沟的作用。课本上的《战国时代的铁制农具》即为辉县出土的铁器。铁农具的广泛使用,排斥木、石农具而取得主导地位。这就便利了砍伐树林、兴修水利、开垦荒地和深耕细作,促进了农业生产的发展。

春秋战国时期的一系列考古发现,是中国历史上这个社会经济大变革时期的实证材料,现已从考古学上明确,中国至迟在春秋晚期已掌握了冶铁技术,并且是生铁铸件和块炼铁锻件同时出现。战国时期钢铁生产达到相当高的水平,出现以块炼铁为原料的渗碳钢制品。冶炼业已普遍推广,其生产规模也大为扩大。如山东临淄齐国故都冶铁遗址表明当时的冶铁业占地面积达40余万平方米。河北易县燕下都城址内有冶铁遗址三处,总占地面积也达30万平方米。这时期还出现了许多著名的冶铁手工业中心,如宛(今河南南阳)、邓(今河南孟县东南)和河北的邯郸等。还出现了一大批靠冶铁致富的大铁商,如魏国的孔氏、赵国的单氏、齐国的程郑等。铁器已推广到社会的各个方面,河北省石家庄市赵国遗址出土的铁农具已占全部农具的65%;辽宁抚顺莲花堡的燕国遗址出土的铁农具,在全部农具中已占85%以上。铁农具在农业生产中已占主导地位。铁制的兵器、工具和生活用具种类繁多,数量大增,质量良好。铁器已成为战国时期各行各业的主要工具。在社会生产和社会生活中发挥着重要作用。

(2) 燕域冶铁技术领先。铁器的出现大大促进了社会生产力的发展,对于铁器出现的确切时间观点众多,根据墓葬挖掘情况,在甘肃、长沙、陕西等几座春秋中晚期的古墓中均发现铁器,可见铁器的使用时间应该不晚于春秋时期。事实上早在商朝,我国就已经使用了陨铁器物,而燕域是我国发现陨铁器物最早的地区之一。燕国长期受北方游牧民族的入侵,对兵器有大量的需求,而青铜兵器坚硬性差,比较笨重,急需寻找一种轻便、锐利、性能更好的兵器制造方式;

而燕地境内地形复杂，山脉绵延，多铜铁等金属矿藏和木材燃料。丰富的冶炼资源为冶铁技术的进步提供了必要性和可能性。

在北京市平谷县的商代墓葬随品中，发现了一件经过锻炼的铜铁合成刀，其刀刃部分就是由陨铁打造的。可见这一时期燕域百姓已经认识到铁比铜更坚硬，更锐利。但是由于陨铁属于天外来物，并非每一地区均有陨铁存在，存在量极少，所以商朝的陨铁器物并没有普及。因此，只有在人们的冶炼技术提高，人们能够从铁矿石中提炼出铁，并将其适用于生产工具以后才开始进入新的社会阶段。

幽燕地区挖掘出土的铁器不仅数量多而且分布广，在今天的北京、天津、河北、辽宁、内蒙古等地均出现了战国时期的铁器。在易县燕下都遗址中有铸造铁器的手工业作坊区，出土的铁器包括锄、镰、铲、耙等农业工具，斧、凿、刀、锛等手工业工具，矛、剑、戟、刀等兵器颈锁、脚镣等。河北省兴隆县的燕遗址挖掘证明了燕国铁器是自己制造的，兴隆县地区大致位于燕山山脉附近，这里树木葱葱，适合做燃料，群山环绕，矿产丰富。挖掘出的遗址布局中，有巨大的铁矿石矿坑，矿坑壁筑有供人行走的台阶，外围还发现了铁渣、铁范、炼铁锅、炼铁用的铁料等以及使用过的烧土。通过对出土器物的科学分析，其中不乏有纯铁制品，以及采用高温下还原铁矿石为铁水，从而浇铸形成精美制品。这种冶铸技术在当时是非常先进的，不仅表明燕地在战国时期是铁器使用普遍地区之一，也是燕国冶铁技术水平的标志。

5.1.2 发达的青铜制造

(1) 我国青铜技术史。中国古代青铜器的形成和发展经历了一个漫长的时期。现代已知中国最早的青铜器，是甘肃东乡马家窑文化遗址出土的铜刀，距今约四千八百年，经检验，是用锡青铜铸成的。考古发掘表明，早在新石器时代晚期和夏代，人们已能用石范和陶范铸造简陋的工具和武器。

商代后期，青铜冶铸业臻于鼎盛，能熟练地使用多种分铸法（先铸器件再接铸附件，或者先铸附件再与器体铸接），以获得复杂的器形，如殷墟妇好墓出土的圆斝的斝柱和斝鋬就是铸接于器体上的。卣的多次铸接更为典型。它的提梁、盖纽采用了多种铸接方式，分两次从五个部位，将七个部件和卣体接铸成一体。铸型工艺也已规范化。椭圆形容器多采取三等分或六等分的分型方式，方形、长方形容器以对角线的延长线为界，采用四等分或八等分。器物种类繁多，有各类礼器、生活用器、兵器、生产工具、车马器和乐器等。大型铸件用直径达600—800毫米的竖炉熔铜，由槽道浇注。重要器物的合金配比也初步形成规范。

西周时期陶范铸造进一步推广，中期以后形成独特的风格，出现许多新的器形、纹饰。有些器内铸有专篇铭文。技术的进步还表现在铜质芯撑的普遍使用。铜器足部从与铜器内腔相通改为封闭式等。

商周时期制作陶范的泥料，都由含砂黏土或用黏土和砂配制而成，经挖取、破碎、筛选、混和、陈腐、揉制和存性等多道工序（有时还经淘洗和加砂），使泥料具有良好的塑性和复印性，能翻铸出极细的花纹。多数陶范的焙烧温度在700℃—800℃之间，实际仍为土质，属于土范。后期的某些陶范火候较高，质硬发青，接近半陶质或陶。早期的陶范用单一的泥料，西周时期已有面料和背料之分。为改善型芯的退让性和透气性，芯料中的含砂量明显增多，颗粒较粗，后期并掺入多量的植物纤维或熟料。

铸范的制作非常精细，分型面开设榫卯，用来定位。最初的铸型只有一个型腔，在商代中期已有一型能铸7—9件的镞范。多数陶范只能使用一次，但山西侯马春秋铸铜作坊所出镢范，可以重复使用十余次。由于采取了一系列工艺措施，铸件表面质量，特别是一些精品，纹饰清晰美观，铸缝极窄，铸造缺陷很少，达到了良好的技艺水平。

据多年来对数以千计的出土实物所作科学考察，证明商周青铜器绝大多数是用陶范铸造的，在不使用失蜡法的情况下，能获得如四羊尊和曾侯乙甬钟那样极其复杂的器形，关键在于铸接工艺和分范合铸等技法的娴熟使用，因而形成商周陶范铸造的技艺特色。

青铜生产工具是构成青铜时代生产力的一大要素。出土文物中常见的青铜手工工具有刀、锥、凿、斧、锛、削、钻、锯等。陕西、河南、安徽、江苏、浙江、云南等省相继发现大量商周青铜农具，有耒、耜、臿、锄、铲、耨、镰等器类。正是在青铜工具广泛应用的基础上，造就了举世闻名的灿烂的商周青铜文化。

春秋中期以后，由于失蜡法和低熔点合金铸焊技术的发明和使用，青铜器铸造工艺有显著的改进，从先前较为单一的范铸技术转变为浑铸、分铸、蜡铸、软焊、硬焊、锻造等多种金属工艺的综合运用。陶范铸造的进展，突出表现在薄壁和超薄壁铸件的铸造，如著名的越王勾践剑，剑首的同心圆薄壁构造厚仅 0.2—0.4 毫米。随着金属工艺的进步和铁工具的使用，错金银、鎏金、线刻等装饰技术在战国时期应用甚广，使一部分器物如河北平山中山王墓虎噬鹿器座等更加富丽堂皇。与此同时，由于商品交换的发展，大部分器物趋于素朴，讲求实用。货币、带钩等类器件的大批量生产，促进了一型多用、叠铸、锚链铸造等工艺的发展。在此期间，有关青铜冶铸的文献记载显著增多，如《考工记》记载："凡铸金之状，金与锡，黑浊之气竭，黄白次之，黄白之气竭，青白次之，青白之气竭，青气次之，然后可铸也。"《荀子·疆国篇》提到："刑范正、金锡美、工冶巧、火齐得，剖刑则莫邪已。"《吕氏春秋》说"金柔锡柔，合两柔以为刚"，说明经过长时期的反复实践，铸造匠师们对合金熔炼、铸造和使用性能已取得规律性的认识。其中最重要的记载是《考工记》所载“六齐”法则。实物分析和研究表明，商周青铜器合金配制比“六齐”记载更为丰富，鼎彝合金配比早在商代晚期已初步形成。到春秋战国时期，重要器物如编钟、铜剑和铜镜等，合金成分配比已很严格，并已广泛使用铜锡铅三元合金。作为世界上最早的见诸文字的合金配制法“六齐”揭示了锡青铜机械性能随锡含量而相应变化的科学规律，具有重要的学术价值。

秦汉时期青铜冶铸技术继续发展，主要表现在叠铸法的技术成熟以及钱币、铜镜、铜鼓、鎏金器物的铸造和制作。由实物分析得知，汉代钱币采用铜范、陶范浇注，合金成分相当稳定，铜镜的合金配制更为严格，波动较小，已能利用铸造残余应力和铸后错磨制作透光镜。

中国古代青铜文化在技术和艺术上的特色和统一性，证明青铜冶铸技术在中国具有独立的起源，它的卓越成就在世界物质文明史上据有重要的历史地位。但秦汉时期随着铸铁技术的发明和铁器的推广使用，在兵器、工具等方面，铁器已占据了主导地位，而陶瓷器皿在生活用品中占据了主要地位，青铜器开始淡出了历史的舞台。

(2) 燕域发达的青铜制造技术。周灭商以后大规模分封，召公受封于燕后由于需要在周都继续辅政，派儿子克前往燕地任职，从此周人正式入主幽燕地区。燕国建立以后，促进了燕域与中原地区的文化交流，其中青铜文化也得到了快速发展。辽宁省的西周燕国遗址发现了分布密集的古铜矿遗址，里面展示了完整的开采、选矿、冶炼、铸造系列程序。北京琉璃河遗址的燕国墓地和北京昌平的西周墓葬中均发现大规模的青铜墓葬，在后来发现的属于春秋、战国时期的燕国墓葬中，又发现了更精美绝伦的青铜器物。

燕国的青铜制造具有非常明显的自身特点，体现了燕国文化的多样性、实用性、地域性，具有创新性和先进性。

首先，用途广泛。商周时期的青铜制品以礼器为主，主要用于祭祀、陪葬、祈福、明确身份地位的用途，日常器皿中对青铜器的数量、大小、形状都有明确的不同。燕国由于远离周的政治中心，因而对原有制度的遵守相对比较宽泛。例如在北京昌平燕国墓葬以及北京琉璃河遗址中均出土有大量的青铜器，其中有礼器、兵器、饰品、马具。

其次，器形融入少数民族元素。周初燕国与山戎、肃慎、鬼方相邻，深受北方少数民族文化的影响。例如在商周时期的铜器镶嵌纹路多为宏伟壮观的龙纹、凤纹、蝉纹、饕餮纹、祥云纹，体现出中原文化的雄浑凝重，以及人们的早期图腾信仰。燕域出土的青铜器则镶嵌有狩猎纹、猛兽纹。

再次，燕国的青铜器形状体现地域特色。我国国家博物馆展示的燕国铜鼎，一般腹部较深，三足较高，看上去比齐国的平盖顶要显宽阔、大气，又比楚国的细高足结实、稳重，体现出燕地受游牧民风影响，民风开放；在燕墓出土的器物中时刻具有鸟的元素，有的青铜器皿附耳做成鸟喙形，甚至还有鸟形青铜器，体现出燕国以鸟为图腾。

最后，燕国的青铜制造业存在时间长久，即使进入铁器社会，青铜制造业仍旧继续发展。战国后期的燕国墓葬中出土的青铜器明显展现出镶金、镶银、铜铁错技术，器壁更加薄，纹路更加简洁、精细。

5.1.3 古老的水利工程

(1) 我国水利工程技术史。我国古代有不少闻名世界的水利工程。这些工程不仅规模巨大，而且设计水平也很高，说明当时掌握的水文知识已经相当丰富了。

古代最重要的生产部门是农业，农业受自然因素的影响极大。这在古代科学技术不发达，人们抵御自然灾害能力低下的情况下更是如此。因此中国历代王朝都十分重视农业基础建设，兴建公共水利工程。同时，兴修水利不仅直接关系到农业生产的发展，而且还可以扩大运输，加快物资流转，发展商业，推动整个社会经济繁荣。（另外水和土一样又是作物生长的条件，在今天水又是最为重要的资源。）正是由于兴修水利具有如此的重要性，所以古代不仅在平定安世时期，就是在纷争动乱岁月，国家也往往不放弃水利事业的兴办。如三国时期蜀国在诸葛亮的辅佐下，十分重视水利工程的兴办和对都江堰的修缮。诸葛亮指出："此堰为农本，国之所资。"所以国家专置管理堤堰的"堰官"，负责维护都江堰。

由于历代政府的重视，中国古代的水利事业处于向前发展的趋势。夏朝时我国人民就掌握了原始的水利灌溉技术。西周时期已构成了蓄、引、灌、排的初级农田水利体系。春秋战国时期，都江堰、郑国渠等一批大型水利工程的完成，促进了中原、川西农业的发展。其后，农田水利事业由中原逐渐向全国发展。两汉时期主要在北方有大量发展（如六辅渠、白渠），同时大的灌溉工程已跨过长江。魏晋以后水利事业继续向江南推进，到唐代基本上遍及全国。宋代更掀起了大办水利的热潮。元明清时期的大型水利工程虽不及宋前为多，但仍有不少，且地方小型农田水利工程兴建的数量越来越多。各种形式的水利工程在全国几乎到处可见，发挥着显著的效益。

古代帝王重视公共水利工程建设，是古代东方和古代中国国家管理经济的带有决定性意义的重要内容和重要职能。中国历史上还留下了不少高层领导（皇帝）重视农业基础设施建设的佳话。西汉武帝亲往黄河工地视察，命令随行将军、大臣负草堵河，自己作歌鼓动。隋炀帝兴修大运河。清代康熙帝亲自研究水利学和测量学，为组织治理黄河和永定河，还曾六次南巡，到治河工地勘察。

战国时期典型的水利工程是秦国的都江堰和郑国渠。李冰大约在公元前256—251年为蜀郡守。他清楚地看到了巴蜀落后的根本就在于水患。通过认真仔细的考察研究，李冰在今四川省都江堰市（原灌县）岷江出山口处主持兴建了中国早期的水利灌溉工程都江堰。公元前 246 年，秦国任命郑国为总指挥，开建水渠，就命名为“郑国渠”。它西引泾水东注洛水，长达 300 余里。泾河从陕西北部流至礼泉进入关中平原。平原东西数百里，南北数十里，西北高，东南低。郑国渠利用这一有利地形，把干渠分布在灌溉区最高地带，最大限度地控制灌溉面积，而且形成了全部自流灌溉系统，可灌田四万余顷。这两项水利工程相继完成后，农业水平直线上升，秦国的国力大张，为后来的征服六国提供了充分的物质保障。秦开通了秦渠、灵渠和江南运河。

两汉时期水旱灾害记载不断，汉武帝重视农田水利建设，亲临治河工地，指挥治理黄河。在著名水利专家王景主持下，各个流域的几十万劳动人民用了多种方法，黄河流域以营建灌溉渠系为主，著名工程有六辅渠、白渠、龙首渠等；江淮、江汉之间以修治天然陂池为主，著名工程有六门陂；东南以排水筑堤、变湿淤之地为良田为主，著名工程有鉴湖等；西北主要利用雪水或地下水，修筑特殊的水利工程——坎儿井。经过几十年的努力，消除了水患，稳定了河道，使泛区广大土地重新得到耕种，并引黄灌溉大片土地，为发展农业生产创造了条件。

三国两晋南北朝时期，曹魏兴复了芍陂、茹陂等许多渠堰堤塘。北魏孝文帝下令有水田之处，都要通渠灌溉。

隋唐宋时期，隋炀帝修通了南北大运河。特别是唐朝，国泰民安，长江流域大规模开垦荒地，修筑圩垸，以及荆江和汉江堤防；塘堰灌溉遍布，并已有提水灌溉，灌溉面积大为扩大，作物单产和总产大大提高。公元 1069 年，宋神宗时期，支持王安石变法，水文化出现了《农田利害条约》法令，设立了农田水利官，“四方争言水利，古陂废堰，悉务复兴”。北宋徽宗，提倡围湖造田。南宋时期，珠江口大规模修堤围垦，太湖、浙东建设海塘，以及著名于后世的苏北以范仲淹命名的“范公堤”等。唐诗、宋词，人文传记和小说兴盛，以及李白、杜甫、王羲之、柳宗元等诗词和书法家都给后世留下了大量有关水利方面的文笔墨迹。此时期的水利工程与水文化相互交融，充分反映了当时人们的物质生活和精神面貌。

元明清时期，到1840年清道光二十年，全国人口已达4.1亿，耕地面积达0.73亿 hm^2，复种指数达110%，这些均得益于水利工程和水文化的发展。如元代屯田，不仅在西北，而且还扩展到东北和西南边疆。公元1542年，明嘉靖二十一年，更把荆江大堤连成整体，又修筑武汉市堤、黄广大堤，以及安徽同马大堤和无为大堤，康熙和雍正年间，又拨专款修筑湖广堤围，修堤围垦极盛，即“湖广熟，天下足”。《红楼梦》《水浒》《三国演义》《西游记》等名著中，都有很多有关水的精彩描述。水文化充分反映了封建盛世的思想意识、价值观念和行为方式。

(2) 燕域典型的水利工程。先秦时期，各国均意识到水利工程对经济发展的重要性。燕国境内河流众多，水资源丰富，为兴修水利提供了便利。燕国著名的水利工程有督亢泽、督亢陌、陶井、易水堤防、运粮河，其中又以督亢泽最为著名。在荆轲刺秦的历史事件中，荆轲接触秦王的借口就是献上燕国督亢之地的地图，从以上记述中可见，督亢之地深得秦王喜悦，位置之重要可见一斑。

第一，督亢这个地方大约在现在的河北高碑店、涿州和固安之间，战国时期叫广阳郡，离北京最南边的房山窦店和大兴庞各庄非常近，庞各庄的西瓜很有名，战国时期应该是没有的。督亢大约有五十里见方，号称是“膏腴之地”，据说十分富庶。

督亢的富庶来源于水。此地最大的一条河叫涞水，就是现在的拒马河。当然,涞水作为地名仍然健在,现在位于高碑店西边一点儿。在战国时期,涞水是在现今的张坊附近折向南流,经过现在涞水县,最后在雄县汇入当时摆到了华北中北部的黄河。现在大清河的河道就是黄河占用过的。当年涞水并不经过督亢的核心区,而是从西侧擦过。督亢核心区也应该有水,但不会太大,或许只是些水泡子。而涞水实际经过的地方已靠近山区,不适宜耕作,所以有了唐代杜佑在《通典》中所说的:“范阳郡有旧督亢渠,径五十里。”唐代的范阳郡就是战国时的广阳郡。

这条督亢渠显然是个引水工程,它引涞水灌溉,造就了督亢这个几百平方公里的良田沃野。现在,永定河也流经这片区域。但在战国,当时被称为治水的永定河出了门头沟的山口后不是向南流,而是径直向东南流去,经过了燕国当时的都城蓟,也就是现在北京西南三环的莲花池一带。

督亢这个膏腴之地对燕国有十分重要的意义,这一点从它的字面就可以看出。《康熙字典》中注明“亢”字有颈项、咽喉的意思,还可以表示极致或者直。《周易·乾卦》中的“亢龙有悔”取的就是后一种意思。不过督亢这个地名中,“亢”字应该读如“冈”,在这个音下取的就是前一种意思。而在《尔雅》和《周礼》中,“督”有正、中央、督率四周的含义。合起来督亢就成了中央的咽喉,看来燕国确实十分看重这个地方。

燕国地方不算大,尤其是没有多少平原用以耕作。水倒是不少,但泛滥太厉害。像督亢这样靠近水,又没有洪水之虞的平地更是少之又少。它可以算是燕国的粮仓,燕国最辉煌时,乐毅领兵挥师攻齐,占领临淄,很大程度上都仰赖督亢的后勤保障。因此,燕太子丹主要在燕下都武阳城活动。武阳城就是现在的易县,一代雄主燕昭王在这里建黄金台,延揽天下名士。这个地方顺流东去不远就是当年的涞水,再东边就是督亢。而它已在太行山中,把守着太行八陉之一的蒲阴陉，甚至燕国还在它南边不远沿着当时的国界修了长城，易守难攻。再加上这个位置可以算是南下的前进基地，所以近现代在易县附近燕下都考古发掘中出土了不少铁制农具，就不奇怪了，这些农具或许都是为了提供给督亢。从地图上看，督亢绝对是燕国的核心区域。

这也可以解释为什么嬴政对樊於期的脑袋没什么兴趣，上来就让荆轲“取舞阳所持地图”。因为这是一片良田沃土。

第二，陶井是用陶圈套叠起来，形成筒状的井，主要用于引用和灌溉。1965年以来，配合北京市建设工程，考古工作者又先后发掘出战国至西汉时期的陶井120座。这些陶井分布在宣武区陶然亭、姚家井、北线阁街、琉璃厂等处。较密集的地方仍为宣武门至和平门一线，计发掘陶井55座。1972年，配合人防等工程，又先后在宣武区境内的中国图片社、药材公司、回民学校、印刷一厂、大华陶瓷厂、南椿树馆、汽车三厂、北京京剧院、卫生材料厂和椿树馆、韩家胡同等处，陆续发掘出一批战国至西汉时期的陶井，其形制与永定河引水工程中发掘的陶井相同。其中，在牛街北口的回民学校发掘陶井中，还出土了五铢钱和王莽时期的大泉五十铜钱。战国时期燕国都邑蓟城的地理位置在历史文献中记载甚少。仅据《战国策·燕策一》所记，推断燕蓟城的位置约在今北京城的西南部。而出土陶井的地区有陶然亭、南线阁街、北线阁街、宣武门至和平门一带，表明历史上这个地区的居民比较稠密。在这些地区出土的瓦当、陶井圈等。陶井圈做工精细，战国时的陶井圈节高27—54.5厘米，直径60.5—63.5厘米。外壁印席纹和绳纹；内壁一般是素面，个别的印有席纹和绳纹。汉代陶井圈每节高20.5—38.5厘米，直径68—91厘米。外壁印粗、细绳纹；内壁印旋涡文、云纹，也有素面的，为研究和确定蓟城即位于今宣武区广安门一带提供了佐证。

井的发明，是古代社会迈入文明的标志之一。它大大减少了古代人们对江河的依赖性，为城邑的形式、国家的产生创造了有利条件。《周书》说“黄帝穿井”，“尧民凿井而饮”。凿井的历史相当悠久。中原地区的裴李岗、汤阴白营遗址都发现有新石器时代水井，而且井较深，说明当时凿井技术已相当成熟，使用水井当有相当长的历史。《世本》记：“汤旱，伊尹教民田头蓄井以灌田。”这是商代已有凿井灌田的历史记载。

第三，易水堤防是一道军事水利工程，也叫做易水长城。燕长城分为南北两道，燕北长城是为了抵抗山戎的南下，燕南长城是为了防止齐、赵等诸侯国的进攻。燕南长城就是这道易水长城，它沿易水河北岸的峭壁，在其本来就陡峭的断崖上修筑了高达4米的城墙，城墙高地走向均依河道地势而起伏，高耸的城墙屹立在河面宽阔、波涛汹涌的易水河北岸，形成坚实的防护，使易水之南的诸国知难而退。战国时期，由于战争方式的改变和规模的扩大，出于战争防御的需要，许多诸侯国将国境地区原有的大河堤防加以扩建，把一些水利工程改造成军防御设施，也称易水长城。

战国燕南长城，由河北雄县张青口村穿大清河，进入文安县北舍兴村东南分为两支。其中东支长城东南走向，经德归、西柴沟、南三岔口村进入大城县界，再经西子牙、旺村、商庄子、南赵扶、八方、任庄子等村至刘固献村南；西支长城由大长田村东南继续南偏西走向，经司吉城、黄甫、岳产庄、韩村、前艾子等村进入大城县界，再经郭底、王轴北前教、西万灯、南楼堤、大王都，穿今县城东部、王庄、杨堤、高等村，在刘固献村西偏南与东支长城相接，再经西迷堤、演马、杜庄子等村，终止于东马村。

今长城体多被现代堤防、废弃的近代堤防及道路、农田所覆盖。大城县温村、杨堤、高堤等处长城东支长城体现存高约15米，宽约8

米。在今大城县旺村东南发现一处东长支城沿线的烽火遗迹。目前发现的西支长城共3处,分别位于文安县韩村东南、大城县王轴北村东北、郭底村内。惜于"文革"时期均被毁,现仅存小地名,俗称"烟墩"。

5.2 规范的制度文化

5.2.1 官僚制度

(1) 春秋战国的官僚制度。西周的六卿首领,春秋时称为"正卿"或"冢宰",也有称为"相"。正卿尚有一、二副贰,称为"介卿"。东周王朝的执政正卿,开始是郑伯,至隐公八年(前715年)后,是郑伯和虢公,郑伯为主卿士,虢公为右卿士。至桓公五年(前707年),王夺郑伯政,郑伯不朝,王以诸侯伐郑,王为中军,虢公林父将右军,周公黑肩将左军。从《左传》行文看,大概右卿士的地位高于左卿士(中原各国尚右,南方楚国尚左)。从此以后,虢、周二公并掌周政。到了僖公五年(前655年),虢国灭,虢公丑奔京师,自此,虢公也失政。下一阶段周室的执政者就是周公。以后周公又与王子虎、王叔桓公等同执周政。至春秋后期,周政权才落在单、刘二氏手中。这两人也是王期的右、左卿士。《周官》首列"天官冢宰",其僚之首称为"太宰卿",下列太宰的职司是"掌建邦之六典,以佐王治邦国"。这很清楚地说明了太宰就是相职。但太宰这个官,从春秋中叶以后,地位就逐渐下降了,这大概是春秋后期周王室公室地位下降的缘故,因为太宰本身是王室公室的家宰,王室衰落,其家宰自然地也随之失去了控制权。

春秋时期诸侯国的重要职官是司徒、司马、司空,其次为司寇,这些是掌管诸侯朝政的官。司徒治民,"司"是掌管、"徒"是徒役,指服军役和各种劳役的民众,司徒治民事,掌户籍;司马治军,战国以前重车战，兵车用马拉，每辆战车用四匹马，中间两匹称“服马”，两旁称“骖马”。马在车战时代起相当大的作用，所以以“马”命官，掌管军事的官就称司马。司马的佐助称为少司马。主管养马的校人（或称校正）是司马的属官；司空管土地，主要职责是测量土地的远近、辨别土地的好坏，以便授于民众耕种，并编定赋税的征收数额；司寇，掌管刑狱诉讼，治寇盗。这些官称在中原列国多有设置，其职司也大同小异。主管刑狱的官还有称作理、士、大士、尉氏等。例如晋国的栾盈在国内斗争失败后逃往楚国，他路经东周国境时，遭到了抢劫，因此要求周王给予保护，不然就要归罪尉氏。“尉氏”当是后世“廷尉”一名之所本。鲁国，据《左传・昭公四年》载，杜泄对季孙说：夫子受命于朝而聘于王，王思旧勋而赐之路，复命而致之君，君不敢逆王命而复赐之，使三官书之。吾子为司徒，实书名。夫子为司马，与工正书服。孟孙为司空以书勋。由此可见，鲁三家实际掌握了司徒、司马、司空三个要职。襄公二十一年（前552年），季孙对臧武仲说：我有四封，而诘其盗，何故不可？子为司寇，将盗是务去，若之何不能？这说明臧武仲为司寇，其职次于“三司”。后来臧氏衰败，孔子曾一度为鲁司寇，地位仅次于三司，所以他有资格陪同鲁定公到夹谷会见齐景公。据说他在司寇任内曾诛杀了与他作对的少正卯。其实这事恐不可信，“少正”本是官名，但春秋时鲁国并无此官。孔子是春秋后期人，出身于非贵族家庭，他当上司寇这样的要职，反映了当时的等级制和世官制已开始动摇了。

宋国，据《左传・文公八年》载，有“六师”之制：公子成为右师，公子友为左师，乐豫为司马，公子荡为司城，华御事为司寇。“司城”就是“司空”，因宋武公名司空，避其讳，故改司空为司城。其后，宋分司寇为“大司寇”、“小司寇”，又增设“太宰”、“少宰”等官，事见《左传・成公十五年》：于是华元为右师，鱼石为左师，荡泽为司马，华喜为司徒，公孙师为司城，向为人为大司寇，鳞朱为少司寇，向带为太宰、鱼府为少宰。太宰在西周的地位很高，春秋时除早期的东周王室，晚期的吴国还有一定地位外，在其他国家都不是要职。宋国虽增设宰官，但位在六卿之后，又不是卿爵。宰职本是王室家里总管性质的官，到春秋时期，它的地位下降，正反映了治事职官和臣仆或宫廷内官的分职。至昭公二十二年（前520年）宋国六卿排列次序为：宋公使公孙忌为大司马，边卬为大司徒，乐祁为司城，仲幾为在师，栾大心为右师，乐輓为大司寇，以靖国人。右、左师的地位降于“三司”之后。此后，由于时世不同，六卿权力的轻重也随之而变换。至哀公二十六年，又以右师为首：宋景公无子，取公孙周之子得与启，畜诸公宫，未有立焉。于是皇缓为右师，皇非我为大司马，皇怀为司徒，灵不缓为左师，乐茷为司城，乐朱鉏为大司寇。六卿三族降听政，因大尹以达。宋国的所谓“右师”“左师”，可能就是右左二卿士，相当于后世的右、左二相，所以，僖公九年（前651年）宋襄公即位，以公子目夷为仁，使为左师以听政。成公十五年，华元执政，即任右师之职，向戌也曾以左师听政。

郑国也设有“六卿”，但官职不尽一致，《左传・襄公二年》说：秋七月庚辰，郑伯睔卒。于是子罕当国，子驷为政，子国为司马。《左传・襄公十年》云：于是子驷当国，子国为司马，子耳为司空，子孔为司徒。又在襄公二十二年（前551年）提到“少正公孙侨”与晋人对话之事。从这些记载可知，郑国的所谓“六卿”官称应是“当国”“为政”“司马”“司空”“司徒”以及“少正”。

晋国的执政官多为军职。《左传・闵公元年》载，晋献公时有二军：晋侯作二军，公将上军，太子申生将下军。这种君卿共掌军师之制，与春秋初年六国相同。至晋文公始作三军，立“元帅”，《左传・僖公二十七年》载晋侯兴师救宋说：于是乎蒐于被庐，作三军……乃使郤縠将中军，郤溱佐之，使狐偃将上军，让于狐毛，而佐之。命赵衰为卿，让於栾枝、先轸。使栾枝将下军，先轸佐之。

所谓“元帅”，也称将军，就是中军将，元帅、将军之名实始于此。中军将是军中最高执政官。春秋列国军政不分，晋文公六年（前631年），赵盾将中军，“始为国政”，这就是说，中军主将执国政，为诸卿之首。晋三军将佐都是卿。成公三年（前588年）十二月“晋作六军，韩厥、赵括、巩朔、韩穿、荀骓、赵旃皆为卿”，这就是说，凡是掌军职、地位较高的都可以成为执政官——卿（列国官制大体如此），这可作为文武不分、军政合一的佐证。在各军将佐之下设有军大夫、军司马、军司空、侯庵等官，分别掌管军中政事、军纪、道路修建、侦察敌情等事。晋国在成公时，以卿的长子为公族，并设公族大夫以教育公族，以中军元帅治民治军。司马、司空的地位比其他国家低，司马只掌管军中法纪，而不是统兵之官。这是晋国职官与其他国家不相同的地方。司空除管军政，也管民政，其职司与列国相同，主管筑城及其他土木建筑。例如庄公二十六年（前668年）士因有新功，由大夫升为大司空。献公则命他主持增筑绛城，修建公子重耳、夷吾封地蒲城与屈城。春秋列国在治事众官之上，有一人总领全国大政，各国名称不同，泛称为“执政”，相当后世的相职。它是由西周晚期的执政卿事发展而来的。东迁后的周王室，在春秋初年还称为“卿士”，后来又以太宰居此位。晋国称为中军元帅，郑国称为当国，齐国在景公时曾一度称为相。“执政”者的爵位，一般是正卿（或称为上卿），只是在齐景公时管仲执掌国政而爵为下卿。这是因为齐有国氏、高氏二卿，由周天子所命；而管仲为桓公所任，其爵位为下卿以表示齐对周王朝的尊重。“执政”有一、二人襄助，如右卿士有左卿士襄助，右相有左相襄助，太宰有少宰襄助。

东周王朝及列国君主近身还有一批专为私人服务的官员，这类官列国大体一致。如太师、太傅、太保，本是教育太子的师、傅、保，太子即位为王，他们就被尊称为太师、太傅、太保。这类官在西周时地位很重要，执掌国政，被称为“三公”。春秋时，各诸侯国不设太保一职，而太师、太傅多属美称，并没有实际权力。又如膳夫，本是掌管王的膳食官，西周时却可以担任王命的要务。春秋初年，东周王室膳夫的爵位还是大夫，地位不算低，但其他侯国掌管膳食的官，则不见有执行重大政治使命的事。西周实行宗法制，宗伯是王朝的重要职官，而春秋时只有鲁国设宗伯，其职掌是祭祀时掌神主位置的排列，其他侯国只设宗人，为国君掌管祭祀，并向神灵祷告，所以有“祝宗”之称，地位不很高。这些职官地位的下降，是朝政治事官与宫廷内官分职的结果。这种分职是春秋时官制的一大变化，反映了统治机构日趋完善，设官分职更加细密的情况。在君王左右还有一种专掌书记文籍典册的官，称为“史官”，《左传·庄公二十三年》载曹刿谏鲁庄公：“……王有巡守，以大习之。非是，君不举矣。君举必书，书而不法，后嗣何观?”这里所说的“君举必书”，就是史官的职责，鲁成公二年(前589年)，周定王破格接待晋国史臣巩朔，事后定王派人告诉史官，此举不合礼制，不要载入史册。可见君王的言行，都有专人记录。西周时，史官有太史、内史之分，内史专掌册命之事。到春秋时，除东周王室外，其他侯国只有太史兼掌册命，而不设内史之官。史官为了记载的真实性，往往秉公直书，不畏权势。如《左传·襄公二十五年》记载齐崔杼专权，杀死国君齐庄公后，太史书曰：“崔杼弑其君。”崔子杀之；其弟嗣书，而死者二人。其弟又书，乃舍之。南史氏闻太史尽死，执简以往，闻既书矣，乃还。这段记载说明了春秋时期的史官，为了保留历史的真实，不惜献出自己生命的大无畏精神。还有一种掌管占卜的人，也称“史”，如襄公九年，“穆姜(襄公祖母)薨于东宫，始往而筮之……史曰……”这种“史”不是指太史或内史，而是指掌管卜筮的官。这种官又称卜人或卜士。

此外,国君宫内的日常事务,则由一种仆大夫掌管,君臣之间的意见常由他上通下达。这种人很容易假君命而擅权,如《哀公二十六年》载:宋景公无子,取公孙周之子得与启畜诸公宫,未有立焉……六卿三族降听政,因大尹以达,大尹常不告,而以其欲称君命以令,国人恶之。

这个大尹就是掌管通达君臣意见的仆大夫。他竟敢不将臣下的意见通达给宋景公,还以自己私意作为景公意见下达给臣僚,致使宋国六卿三族都受其摆布。后来事情败露,才畏罪潜逃楚国。在列国宫中还设有乐官,称师、太师或舞师,掌管祭祀,宴飨,朝会的乐舞。又设府人、廪人,掌管国君的财物。府人掌金玉玩好,廪人掌粮禾米物。国君的后宫,由司官掌管,司官或称为巷伯、寺人、竖等,都由阉人充任。春秋时期中原侯国的地方政权组织,基本上是国野制。所谓“国”,就是指国都附近地区,“野”就是指农村,把郊区和农村的居民按什伍制组织起来,各级设官管理,据《国语·齐语》载,春秋初年,管仲在齐国推行“参国伍鄙”制,在国中以五家为轨,设轨长,十轨为里,设里有司,四里为连,设连长,十连为乡,设乡良人,爵为大夫。国中有二十一乡。轨长、里有司、连长、乡良人是国中的四级官制。在野鄙中以三十家为邑,设邑有司,十邑为卒,设卒帅,十卒为乡,设乡帅,三乡为县,设县帅,十县为属,设属大夫和属正长各一人。全国分为五属。邑有司,卒帅,乡帅,县帅,属大夫,属正长是野五级官制。国野制在西周时期就已推行过。春秋以后,各侯国又相继设县;至春秋末,晋国在县下又增设郡。春秋时郡比县小,这与战国以后的郡统县的地方制不同。在春秋中、晚期,许多县成为国家的地方政权组织。例如晋灭祁氏,羊舌氏后,分其田为十县,每县由国君派人治理,称为县大夫。县大夫下设有县师、司马、司寇(其职掌与中央政权中的司马、司寇相当，只是管辖范围不同）。县本来设置在一国的边境，其目的是为了加强防守。至春秋中晚期，内地也设县，如晋国就曾在旧都绛（今山西翼城县）设县，称为绛县，由于县的大量设置，就逐渐取代了国野制，县郡官吏也就成为地方政权的主要官吏了，到战国时期，国野制也就不存在了。西周、春秋时期的贵族有大片的封地，也有宗族组织，这种宗族组织被称为“家”，春秋时期这些“家”族组织大大膨胀起来，有很大的势力。鲁国的“三桓”（即鲁桓公三个儿子之后）就曾两次瓜分公室。晋国的六卿，势力也很强大，祁氏、韩氏各拥有七个县，大夫羊舌氏也有两个县，据《左传·昭公五年》载：“因其十家九县，长毂九百。”九县能出九百辆兵车，说明每县都是拥有一百辆兵车的大县。此外，宋国的戴、桓八族，郑国的“七穆”，都是大家，都拥有大片的封地，控制着大量的人口，实际上他们的“家”中已建立起一套政治机构，是国中之国。这种“家”，可视为一国中的地方组织，总管一家政务的称为宰，宰下有各种官吏，分掌各种事务。《论语·子路》载，孔子的学生仲弓就曾任过鲁国季氏的家宰，他向孔子请教为政的办法，孔子告诉他：“先有司，赦小过，举贤才。”可见家宰权力不小，可以任免官吏。《论语·先进》说，子路为季氏家宰时，就任命子羔为费邑宰。“家”的下面，还分设有若干邑或县，并设有各种职官。《定公十年》载，鲁国叔孙氏的郡邑就设有邑宰（公若为之），马正（公南为之），工师（驷赤为之）等官。春秋晚期，这类家臣的人选已不限于本宗族的人，有时也不限于用本国人。例如阳虎，本为孟氏后，而作季氏家宰，定公九年（前501年），阳虎畏罪逃奔晋国，赵简子迎而相之。子路作了鲁国季氏宰后，又到卫国作了卫大夫孔悝的邑宰，并于哀公十五年为孔悝之难“结缨而死”。齐国的鲍国，跑到鲁国作了施孝叔家臣。这种家臣、家宰不受出身和等级的限制，如子路、仲弓、冉有、子羔等人出身均较低微，都先后做过家宰、邑宰之类的官。

春秋晚期，家臣的俸禄多为领取实物，主子对家臣的任免去留也比较自由，他们之间基本上是个人的主从关系，由这种关系而逐渐构成了一种新型的任官制度。到了战国初期，一些强家起而取代了国君，成为诸侯后，这些家臣就变成了国家的官吏。这时，家臣与主人间的主从关系，就成了新国家官僚制度的基础，这样，从西周以来盛行的等级制、世官制，就被一种新的、适合中央集权的官僚制度所代替。

（2）燕国的官僚制度。燕国有史记载是从西周开始，西周施行的是严格的宗法制度和嫡长子继承制，从中央的官制而言，位置从高到低依次是周天子、卿士、诸侯、卿、大夫、士、国人。燕作为周朝的分封国，西周时期自然依循周王朝的制度。在中央官职方面，燕侯作为地方最高统治者，燕侯之下设有卿、大夫、士、国人，四个序列。其中卿序列中最重要的是“司马”“司徒”“司空”，也称为“有司”。春秋战国之时，各国官僚组织分为明确的体系，文、武、物官职中各设一名为最高管理者，目的在于分割官员的权力，便于君主的管理。卿又分上中下三等，上卿在官僚机构里仅次于诸侯王，分为文武两个管理系统，职位包括相和将。

相，又称为“司徒”是文官系统的首脑。相，又称“相国”或“相邦”，是文官系统的首脑。《韩非子・外储说左上》说：人有遗燕相国书者。”比如，子之是燕王哙时的相，公孙操（成安君）是燕惠王时的相，栗腹是燕王喜时的相。

将，又称“将军”，是武官的首脑，其名号见诸传世文献和出土材料。燕王哙时，有将军市被（《史记・燕召公世家》）。公元前 272 年弑燕惠王的公孙操，一说就是将（《史记・赵世家》）。“袭破走东胡”的燕人秦开，也是将，燕下都出土过带有“将军”铭文的铜戈，如“将军张”困。将军中又有“上将军”，“于是遂以乐毅为上将军”（《史记・燕召公世家》）；战国时的上将军，“犹春秋之元帅”（《资治通鉴》）。

卿以下称为大夫,大夫也分为上、中、下三个等级,是朝廷内的普通官职。诸侯、卿、大夫均是嫡长子继承下来的官员,除嫡长子外的次子们则自动降到下序职位。古语云"刑不上大夫",可见大夫以上均是特权阶层,即使触犯法律,也会自动减刑甚至免受惩罚。士是大夫以下的职位,并非是继承官制,而是凭借自己才华谋得的身份,如"毛遂自荐"。随着后来士阶层的快速壮大,大夫与士往往统称为"士大夫"。

太傅,又可简称作"傅",属东宫官僚系统,负责辅导、教育太子,一般由德高望重、文化素养较高者担任。如鞠武,曾经为太子丹太傅,为人深谋有远虑,规劝太子要从长远之计,不要"贵匹夫之勇,信一剑之任"而急于报仇。但太子丹最终没有听从鞠武的劝告。

上卿能为上卿者,其人自然相当尊宠。《战国策・燕策一》载燕昭王谓苏代语:"吾请拜子为上卿。"荆柯曾经被太子丹尊为上卿,"舍上舍,太子日造门下,供太牢异物,间进车骑美。"燕国亚卿的地位,略次于上卿。乐毅至燕后,"燕昭王以为亚卿"(《史记・乐毅列传》)。乐毅后来在《报燕王书》中也提到该事,"(先王)使臣为亚卿"(《战国策・燕策二》),鲍彪注释说:"亚,次也。"

大夫,根据《史记・燕召公世家》的记载,燕王喜时有"大夫将渠",但不知他究竟为大夫的哪一级。《战国纵横家书》中也出现过燕国的"大夫","臣(按:即苏秦)有贵于齐,燕大夫将不信臣","臣有来,则大夫之谋齐者大解矣"。以上两处的"大夫",当为燕国大夫的总称。因材料欠缺,在燕国是否存在长大夫、上大夫、中大夫等,至今尚难确定,但有五大夫。"五大夫",存在于楚、魏、赵等国。

从燕国墓葬出土的地方官制上地方的行政长官是"守",都是由武官来充任,《战国策・赵策》记载"燕以奢为上谷守",从出土的燕国官玺看,除了太守以外,还有司马、司徒、司空、丞等官职,可见郡的地方官职也是仿中央官制而设。郡以下是县，县的最高长官称呼不详。

郡的行政长官是“守”（有时也尊称为“太守”），都是由武官来充任的；县的行政长官是“令”，下设尉等；在县之下，还有乡、里、聚（村落）或连、间等基层组织。据《战国策·赵策四》披露，赵人赵奢曾经抵罪居燕，“燕以奢为上谷守”。所谓“上谷守”，即上谷郡的郡守。由官印还可获知，燕国在地方设有“司徒”“司马”“司空”“丞”等。属于司徒的，如“询城都司徒”“文安都司徒”“夏屋司徒”“平阴都司徒”“方城都司徒”等；司马分为左司马和右司马，如“恭阴都左司马”“庚都右司马”等。

封君制之出现在战国，显得似乎有些突兀而不协调。因为当时各诸侯大国已经比较普遍地建立了以郡统县的地方行政机构，实行中央集权的政治体制，用以代替过去贵族按等级占有土地进行统治的制度；但又设置了封君制，这在一定程度上维护着新的贵族特权。作为传统贵族的燕国仍然保留了封君制度，根据考古挖掘，这一时期被封的大概有五个。

襄安君，燕昭王之弟，燕昭王时封君。燕昭王曾派他到齐国活动（《战国策·赵策四》、《战国纵横家书》之四《苏秦白齐献书于燕王章》）。《战国纵横家书》又说：“襄安君之不归哭也，王苦之。”

武安君，燕昭王时封君，受封者苏秦。苏秦，字季子，东周洛阳乘轩里（今河南洛阳东）人，战国纵横家。苏秦早年游说秦昭王，建议“废文任武”，未被采用。后发愤读书，于燕昭王时入燕。公元前295年，燕昭王派苏秦为间谍入齐，以助齐攻宋为诱饵，借以削弱齐国。结果，苏秦骗取了齐国的信任，被齐湣王任以为相，苏秦同时又离间齐、赵的关系，使燕得以与秦、赵结盟。公元前284年，乐毅发动燕、赵、魏、韩、秦五国攻齐，齐几乎亡国。燕昭王时燕国的强盛，与苏秦有莫大关系，堪称燕国历史上的伟大功臣。燕昭王封苏秦为武安君，后来赵、齐都封苏秦为武安君。

昌国君，燕昭王、燕惠王时封君，受封者乐毅父子。乐毅，中山人，魏国名将乐羊后裔，擅长用兵。乐毅由赵经魏入燕，得到燕昭王重用。公元前284年，乐毅统军攻破齐国，下齐七十余城，名震天下。乐毅之受封为昌国君，主要是因其卓越的功绩。

成安君，燕惠王时封君，受封者公孙操，国籍不详（属燕国人的可能性很大）。战国时军政合一之风还比较浓盛，往往将即是相，相即是将，公孙操就掌握这两个大权，因其地位重要，被封为成安君。

高阳君，燕武成王时封君，受封者荣蚠，宋国人。高阳，故址在今河北高阳县东。燕武成王七年（前265年），荣蚠率兵攻赵，赵派田单还击，攻克燕之中人（今河北唐县南）等三城（《战国策·赵策四》，《史记》的《六国年表》《燕召公世家》《赵世家》）。

另外学术界对于蔡泽是否受封为“刚成君”存在一定的争论。

5.2.2　创新燕国人才制度

(1) 先秦时期的人才政策。在尧舜时代，部落首领都是经过举荐，考查其品德与才能，然后予以重任。这时候的选士制度也处于朦胧时期。夏商西周是我国奴隶制国家由诞生到发展直至鼎盛的时期。这一时期的人才选拔制度，诸如兴办官学选才制、“乡兴贤能”制、贡士制、世卿世禄制等，主要是采取世卿世禄制。在这种制度下，只有王公贵族子弟才能世代为官。到了西周时期，生产力水平较前代有了很大发展，这要求官吏具有一定的科学文化知识。为此，国家很重视对教育进行宏观调控和引导。据史料记载，在西周时期已建立了选贤贡士制度，即人才选拔制度。所谓的人才，是由诸侯和地方民政长官选拔德行、道艺兼有者贡于天子，或深入大学深造。实际上，通过这种方式选拔的人才的名额很少，主要是为乡民树立模范，以达到引导社会风尚、化民成俗的目的。但在世卿世禄制下，这种选拔方式使得许多没有继承权的“士”取得任官资格，使得当时的官学教育得到发展。我国俸禄制度的建立始自西周。商代虽然国家体制已经形成，官吏阶层也已产生，但是那时“牛羊土地财产均为氏族所公有，所谓帝王亦是氏族部落的族长，所以在这时候，虽有政府财政活动，但是尚无俸禄之制”。西周是我国历史上第一个建立的封建国家，土地实行国有。国家按诸侯贵族官爵的高低划定大小不等的土地作为他们的食邑或领地，各级官吏就是以各自土地上的收入作为禄食，不由财政另行开支俸禄。这便是历史上所说的“分田定禄”制度，也就是中国俸禄制度的起源。

到了春秋战国时期，随着社会政治、经济的变革，教育体制也随之发生重大变革。直接表现就是官学的衰败和私学的兴起。“学在官府”的局面被打破，原来的“官师”和受过教育的贵族子弟等“文化人”或投奔诸侯，或流落民间，形成一个新的社会阶层，即士阶层。他们掌握一定的文化知识和技能，以智慧见长，并以此为谋生手段，是社会上的自由民，也是社会上最为活跃的分子之一。他们四处游说，寻求进身之阶和生存空间之时也积累了政治资本，影响力日益扩大，成为当时重要的政治力量。在春秋诸侯争霸、战国七雄称雄的时代，各国诸侯和公卿大夫为了壮大自己的实力，提升自己的号召力，争相养士，于是养士之风大盛。养士既壮大了各国诸侯的势力，反过来也为私学的进一步发展创造了条件。各国执政者竞相养士，使士成为一种备受青睐的职业，于是人们竞相学习做士。而士必须掌握一定的知识和技能，因此，人们需要拜师求学，希望有朝一日能“学而优则仕”，这样就推动了私学的进一步发展。私学的不断发展产生了不同学派，形成了百家争鸣的局面，产生了不少著名的私学与大师。春秋末期的孔子、墨子到后来战国时期的诸子百家都是在这样的环境中孕育而生的。各个学派从各自的立场出发，提出了各种各样的治国平民的方案，促进了学术的繁荣。另外，各个学派都很重视教育问题，教育理论在这个时期也得到了发展。

战国时代，各国实行俸禄改革，废除世代世袭的世卿世禄制，转为“尊贤尚功”、“见功而与赏”，按军功计酬，按等级分爵，有军功者封官授爵，按官品爵位取禄，并以租税收入用之分配。从此，官俸支出开始成为国家财政支出的重要项目。此后，虽然因朝代的更替和经济的发展，历代支付官吏俸禄的形式有所不同，或以谷粟，或以布匹，或以土地，或以金属货币，或以纸币，或以实物与货币兼用，但万变不离其宗，都是政府对其官吏为国家服务而支付的物质报酬。

(2) 燕国的人才制度。周朝的阶层中，贵族与百姓之间有明显的分界，其中士属于贵族中的最下层，百姓中的上层，处于灰色地带。春秋战国时期，士阶层进一步打破严格的身份限制，开始成为社会上最为活跃的阶层。作为知识分子群体，其中不乏将相之才，于是各国纷纷掀起养士热潮，擅长谋略的称为谋士、有武者称为勇士、学问渊博的称为儒士、擅长游说的称为策士，这些士族称为春秋战国时期重要的人才。士人多才多艺、各有擅长，由于游历四方、见识广泛、头脑灵活，在春秋战国时期为诸侯的强大发挥了重要的作用。因此，士人的多少成为一地人才贫弱的重要标准之一。

燕地人才缺少，原因包括地理环境和社会环境两个方面。从自然环境来讲，燕地位于诸侯国最北方，山高水寒，气候环境相对恶劣。从中医角度看，温暖的地方易患外感体肤性疾病，寒冷的地方易患肺腑内伤性疾病。两类疾病相比，前者虽然发生概率高，但是不会有性命之忧；后者则十分顽固，极其容易伤及生命。在医疗水平低下的情况下，寒冷的燕域实在不是最佳宜居之地。从社会环境来讲，北方有山戎时常骚扰，南方有齐、中山、赵的窥伺，战争多发，百姓经常流离失所。当时的人才大多出自于物产富庶、实力雄厚的齐、楚、秦这些中原地区，大多会趋避燕国这种战争之地。另外，从人才自身来讲，“良禽择木而栖，贤臣择主而侍”，在礼乐崩坏的战国，拥有问鼎中原的霸气之君才是良主，士阶层也以辅佐主公成就霸业为目标。燕地在六国中实力最弱，显然在没有特殊贤明君主在位的情况下，并不是士阶层实现自身价值的最佳选择。

自燕昭王之后，燕地君主对人才求之若渴，主要的选录人才大概有三种方式，一种是招揽，如燕昭王建黄金台，为求人才而掷千金，各地人才争相前来，弥补了燕国人才不足的局面；一种是推荐，如《荆轲传》中两次出现推荐，第一次为鞠武向太子丹推荐田光，认为田光先生志勇深沉，有勇有谋，是可以共谋大业之人。第二次是田光向太子丹推荐荆轲“所善荆卿可使也”；最后一种是自荐，如苏秦胸怀“合纵连横之术”游说列国，最终被燕王采纳，这种游说就是自荐。

这些人才到了燕国以后得到了高等待遇。首先，给予人才丰厚的物质待遇。燕昭王在百废待兴、经济苦难时期，为求才一掷千金，黄金台成为燕国历史上的标志性建筑。太子丹对于人才也是给予了十分丰厚的待遇，尊荆轲为上卿，住最好的房子，使用最好的器皿，时不时赏赐一些新奇的好东西，并提供大量的香车美女供其享乐。燕文侯听了苏秦合纵提议后认为很有道理，资助苏秦车马金帛，前去游说诸侯国。苏秦私通燕易王的母亲，燕易王知道了，并没有大怒反而更加厚待苏秦。

其次，对待人才高度信任，给予精神上的尊重。战国时期，百家争鸣，思想解放，知识分子不仅仅满足于物质层面的保障，更注重精神层面的优厚待遇。百里奚原为晋国的奴隶，秦穆公用五张羊皮把他赎回，并将国家治理大任交由他，赐称号为“五羖大夫”。乐毅投奔燕国以后燕昭王没有任何怀疑封其为亚卿，仅居王位之下；当太子挑拨乐毅与燕昭王关系时，燕昭王不顾父子之情痛打太子。太子丹见田光时亲自逢迎,并为其做引路,拂去座席上的尘土。物质上的满足和精神上的尊重双管齐下,吸引更多的人才前往燕国。

人才引进来以后,能否得到重用,任用是否恰当,是统治者面临的核心问题。能职相匹才能最大化的发挥人才的作用,促进社会的发展;反之,不仅浪费人才资源,更对社会的发展起到阻碍作用。燕昭王充分发挥人才的作用,给予贤能者以重任,对燕国的强大起到了事半功倍的效果。

邹衍是中国战国时期阴阳家学派创始者与代表人物,他将中国的"五行说"与治国理政联系在一起,提出了"五德说",并帮助燕昭王成为北方最强霸主,因而受到燕昭王的礼遇和重用,这种学说后来被秦始皇所接受,为其称帝和统治服务。邹衍在燕国时期领导经济建设和发展生产贡献很大,王充在《论衡·寒温篇》中说"燕有寒谷,不生五谷,邹衍吹律,寒谷可种",为燕国的兴盛提供了强有力的经济基础。

智慧化身的诸葛亮曾经以管仲和乐毅自比,足见乐毅的智慧和才能非同一般。乐毅是战国后期杰出的军事家,燕昭王封乐毅为亚卿,采纳乐毅论功授爵授禄的政治制度,并改革吏制,设相国和将军,拜燕上将军,受封昌国君,分掌政治、军事大权,辅佐燕昭王振兴燕国,率领五国联军攻打齐国,可谓战无不胜、攻无不克,一鼓作气攻下了几十座城池,创造了我国古代战争史上的神话,报了强齐伐燕之仇。

5.2.3 发展燕国地方制度

(1) 先秦时期的中央与地方。夏朝时已经有了服内和服外的概念区别。夏朝的统治区域分为服内和服外,服内是夏侯的直接控制区,也就是夏族自己的城邦国家,而服外则是其他方国。服外的方国包括同族方国和异族方国,所有的方国均需参加宗主国组织的会盟,向夏侯交纳一些象征性的贡物和必要时提供军事援助。某些诸侯还需要到宗主那里去担任官职，而宗主国则有援助方国以及维护诸侯秩序的责任。这时候作为宗主国的夏，在当时所有城邦中应该是实力最为雄厚的。夏侯通过实力威慑以及卜噬等宗教仪式保持对诸方国的宗主地位。

商本是夏的一个方国，趁夏衰落之际，兼并周遭方国和部落做大做强并取夏而代之。与夏相比，商有更为发达的和规模更大的青铜器和玉器制造业，产生了职业的武士阶层，并依此组成军队。生产力和战斗力使殷商实力遥遥领先。与夏不同的是，商建立起了比较完备的宗法制度，逐渐产生了嫡庶之分，嫡庶之分又导致了族内大宗小宗的分野，每个分族，在后续的发展中又有大小宗之分，由此逐渐形成了王族树根状的宗法结构。商的直辖区域的贵族以及同姓诸侯之间，构成了宗法网络体系。这种树根状的宗法血缘网络，在生产力水平极为低下，并且有着浓厚祖先崇拜气息的商朝，强化着王国的凝聚力。商代的分封也有两种形式，一种是分封同姓诸侯，把他们分封在王畿周围以拱卫王室。一种是分封异姓诸侯，这主要是对商的同盟者或者征服对象进行的分封。宗法制和分封相结合，商朝逐渐形成了一整套与宗法等级制度相适应的礼仪制度，依照各自的等级而配有相应的规约、礼器和礼乐。这些规定加上血缘、宗教等因素，保证了分封诸侯对天子的忠诚。周朝严格按照宗法制度建构，从周天子到诸侯到卿大夫再到士，形成更加复杂的树根状宗法网络。周朝更是将宗教祭祀和宗法制度紧密结合起来，嫡长子所在即是宗庙所在，周王在自己的都城设立主干的宗庙，诸侯只能在自己的领地里面设立低一层次的宗庙，依次而降，平民没有设立宗庙的权利。这种制度安排突出了嫡长子的地位。周王也对能控制的疆域采取分封的方式，实行间接统治，对于臣服于他的方国，则采取羁縻笼络之法，两者虽然看起来都是分封，但后者大都是给一个名号而已。受封者承认宗主的统治权，承担定期交纳赋税、为王室服役和提供军事力量的义务，而王室则有责任维护诸侯和诸侯间的秩序，调解诸侯之间的矛盾，保护诸侯不受外敌入侵。当然，这都是以周王的强大实力和宗法体制为背景的。朝觐会盟制度是周王朝赖以控制羁縻诸侯的一种制度安排，周王朝赋予它非常繁复的仪式，并于诸侯的定期朝见联系在一起，使之转化成王室对诸侯的内在掌控。这时候，周王朝的官制更加健全，但就中央与地方关系来说，主要还是集中于周王和诸侯之间的关系上，诸侯治理之地完全被诸侯自己所掌控。

封建制的王朝依赖的是宗法连接的纽带，在生产力不是很发达的状态下，这种分封体制具有低成本和结构稳定的特点。但各诸侯拥有的是比较独立的政治实体，有自己可以支配的土地、人口和军队，宗法制的一个缺点便是随着代际的更换，这种宗族之间的纽带情感便越来越疏远，光凭宗族情感是不足以抑制诸侯膨胀起来的野心的。因此，对他们的控制更多的依赖礼仪、意识形态和军事威慑。同时，各诸侯国因为地理、经济、军事等方面存在着差异，各个诸侯国的力量大小不一，诸侯之间难免出现纷争。在中央王权实力强大之时，对各诸侯可以起着很大的作用。当中央不能够应对内在的分封矛盾和外部敌人的挑战时，中央的权威就可能会急剧降低，再加上天子自身的素质问题，就有可能导致诸侯国的反叛。春秋战国时期礼崩乐坏的情况就是在周王室原本的宗法秩序走向公开衰落的过程中发生的。周王这时候连“天下公主”的面目也模糊了，只好对诸侯一概听之任之。王室对诸侯失去掌控，诸侯相互攻杀兼并；礼乐制度紊乱；诸侯内部的宗法秩序已经不可能得到继续遵循。周王完全成为一个活的摆设。

综上可知，就先秦时期的中央与地方关系来说，中央对地方的控制主要是通过建立起严格的宗法制度,形成庞大的树根状宗法体系,在此基础上对同族人进行大肆分封。封国作为宗主国的一部分,享有高度的自主权,中央与地方关系的平衡还需要有严格的礼乐制度。如果中央没有强大的军事威慑存在,诸侯之间力量失衡,就很容易导致诸侯国挟天子以令诸侯的局面出现,中央权威尽失,礼崩乐坏,社会混乱。这种原始的分封制度是与落后的社会生产相适应的,随着生产力发展,尤其是战国时期铁之农具出现对生产力的极大促进作用,原有的宗法制为基础的分封制的中央与地方关系就很难继续维持。分封制走到战国时期应该算是走到历史尽头了

(2) 燕国地方制度。早在战国时期,就已经出现了郡县,但那时候的郡和县规模差不多。县有几种,但规模不大。郡在当时主要是对边境一带地区的行政区划,郡的长官叫郡守,就明显的带有军事防御的性质。后来因为战事,郡守的权力扩大,郡的规模也随之扩大,逐渐成为管辖一方直接听命皇上的行政单位。秦国经商鞅变法后,国力大增,开始推行郡县制。

对于燕国的地方等级管理制度,学术界对此存在多种看法。一种认为燕国顺应历史潮流,在春秋战国时期已经开始实行了郡县制,县是地方治理的最基层长官;另一种观点认为燕国不同于其他诸侯国,郡以下设置的不是县,而是“都”,而“都”以下是否设县则不能考查。但是根据考古挖掘的文物记载来看,燕地确实存在郡和都。目前已经知道的称为“郡”的有上谷、渔阳、右北平、辽西、辽东五个区域,称为“都”的行政区域有文安都、涿都、柳城都、方城都、泉州都、容城都、徐无都等等。其他地名闵阳、枝堙、武平、平阴、日庚、单佑等属于哪一级别尚无定论。燕国地方行政制度除了郡都制还有多都制。这里的“都”不再是地方行政级别的他称,而是都城的意思。

燕国于西周受封之前就已经存在,学术界一般把西周初大分封

时期的燕国都城,称为燕国初都。根据史料推测,燕初都大概在北京附近,经过考古学家发现,今北京市房山区琉璃河镇董家林遗址保存有完整的居住区、墓葬区和古城址,并且大量发现陶井遗址,以此推断此地应该是人口密集的燕初都。

蓟是西周时期燕国北部的一个小国,其政治中心在今北京城区。西周中晚期,燕国不仅扫平了燕山附近的割据势力,吞并了东部的孤竹国的大部分领土,还攻下了北部的蓟国,并将燕国的首都迁到了蓟国的地盘上。从那以后便有了“燕都蓟城”的说法。蓟是燕国都城的记载在文献中频繁出现,“燕襄王以河为境,以蓟为国”,“蓟丘,燕所都之地也”,蓟丘为古代地名,在今北京城区德胜门地区,而在蓟丘以南则发现了燕国瓦当。蓟丘并不是蓟城的中心地区,其中心地区在今北京宣武区,在广安门桥外有“北京建城记”石碑。桓侯徙临易之后二三十年,燕襄公时期,燕国都城又迁都蓟。由此可以看出蓟一直在燕国处于重要的地位。

临易是燕国的都城之一。大概是公元前恒侯时期迁都临易(今河北省雄县地区)。具体原因不详,但根据燕国当时所处的环境来看,恒侯迁徙应与山戎的侵扰有直接关系。燕除了迁徙主要都城外,还建有中都和下都。《太平寰宇记》卷六十九记载,“良乡县,在燕为中都,汉为良乡县,属涿郡”,考古工作者在北京房山区窦店镇发现一座分为大、小的古城,经过调查,该古城的大城始建于战国早期,很可能是燕中都。燕下都在今河北易县境内,位于易县城东南,介于北易水和中易水之间,这个地点和《元和郡县图志》关于易县的记载“武阳故城,县东南里。故燕之下都”一致。同时,考古学家也在易县挖掘到文化遗存丰富、面积很大的易县燕下都遗址。燕王营建多都的原因有二,一是军事目的,北方的蓟城是燕国最主要的政治中心,也是抵御游牧民族入侵的军事重镇,在北京挖掘的墓葬中青铜礼器和生活用具出土数量是最多的,同时也有大量的兵器;燕下都和燕中都均位于燕域南方,目的在于应对中原诸侯国的进攻。另一个重要原因在于稳定政治,燕国一直是战争多发地,并且在战争中经常处于弱势一方,当原有政治中心不安全时,中都和下都就是最好的王室转移地点。

5.3 丰富的精神文化

5.3.1 燕国的神仙信仰

(1) 我国神仙方术的由来。方术起源于原始社会的巫史。由于古代社会生产力和科学知识所限,人们相信天主宰着一切人事,人间的统治者受命于天,把自然界的日月星辰、风云雨雪、山川草木、鸟兽虫鱼等的变异,视为灾异和祥瑞的征兆。相传有"明堂羲和卜史"等官吏专门观天文、察时变、纪吉凶,用卜筮来传达天的意旨,并用祭祀来消灾祈福。在龙山文化遗存中有大量烧灼过用作占卜的兽骨,说明这时已有了预卜命运的占卜。商代的甲骨卜辞中,有许多日食、月食和风云雨雪及祭祀天时诸神的记录。周代认为天道与人事互相感应,人的行为能感应上帝,"天命靡常",人君"敬德保民",就能"祈天永命"。春秋时,人们把天上的十二星辰和二十八宿跟地上的州、国位置相对应,称为"分野",以星宿的变异来比附州、国的吉凶,使得天人之间发生更密切的关系。

殷、周之际出现的阴阳五行思想,到战国时广泛流行。讲阴阳的《周易》和讲五行的《洪范》都在这时成书。一切医卜星相都以阴阳五行为原则而推演。齐人邹衍把五行说附会到社会历史变动上去,提出"五德终始"说,用水、火、木、金、土的相生相克和终而复始的循环变化来说明王朝的兴替。燕人宋毋忌、正伯侨、充尚、羡门高等则修方仙道,自诩能把灵魂从躯体中解脱出去,能接近鬼神。于是燕、齐沿海地区出现了一批讲神仙术的方士。他们宣称，渤海中有三神山：蓬莱、方丈和瀛洲。山上的宫阙都是用黄金和白银筑成的，住着长生的神仙，藏着不死的奇药。齐威王、齐宣王和燕昭王听信这些无稽之谈，多次派人入海去寻找，但回来的人总是说：三神山遥望如云，船到即沉入海底；靠近它，风就把它吹去。

秦始皇巡狩海上，信方士之说，派韩终等去求不死之药，去而无返。又派徐市(即徐福)造大船，带五百名童男童女去寻求，也无结果。汉武帝好神仙方术，向往黄帝的成仙登天，齐人因此上疏言神怪奇方的竟达万余人，著名的有李少君、少翁、栾大、公孙卿等人。他们或入海寻求蓬莱，或候祠神仙，以博取利禄富贵，但均无效验，骗局时被揭穿。汉武帝听从田千秋的劝谏，于征和四年(前89年)，悉罢诸方士求神仙之事。但他希望能遇到真正的神仙，对方士仍加以笼络。到汉成帝时，才在匡衡奏请下，罢去。后来由于汉哀帝常常生病，为了求福，又一度恢复，但一年之中祭祀三万七千次，一无效果。此后就衰歇了。

汉武帝以后，一部分方士和儒生合流，制作图谶(见谶纬)，用阴阳五行来解释儒家的经传。王莽和汉光武帝都加以利用而称帝。光武帝更正式"宣布图谶于天下"，成为法定的经典，称图谶为"内学"，原来的经书则称为"外学"。另一部分方士则吸取黄、老和浮屠之说，宣扬符命灾异、吉凶占应、祈福禳灾、轮回报应等，成为道教的先行者。汉顺帝时，宫崇奏上他的老师于吉在曲阳所得的"神书"——《太平清领书》。今存的《太平经》即由此书演变而来，书中推崇图谶，并摭取了一些佛教的义理，以阴阳五行解释治国之道。《后汉书》列有华佗、左慈、费长房等三十五人的《方术列传》上下篇。

用自然的变异来推测人事的吉凶祸福是唯心主义的，除去它附会的迷信观念外，其观察、记录和用阴阳五行来说明自然的变异，却在一定程度上反映了自然现象及其变化规律;有的方士从事炼丹和神仙之术,也积累了不少化学和医药的知识。因此,方术可以说是"科学思维的萌芽同宗教、神话之类幻想的一种联系"。中国古代的天文、历数、医药、化学是和方术交织在一起,并且是从方术内部发展起来的。因此,对古代流传下来的方术,需具体分析其内容,去其糟粕,取其精华,并阐明其在科学发展过程中的作用,给予一定的历史地位。

伴随神仙之说的产生,巫觋便利用之更为渲染神怪,有的并利用当时萌芽的科技,加以宗教渲染,以为求仙方术,游售于世。这样的人就叫方士,或方术之士。据《汉书·艺文志》记载:汉时将方术分为四类,即医经、医方、房中、神仙。《后汉书·方术列传》中包括天文、医学、神仙、占卜、相术、命相、遁甲、堪舆等等。古人将一切技艺皆称之为方术,不过我们这里所讲的乃是那些宣扬长生不死,认为服食及祭祀可以成神仙的人所兜售的神怪奇方。我国古代传说的方士有籛铿"彭祖"、容成、岐伯、素女等。史籍记载最早的方士则为周灵王(前545—前571年)时的苌弘。《史记·封禅书》:是时苌弘以方事周灵王,诸侯莫朝周,周力少,苌弘乃明鬼神事,设射狸首,狸首者,诸侯之不来者。依物怪以致诸侯。诸侯不从,而晋人执杀苌弘,周人之言方怪者自苌弘。

战国时的方士及巫觋,专事服食与祭祀,他们只有方术而没有理论,与诸子百家相比较,显然黯然失色。战国末期出了个方士叫驺衍,他将阴阳五行说相生相克的原理与社会朝代之兴衰更替结合,更推而论社会事物之变化。驺衍因此而得显于诸侯,从而也启发了其他方士。《史记·封禅书》中说:自齐威、宣之时,驺衍之徒论著终始五德之运,及秦帝而齐人奏之,故始皇采用之。而宋毋忌、正伯侨、充尚、羡门子高最后皆燕人,为方仙道,形解销化,依于鬼神之事。驺衍以阴阳主运显于于诸侯，而燕齐海上之方士传其术不能通，然则怪迂阿谀苟合之徒自此兴，不可胜数也。

由于秦始皇幻想获得不死之药，因而方术之士十分活跃。得到秦始皇宠信的第一个方士便是徐市(福)。《史记・秦始皇本纪》：齐人徐市等上书，言海中有三神山，名曰蓬莱、方丈、瀛洲，仙人居之。请得斋戒，与童男女求之。于是遣徐市发童男女数千人，入海求仙人。徐市入海求神药，数年不得，费多，恐受谴，对始皇说：蓬莱药可得，然常为大鲛鱼所苦，故不得至。继徐市而得宠信的有燕人卢生和韩终、侯公、石生等。他们为秦始皇求仙人羡门及高誓及不死之药，均归渺茫。卢生入海还，托以鬼神事，奏箓图书，说：亡秦者胡也。始皇乃使将军蒙恬发兵三十万人北击胡。卢生还说秦始皇："方中，人主时为微行以辟恶鬼，恶鬼辟，真人至。人主所居而人臣知之，则害于神。真人者，入水不濡，入火不爇，凌云气，与天地久长。今上治下，未能恬淡。愿上所居宫毋令人知，然后不死之药始可得也。"秦代法酷，方不验辄死。因求仙药不得，方士卢生等潜逃。秦始皇迁怒于诸生，将犯禁者四百六十余人，皆坑之咸阳，使天下知之，以惩后。他的长子扶苏向他解释诸生与方士不同，秦始皇更怒将扶苏远谪边地，北监蒙恬于上郡。

秦始皇之后，最宠信方士的便是汉武帝刘彻。第一个得他宠信的是方士李少君。《史记・孝武本纪》记载，李少君以祠灶、谷道、却老方见汉武帝，帝尊之。李少君说：祠灶则致物，致物而丹砂可化为黄金，黄金成以为饮食器则益寿，益寿而海中神仙者可见，见之以封禅则不死，黄帝是也。臣尝游海上，见安期生，食巨枣，大如瓜。安期生仙者，通蓬莱中，合则见人，不合则隐。汉武帝信了李少君的话，于是亲祠灶，而遣方士入海求蓬莱安期生之属，而事化丹砂诸药齐为黄金矣。后李少君病死，汉武帝不说他死了而说化去，又使黄锤、史宽舒受其方,求蓬莱安期生之属。其后又有亳人薄诱忌奏祠泰一方。齐人少翁以鬼神方见帝,谓能以方术夜致武帝已亡之王夫人及灶鬼之貌,得拜文成将军,获尝赐甚多;后因以帛书饭牛,云牛腹有奇,武帝查觉后诛杀文成将军。又有胶东宫人栾大,谎言尝往来海中,曾见仙人安期、羡门之属,黄金可成,不死之药可得,仙人可致;武帝宠信栾大,拜为五利将军,栾大常羽衣,夜祠欲以下神,栾大佩六印,贵振天下,而海上燕齐之间,莫不扼捥而自言有禁方,能神仙矣。

《史记·孝武本纪》载,后来栾大以方术不验被诛。又有齐人公孙卿,为武帝至东莱山候神。这时武帝令入海求神仙的方士达数千人,复遣方士求神怪采芝药以千计。公孙卿还说仙人好楼居,武帝令长安作蜚廉桂观,甘泉作益延寿观,使公孙卿设具而候神人。一概终无所验,武帝始怠厌方士之怪迂语矣。自元光二年(前 133 年)遣方士求神仙,到征和四年(前 89 年)才悉罢诸方士候神人者,中间经过四十五年之久,此时汉武帝已六十八岁。他曾对群臣自叹曰:向时愚惑,为方士所欺,天下岂有仙人,尽妖妄耳,节食服药,差可少病而已。(《资治通鉴》卷廿二《汉纪十四》)

《汉书·艺文志》对神仙及专务神仙术的方士,作了一段评论:神仙者,所以保性命之真,而游求于外者也。聊以荡意平心,同生死之域,而无怵惕于眠胸中。然而或者专以为务,则诞欺怪迂之文弥以为多,非圣王之所以数也。孔子曰:索隐行怪,后世有述焉,吾不为之矣。

总之,方仙道所信奉的神仙说,也就是以后道教的最基本的信仰与特征,方士们所行之术,如人主微行方、祠灶、谷道,却老方、求仙术、候神、望气、导引、祠泰一、夜祀下神方、斗旗方、按摩方、芝菌方、重道延命方、烧炼等等,也都是后来道教所信行的道术。道教源出神仙家,方仙道为道教前身,这是历史事实。由于方仙道方术不骤,受到社会的攻击，信仰和专务神仙说与方术的人，便不得不改弦更张。这就使神仙家有所分派，同源而异说，一派是仿效驺衍的方仙道，另一派是继起的依附黄老之学的黄老道。

（2）燕国神仙信仰流行。燕域盛行神仙说。神仙说根源于民间传统的不死思想，盛行于战国、秦汉时，在燕、齐之地成为人们普遍的信仰。燕地盛行神仙说最早要追溯到商朝，商朝是一个迷信鬼神的朝代，商人相信鬼神是有思想的、客观存在的神秘力量，因此无论何事必须占卜问神，而这项神圣的工作有专门的人员掌握就是神职人员。周人统治时期也相信鬼神的存在，并保留祭祀的传统，但是鬼神只是祖先灵气的留存并不能决定国家兴亡，祭祀表达的是人们对祖先的尊重和感恩。周人信天，这里的天相当于"道"，天既是德。燕地在商朝时就已经是殷商的忠实部落，召公后代受封到燕地促进了商文化与周文化的融合，加之燕地自然环境恶劣，生产力水平低，人们自然而然寄托于一种更神秘的力量，这就形成了神仙说的历史和现实需求。燕地的图腾是鸟，东邻渤海，这些又成了神仙说的元素，燕人描绘的神仙都是可以自由飞翔，来去自如，生活在缥缈仙境之中。〔1〕

对于神仙说的盛行程度，汉桓宽《盐铁论·散不足》曾有言，"当此之时，燕齐之士释锄耒，争言神仙方士"〔2〕。一种信仰的传播必然有推崇者，神仙说的极力鼓吹者称为方士。方士们热衷于炼仙丹、做长寿之药。他们相信，经过修炼，人是可以打破生死轮回，进入神仙位列的。《史记·秦始皇本纪》载"方士欲炼以求奇药"。《史记·封禅书》："而宋毋忌、正伯侨、充尚、羡门高，最后皆燕人，方仙道，形解

〔1〕杨军. 燕齐方术"仙人"形象溯源[J]. 烟台师范学院学报（哲学社会科学版），2002，02：30—34.

〔2〕（汉）恒宽. 盐铁论[M]. 北京：中华书局，2015 年版. 第 58 页.

销化，依于鬼神之事。”方士们宣传的核心思想是人可以长生不死，只要服食丹药，虔心修炼就可以成为神仙。司马迁说他们是“形皆(解)销化，依于鬼神之事”。班固将他们叫做“神仙家”，《汉书·艺文志》说：“神仙者，所以保性命之真，而游求于其外者也，聊以荡平心意，同生死之域，而无怵惕于心中。”神仙学说的盛行不单单靠方士的个人努力，最主要的是统治者的支持。春秋战国时期是人性解放、私欲极度膨胀时期，统治者为了谋求长生不老，派人入海求仙。《史记·封禅书》载：“自威、宣、燕昭使人入海求蓬莱、方丈、瀛洲。”至今河北省秦皇岛市有“秦皇求仙入海处”一景点，据说是秦始皇派燕国的方士入海求仙之地。

5.3.2　燕国的文艺生活

(1) 先秦时期的休闲娱乐活动。两周时期的游艺风俗，内容丰富，多姿多彩。工艺美术涵盖书法绘画和民间工艺。春秋战国时代，文字向书法转化，进人一个有意识的新阶段，其表现是：金文发生显著变化；书法和字体的地区特点明显；隶书的产生。同时，开始出现绘画作品。两周绘画可分壁画、帛画、漆画和铜器画四类。民间工艺有织绣、雕塑、陶瓷、编织、漆器、青铜器等。

音乐在西周以后有很大发展，《诗经》大都是可以上口的歌曲，在音乐上产生了巨大影响。到春秋晚期，雅乐衰落，而新乐兴起。春秋战国时期，楚声则有明显特色。乐器有重要发展。舞蹈多样化，可分表演舞蹈、祭祀舞蹈和民间舞蹈三类。曲艺滥觞。戏剧萌芽。体育锻炼理论有了新的提高，与军事训练有密切关系的体育项目蓬勃发展。武术及其他体育活动蔚然成风，主要有剑术、射箭、角力、相搏、负重、举重物、赛马、田猎、钩强、竞渡、蹴鞠、杂技。民间的娱乐活动多数带有比赛性质，种类有斗鸡、走犬、六博、围棋、投壶、秋千等。

书法的历史源远流长，可以上溯到六千年前。商代的甲骨文、金文开创了中国书法之先河。西周金文书体风格变化很大,铭文也较长。春秋战国时代是中国书法艺术发展的一个重要阶段。其表现在以下三方面:一是金文发生显著变化。西周的金文凝重而端严,雄奇且浑穆。到春秋战国时期,则变为清新秀丽。二是书法和字体的地区特点鲜明。周室东迁后,王朝力量大为削弱,诸侯纷纷割据,全国逐渐走向分裂。这时,各地文化差异渐大,文字亦不例外。从春秋晚期起,各诸侯国就出现了文字异形的现象,到战国更甚。三是隶书的产生。从战国中期开始,秦国人在日常使用文字的时候,为了书写的方便,不断破坏、改造正体的字形,即用方折的笔法改变正规篆文的圆转笔道,由此产生了秦国文字的俗体。

西周时代还没有出现现代意义的独立的绘画作品。绘画主要依附于建筑和工艺美术作品。基本上是装饰性图案。东周以后,由于笔、墨、绢的进步为绘画提供了较好的工具材料,由于社会对绘画的需要(其中包括招魂用族)量增多,由于文化界有些人已开始注意绘画并提出了论画的见解,绘画艺术有了很大进步。当时已经有了专业的画家。他们在绘画理论和实践上都达到了一定的水平,开始出现表现人物活动且具有写实性的绘画作品。此外,一些铜器、漆器和陶器上的图像已描写了较多的人物、动物和植物,且栩栩如生。

从春秋后期到战国时期,为中国早期雕塑艺术的高峰,此时的雕塑广泛使用了各种雕刻材料,包括青铜、金、银、铅、陶、玉、石、牙、骨等,还出现了使用不同材料的倾向。再就是各种材料的制作工艺技术有了新的发展,如青钢工艺的分铸、焊接等技术的进步,失蜡法的应用,和错金、银、铜与镶嵌技术的风行。如错金银嵌松石铜牺尊形象生动,富丽堂皇,艺术水平很高。雕塑作品反映生活具体性方面比过去大为进步了,以表现人的形象为主的作品上,出现了贵族、武士、侍从、舞女等不同社会地位的众多形象,人的面容也有了较多的表情。

(2) 燕国主要文艺生活。文艺以生活为原型并为生活服务。燕地的文艺具有浓厚的地方特色,有些文艺各类达到了一定高度。

祭祀乐舞是燕地出现的最早文艺活动。殷商时期,社会生产力低下,人们对于自然充满畏惧,祈求祖先庇佑、鬼神保护是商人最重要的活动。为了表达当时人们激动的心情,体现对祖先的尊重,祭祀活动必然要表演盛大的乐舞。《诗经·邶风·简兮》中这样描写商朝乐舞的场景"简兮简兮,方将《万舞》。日之方中,在前上处。硕人俣俣,公庭《万舞》。有力如虎,执辔如组。左手执籥,右手秉翟。赫如渥赭,公言锡爵。"可见当时的乐舞由文人和武人共同表演,并且有表演道具。

击筑唯有在燕域有所记载。到了战国时期,严格的礼乐制度被打破,歌曲不再是皇家专有,而是音乐在民间发展迅速,突出体现的是荆轲、高渐离易水旁边击筑和歌。筑是我国古代的一种弦乐器,关于筑的记载寥寥无几,只有《战国策·燕策》中有所记载。战国时期是否普遍流行尚且不知,但是几千年历史只有燕国史书记载过,筑在燕地必然是普遍流行的一种乐器。荆轲在易水之滨拜别太子丹及诸位友人,临行之时,高渐离击筑,荆轲慷慨悲歌:"风萧萧兮易水寒,壮士一去兮不复还。"这一时期歌词简单明了,直接叙事,但是曲调已经出现了高难度的变化,先为"变徵之声",此调悲凉、凄婉,宜放悲声。后"复为羽声",音调高亢,声音慷慨激昂。后荆轲刺秦失败,高渐离也落难并且失明,为了复仇,高渐离在击筑的时侯,用筑猛击秦王头部进行刺杀秦王,可惜最终以失败告终。

春秋战国时期,我国的绘画艺术开始初步形成。这一时期,燕国也出现了绘画形式,绘画的题材包括人物、花鸟、动物,例如燕国出土的青铜器上的猛兽纹饰,瓦当上的龙凤纹饰。这一阶段的绘画目的在于装饰、祈福、镇邪,并无画家这一专业群体,进行绘画的均是百工,也就是所谓的手工艺者。

燕域的雕塑反映生活的真实性与具体性非常突出。形式比较朴素、自然,艺术上富有特色。如河北易县燕下都出土的陶虎头形水道管翔。借圆管的圆口稍作切削而成大张的虎口,又用双勾阴线对虎面部的其他部位进行刻划,显得栩栩如生。在表现自然界激烈的生存竞争方面,河北出土的虎噬鹿器座,云南、内蒙古出土的人与兽斗、兽与兽斗的铜饰牌都是优秀的作品。

这一时期的击剑、射艺、搏艺在诸侯国普遍盛行,荆轲曾经就在榆次与盖聂论剑术。这些娱乐活动有些需要技巧,有些需要体力,而燕人地处北方,身体结实浑厚,自然盛行力量型活动,例如搏艺。燕国人尚武,从“武”的发展来看,最早用于战争,而后为了提高防御成为人们追求的活动之一,到了现代才成为一种观赏性活动。燕域自古多战争,百姓尚武好斗,民间盛行习武之风,久而久之,燕域成为武术之地,至今仍然是“武术之乡”。

5.3.3 燕国的风俗习惯

(1) 两周时期的风俗史。我国自古以农立国,两周亦不例外。农业是两周的杜会经济命脉,也是食物的主要来源,而两周的畜牧业并不发达。当时家畜、家禽主要是马、牛、羊、鸡、犬、猪,称为“六畜”,其数量也不是太多。即使到战国中期,六牲的饲养依然不多。《孟子·梁惠王上》说:“鸡豚狗兔之畜,无失其时,七十者可以食肉矣。”这说明当时受人尊敬的七十岁以上的老者也难于吃到肉,更不用说其他的人了。从这一实际情况出发.当时建立了如下的膳食结构:“五谷为养,五果为助,五畜为益,五菜为充。”这里的五谷指各种谷物和大豆等,是最主要的养分;“五果”、“五菜”和“五畜”是泛指各种蔬菜瓜果肉类鱼虾,能在营养中起辅助补益作用。其意是要求人们杂食,食品多样化,但有主次的不同。需要指出的是,上述以素食为主,以肉食为辅的饮食结构，当时无论贫富大都如此，只不过富贵之家肉食比例比一般人家高一些。在两周时代，人们把士大夫阶层以上的人称为“肉食者”，但他们的主食仍是粮食，并非肉类。

先秦时期并无节日，对于百姓而言最重要的日子就是祭祀。全年分为四个重要的祭日，分别为春分祭日、夏至祭地、秋分祭月、冬至祭天。太阳是原始生活中最为重要的依赖，日出而作日落儿息，四季冷暖变化，一天明暗变化都是由太阳决定。关于太阳的传说广为多见，“后羿射日”“夸父追日”等等，因此在原始先民的意识中，太阳是神圣的代表，而春季是万物复苏的季节，这个时期，人们最重要的就是祭祀神圣的太阳。到了先秦时期，人们已经开始了文明社会的农业生产活动，农业生产离不开土壤、河流，因此祭地也是原始社会祭祀的一个重要内容。祭月是延续到现在的一个节日，即今“中秋节”。早在《周礼》一书中，已有“中秋”一词的记载，月亮是仅次于太阳的神灵，春天时祭祀太阳，祈求农作物生长顺利，到了秋天收获季节自然要进行一年收成的汇报，也叫做“报秋”。祭天是统治者专有的活动，商周人的祭天和明清时期的祭天有所区别，商周人祭天仪式不是宣告自己的权力来自于天赐，而是表达自己对神秘力量的服从，具有神秘教化意义。[1]

（2）燕国的风俗习惯。燕域处于中原北端，深受游牧文化影响。古时北方游牧民族被称为蛮夷之地，司马迁曾说“燕北迫蛮夷”，这里司马迁只是陈述燕国的地理位置，并未赋予燕国感情色彩，然在《史记》和《战国策》中燕国多次被鄙视为蛮夷之地，并得到当地人认同。如燕王接见张仪时说“寡人蛮夷辟处”，荆轲刺秦中也自称“北藩蛮夷之人”。身处蛮夷之地，必然带有特殊的风俗习惯。

第一，待客习惯。燕域百姓性情憨厚、淳朴，待客热情，《吴子》曰

〔1〕靳婕．先秦时期的舞蹈艺术[J]．辽宁科技大学学报，2009，04：435—438＋442．

"燕性憨，其民慎，寡做谋"；《汉书·地理志》载"初太子丹宾养勇士，不爱后宫美女，民化以为俗"、"宾客相过，以妇侍宿，嫁娶之夕，男女无别"、"其速愚悍少虑，轻薄无威，亦有所长，敢于急人，燕丹遗风也"。可见燕国百姓热情好客，重义轻色甚至让妻子侍奉客人，这种情况根源于女性地位低下，将女性看做是家庭的财产和政治的筹码。另一方面，燕国紧邻北方游牧民族，据记载，北方游牧民族也具有此民风。

第二，饮食习惯。燕地饮食习惯比较复杂，燕地气候寒冷不适合农作，《战国策》记载，"燕地南有碣石雁门之饶，北有枣栗之利，民虽不田作而枣栗之实足食于民矣"。《史记·货殖列传》记载"燕有鱼、盐、枣、栗之饶"。可见，燕国由于气候问题，主要食用枣、栗子这种乔木或灌木果实。但是这种情况在燕昭王时期得到好转，王充在《论衡·寒温篇》中记载："燕有寒谷，不生五谷，邹衍吹律，寒谷可种。燕人种黍其中。号曰黍谷。""黍"又称黄米，可见邹衍到燕国以后，谷物也成为重要的燕国饮食习惯之一。到现在为止这种饮食习惯仍可探寻一些痕迹，例如沧州金丝小枣之乡，唐山玉田县有孤树小枣基地，遵化板栗、迁西板栗远近闻名。

第三，祭祀习惯。1941年在喀左咕噜沟村曾出土大鼎，1955年以来先后6次在马厂沟、北洞、山湾子、小波汰沟等地发现了铜器窖藏，所出铜器大都为西周初年燕国祭祀山川时埋藏的礼器。

5.4　燕文化内在结构

物质文化是社会生产力的直接体现，燕国先进的冶铁技术反映出战国时期燕国已经进入封建社会，发达的青铜制造业体现出燕国是周朝的重要诸侯国，是周礼维护最完整的地区之一，兴修的水利工程说明当时燕国重视农业发展，水利工程地区往往是人口重镇，督亢陌是燕国丰腴之地。大量记载与考古挖掘表明,随着生产力的发展,燕国在农业、水利、制造等方面的科学技术水平已经达到相当高的程度,为燕国的经济发展、制度建设、精神文化奠定了坚实基础。

经济社会的发展是一个系统工程,一定由一套相应的制度来维护。燕国延续周朝的官制,维护周礼的同时,实行了先进的郡县制度,显现出已经融入了封建社会体系的制度文化,其选贤任能更是重要的人事制度改革,符合诸侯争霸的潮流,成为跻身于战国七雄的重要制度保障。

燕国的风俗习惯是在历史和环境基础上,由特定的物质基础和社会制度所决定而逐渐演化形成的。紧邻北方少数民族,燕地民风淳朴,游牧民族的好客、轻妇之风在燕地盛行;气候寒冷,多产耐寒植物,因此饮食也以枣、栗之类为主,配以谷物;维护周朝后人统治地位和发展封建关系的需要,燕地成为保留周文化和商文化最完整的地区之一,商周的祭祀习惯在燕地得到传承。经济建设和战争需要,乐舞、击筑、舞马成为燕地官员、百姓的娱乐活动之一。统治阶级维护其地位和寿命的追求,也为了加强社会统治,造成燕地盛行神仙传说,并成为方术的主要传播地区。

燕文化的内在结构如图 3.1。

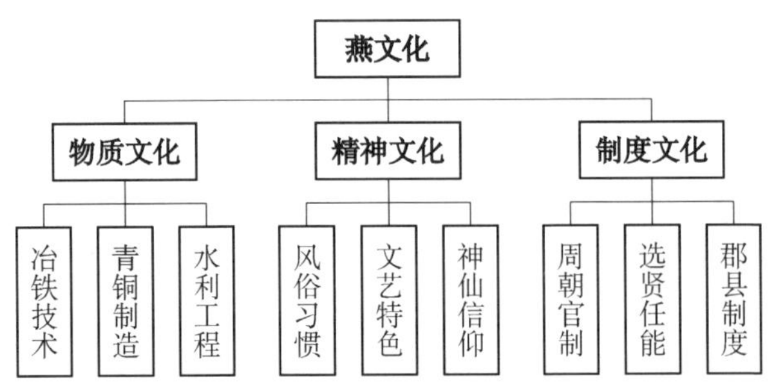

图 3.1 燕文化内在结构图

第 6 章　燕文化基本特征

文化是社会存在的反映和凝结，探讨文化的特质首先要从孕育文化的土壤中考察。文化风貌是指一个地方的历史、风俗、人文等等呈现给人们的最直接的印象；文化结构是指根据文化的不同性质、不同层次进行的类型划分。一般来讲，文化风貌强调外审直观性，文化结构侧重文化层次性。本章探讨的是燕文化的外在形象与内在分层，并根据外在特征进行成因探索。

6.1　官方民间文化并存

6.1.1　雅文化与俗文化

(1) 什么是雅文化？什么是俗文化？在一些人的潜意识中，视古为雅，视今为俗；以寡为雅，以众为俗；以远为雅，以近为俗；以静为雅，以动为俗；以庄为雅，以谐为俗；以虚为雅，以实为俗。雅文化并非指高雅文化，这里的“雅”是指合乎规范。由于古代阶级社会，社会规范是由统治阶级制定，所以古代社会的雅文化指的是在统治集团中流行并为统治阶级认可的文化。雅文化不是自然产生的，其根源于俗文化，经过统治阶级有目的的挑选和推崇而形成的能反映统治集团的根本利益和长远利益的文化。雅文化主要由政府推广，依靠文章、书籍和正规的教育渠道广泛传播。俗文化并不是指低俗、不堪入目的文化。这里“俗”是取通俗之义。俗文化是一种由生活在底层社会的人们创作并产生的原生态文化,包括民间谚语、神话传说、民风民俗。历史是人民群众创造的,俗文化往往最能反映当时的历史趋势和民心向往。

(2) 雅文化与俗文化的区别。二者在理论上好区别,但在实际生活中却很难区分。现实中的大众文化不等于俗文化,其中雅文化在通俗文化中也占有一定比例。历史上雅文化与俗文化的对立,反映了贵族阶级和封建士大夫对大众文化的歧视。最早划分雅文化与俗文化是春秋时代,当时的贵族阶级称宫廷音乐为“雅”乐,称郑地音乐为“淫邪之声”。宫廷音乐合乎礼义,为统治阶级服务,而“郑声”来自民间,不加掩饰地表达男女之间的爱慕之情,是俗的,它不加掩饰,放荡无拘,被认为有伤风化,因而斥之为“淫声”,加以排斥,因而有了“恶郑声之乱雅乐也”、“放郑声,远佞人。郑声淫,佞人殆”(《论语》)的说法。儒家以“雅乐”为正声,用“雅郑”分别指正声与淫邪之音。以孔子为代表的儒家对俗乐,即民间文化的歧视一直在中国影响达二千余年。儒家乐则崇尚“先王之乐”,诗则以诗经为标准。宋代理学代表人物朱熹认为作诗“亦须先识得古今体制,雅俗间背”。可见正统的文艺观点对于通俗文艺都是歧视的,正如郑振铎先生在《新文学观的建设》中所说:“于小说则卑之以为不足道,于书写性灵的小诗,则可持排斥态度,于曲本则以为小道不足登大雅之堂。所以《四库总目》不录《西厢》、《还魂记》诸曲本,亦不列小说一门。”

实际上,雅文化与俗文化并不是一对固定的范畴,二者并没有泾渭分明的界限,更没有十分严格的划分标准。《诗经》是雅文化,但其中的《国风》却是来自民间,《乐府》是雅文化,但当时却是民间文化。郑振铎先生的《中国俗文学史》中的许多作品在今天人们的眼中都是高雅与经典之作，所以民间文化也不一定都是俗文化。历史上的儒家学士也不全都是歧视俗文化的，《诗经》中的《国风》《乐府》能登上大雅之堂，成为雅文化就是一个很好的例子，可见他们也已认识到了雅文化与俗文化的密切关系，认识到了俗文化不但具有浅显易懂、能为大众所接受的特点，还具有审美力量，所以他们注意从民间文化中汲取营养，还派专人采集民歌、民谣，经过加工、润色，使之流传于世。

俗文化的作者不求名利，只为抒写自己的真情实感，作品中流露出作者对生活、大自然的感受，因而情真意切。王国维在评论元曲时说：元曲作者"非有藏之名山，传之其人之意"，不怕被视为"拙劣"，不怕被骂成"卑陋"，不回避矛盾，不粉饰太平，"彼但写其胸中之感想，与时代之情，而真挚之理，与俊杰之气，时流露于其间"，比那些以文学沽名钓誉的人高尚得多。李开先在《市井艳词序》中说道："语意则直出肺肝，不加雕刻俱男女相与之情，虽群臣朋友，亦多有托此者，以其情尤足感人也。故风出谣口，真诗只在民间。"可见通俗文化的作者不是为俗而俗，而是因为俗中可流露出真情，有鲜明的个性。

(3) 雅文化与俗文化既有区别，又密切联系，二者是辩证统一的关系。把雅文化与俗文化对立起来，以雅否定俗，这是统治阶级的偏见。如果在今天还存在这一偏见，是错误的。俗文化作品数量大，流传广，经过时间流逝，历史筛选，其中优秀之作自然也就成了高雅和经典之作。从历史走向看，文化总是越来越走向大众，雅文化与俗文化会互相渗透相互转化。雅文化与俗文化的本质关系是文化艺术的、审美的，是精与粗、技巧与素朴的关系。

6.1.2　礼德兼备的官方贵族雅文化

燕国的雅文化主体是周文化，周朝文化的一个特点在于"礼""德"，这在燕国统治阶层中体现明显。当然，生活在燕国的周人只是少数，燕王施政之前必须接受、尊重当地文化，因此燕国历代君王即成为周文化的弘扬者又成为商文化的继承者，进而形成一种异形文化。

(1)“德”是统治者的行为指南。在周朝人看来，皇天是佑德者，“惟德是辅”，因此敬德成为统治者维护统治的中心问题。史料关于燕王推行德政的记载也是颇为丰富，据《史记》记载燕国的第一任封侯燕召公虽位居高官，但是极其简朴，巡行之处不住豪华殿宇，不扰民宅，只在甘棠树下办公，不分日夜。这种不扰民的施政作风为各阶层怀念，并有《甘棠》诗留世。甘棠之思也成为表达对德政官员的怀念之思，并为燕国后代君王效仿。《史记·燕召公世家》有载“鹿毛寿谓燕王：‘不如以国让相子之。人之谓尧贤者，以其让天下于许由，许由不受，有让天下之名而实不失天下。今王以国让于子之，子之必不敢受，是王与尧同行也。’燕王因属国于子之”[1]。燕王哙听从鹿毛寿的建议，上演了禅让的闹剧。从这段对话来探究燕王哙的心理，主要是君王须有德性这一思想根深蒂固，导致燕王哙头脑盲目，而上演了历史闹剧。禅让事件发生后并没有对燕王“德政”思想有任何影响，燕昭王即位后面对家国破落的景象，听从谏言、广纳人才，最终政通人和、百废具兴。其修筑黄金台的举措，不仅成就了其明君的美名，更成为影响深远的人才观，得到后世广泛歌颂和研究。

(2)“礼”是统治者地位的体现。《礼记·礼器》有云：“贵者献以爵，贱者献以散”、“尊者举觯，卑者举角”。可见，王公贵族们使用酒杯的规定依据身份的高低贵贱而进行严格区别，并不能僭越。在当时，无论天子还是群臣使用青铜器皿不仅是为了饮酒，而且反映了一种“仪式”，这种仪式就是礼。历史年代相距久远，对于礼的秩序只能从史料考察，用陪葬器皿佐证。古代社会认为人死后会转回到另一

[1] (汉)司马迁．史记[M]．湖南：岳麓书社，2010年版．第106页．

个世界，因此生前的用具均需陪葬到墓地，在未知世界享用。这些陪葬品种类齐全，包括祭祀用具、生活用具、生产工具、战争武器等，这些陪葬品的材质包括陶、瓷、玉石、青铜，反映出当时先进的手工技术。众多礼器中，鼎为核心标志，鼎的大小、多寡均能反映着墓主人社会地位的高低。在北京琉璃河遗址的墓葬群挖掘的陪葬品中就有大量的鼎、尊、鬲、爵、觯等礼器，其中有1鼎2尊、6鼎4尊等差别，而在小型墓内陪葬品以陶器和装饰品为主，很少有显示身份的礼器出现。周王推行德政，具体表现在重赏慎罚。《尚书·康诰》曰："惟乃王显考文王，克明德慎罚，不敢侮鳏寡。"在燕国遗址挖掘的礼器中部分刻有铭文，从"匽侯赐伯君贝"、"匽侯赏复贝三朋"的文字可以读出，这些器具是匽侯仿效周王，对诸侯君臣施以优礼，广交人才的信物。

6.1.3　崇武尚鬼的民间百姓俗文化

燕地的俗文化包括来自中原的殷商文化、原有居民创造的土著文化。其特征表现最明显的是崇武、尚鬼。

有学者指出，燕文化继承的是商文化而非周文化，此观点虽有些片面，却从另一面表明商文化在燕域风土人情中表现充分。商朝人不讲"德"性，殷商人心目中的上帝既主宰自然，又主宰社会，但却没有德的属性。在《诗经》中，收录的殷人诗歌大多歌颂的是先王的武力功业，而不言其德，如"相土烈烈，海外有截"，"古帝命武汤，正域彼四方"之类，这说明商人在价值观上有明显的尚力倾向。[1]殷商文化的另一个明显表现是尚鬼神，《礼记·表记》有载："殷人尊神，率民以事神，先鬼而后礼。"这说明商代的宗教观点是上帝崇拜和祖先崇拜。[2]这种敬鬼神的原始宗教思想在燕地延续并不断发展。邹衍

〔1〕张岱年.中国文化概论[M].北京：北京师范大学出版社，2006年版.第62页.

〔2〕王玉德：中国传统文化新编[M].湖南：华中理工大学出版社1996年版，第67页.

入燕以后，将阴阳五行之说发扬光大，更影响了一批宣传信奉之士。《史记》记载后来的有名方士宋毋忌、正伯侨、充尚、羡门高等均是燕人，形解销化，依于鬼神之事。燕、齐沿海地区出现了一批讲神仙术的方士；历史上更有秦始皇、汉武帝将燕域视为求仙问道圣地，至今河北省秦皇岛地区仍有"秦皇求仙入海处"作为旅游胜地。辽宁朝阳市出土的匽侯盂证明了燕是周初分封的诸侯，盂体纹饰精美，通体以云雷纹为地，布满夔凤纹。云雷为自然现象、夔凤为人们想象的神鸟，这种装饰文脉普遍出现在新石器时代，在商朝后期已经出现较少，而燕域在西周以后仍然以这种图像作为装饰，可见当地仍保留原始崇拜遗风。这种遗风保留时间至少到秦统一之前。从出土的瓦当来看，齐国出土的瓦当是双骑士纹饰，体现出人们的注意力从原始自然转移到人文现实。而燕国出土的瓦当纹饰是兽面纹，其崇拜自然的风俗可见一斑。燕域的崇武风俗最明显体现在钱币上。秦统一六国之前，各诸侯国钱币形状不一，并在各诸侯国内流动，从目前考古挖掘的钱币种类来看，齐国有布币和刀币、秦国有环币、楚国有贝币，在燕国出土最多的是刀币，其形状与山戎、北狄等北方游牧民族渔猎、军事用的武器极其相像。与齐国形态优雅、雕刻精致、艺术色彩浓厚的刀币相比，燕币棱角更加鲜明，做工略显粗糙，然而却具有一种深厚的武器风格，简洁锋利、率直生动。燕域内出土的古遗址与墓葬主人，也以武人偏多。

6.1.4　雅俗文化成因分析

(1) 历史传统奠定和合精神底蕴。华夏文化与西方文化不同之处突出表现在涿鹿之战后华夏民族高超的和合统一智慧。涿鹿之战的结果，不是西方式你死我活地一方吃掉一方，然后形成经久不断的世仇血恨从此世代东征西战，而是通过战争尊重对手，战后不以胜败论英雄，胜方从组织到感情上进行统一整合。据文献记载，蚩尤虽然战败，但仍然与炎黄二帝并列为中华“三祖”，在我国多地都设有三祖祠，当前我国苗族等少数民族更是奉蚩尤为祖先，可见蚩尤、华夏两个部族群体共同构成了中华文化的族源。蚩尤死后，炎、黄、蚩三部族结成一体，定居在桑干盆地，从此，华夏、东夷共同融为后来华夏族的核心，并日益强大，继而经过合符釜山形成了中华民族的雏形。

和合源于中华民族悠久的历史传统。“和”是中国哲学中一个很重要的概念，用现在的话就是“和谐”的意思。“和”本身已经包含了“合”的意思，就是由相和的事物融合而产生新事物。[1] 和合精神一贯被认为是中华传统文化的精髓，而燕文化正是和合文化形成的最正统地域。燕文化在时间上萌发于多部落融合、华夏文化初立时期，形成于奴隶社会强盛的商周时期，兴盛于奴隶社会残余仍存、封建社会元素已现的春秋战国时期。空间上，燕文化地理位置上处于中原文化和草原文化的交接带，山地文化和海洋文化的过渡区。燕文化的衍生过程就是华夏文化确立，多元文化的融合过程。在和合这一深远历史底蕴影响下，官方雅文化与民间俗文化两种异质文化体系能够和平共生、繁衍转化。

(2) 商朝遗风根深蒂固。燕域是殷商的重要管辖地区之一。商朝时期生产力进一步发展，农业和手工业均取得进步，于是产生了繁荣的商品交换，许多商贾流转到边远地区从事各种交易。从殷都的挖掘来看，虽然商人的祖先屡次迁都，但是都城的主要范围还是在河南、山东、河北一带，与幽燕地区相距不远。幽燕作为少数民族与中原的交界地，自然吸引了大量商人经过购买牲畜、皮毛等，长此以往燕地的百姓与商人交往甚多，风俗习惯影响深厚。虽然商王朝最终被周朝代替，商朝风俗习惯却得到保持，究其原因主要归结为：

---

〔1〕张立文.和合学概论———21世纪文化战略的构想[M]，北京：首都师范大学出版社1996年12月版.

首先，幽燕远离中原变革中心，虽然周王室在此分封了燕侯，但是权力的权威性有所弱化，尤其是随着诸侯的历代繁衍，家国天下的意识逐渐淡化，中央和地方关系逐渐疏远。诸侯王的行为举止虽然受周王室掌控，却也具有很大的利己性，为了维护封地的安稳，自然对幽燕百姓的原有风俗有所尊重。

其次，周朝原本是一个小国，虽然取得政权，但是对原有商民依然畏忌，为了巩固统治，周人对殷商移民进行排挤，剥夺了其土地，仅允许进行小商品交换。所谓买卖必然是东奔西走地调剂余缺，当时中原地区农业已经发展迅速，五谷产量提高，而边疆地区畜牧业发达，盛产牲畜、皮毛。幽燕地处农业和游牧业交界带，成为了当时主要的商品交换之地。这些来来往往的商人身上保留的不可抹杀的殷商遗风，在燕地也得到推广。

最后，燕国管辖范围内有一个重要的商朝老国，就是孤竹国。孤竹国和商朝有一脉血缘关系，是商文化的忠实捍卫者。周武王灭商以后，并没有将孤竹国消灭，而是纳入燕的管辖范围，这样大量的孤竹百姓融入燕中，燕自然成为商朝遗风保留最完好的地区之一。

（3）统治者具有空降性质。周人发源地在陕西渭水地区，与幽燕距离较远，活动交往不多，联系不大，文化上差别明显。周武王灭掉商以后，首先要解决的问题就是边境的巩固和国土的管理。为此西周创立了分封制，最初分封的主要国家有齐、鲁、燕、管、蔡等，从此周人开始大规模地扩散到全国各地，建立据点，开疆扩土巩固周王室统治。这一时期的分封按照血缘亲近决定，血缘关系紧密的被封到国都周围，血缘关系疏远的被封到边疆地区，召公奭并非王室直接贵族，故被封到最北方管理燕这片土地和人民，但是召公作为官员中的顶梁柱，需要继续帮助周王治理朝政、评定叛乱，只能派其儿子“克”前往燕地进行管理。燕王克及其亲眷进入幽燕地区，具有一定的空降性质，他们与一般意义的移民不同，他们作为周王室的大贵族领受周天子的分封命令，到幽燕地区管理这里原有的百姓和土地，并建立治理一个新的诸侯国，目的在于镇压殷商遗民，防御外敌侵扰。这种具有军事色彩的移民必然带有大量的军队和谋臣，同时身为王室股肱大臣的后裔，燕王克绝不会两手空空地来到新的封地，肯定带来了大量的财物和奴隶、器皿和制作器皿的工匠。这些人来自原来的周部落，其行为方式自然体现着周文化。作为幽燕地区的周王室代表，燕王克到达燕地以后大量推行周人文化，但是也不可能消灭燕地各族人民所创造的原有文化，为了追求不同利益集团的平衡，统治阶级的周文化和燕地原有的风俗文化逐渐妥协，这就导致了雅文化与俗文化截然不同，却同时存在，为文化认同向文化融合过渡奠定了基础。考古学家在琉璃河遗址中发现了大量的铜鼎等西周礼器，而在周边的陪墓中也发现了一些含有商人和幽燕土著文化要素的匕首、刀剑等，这反映出雅俗、官民、农牧等多样异质文化同时存在。

(4) 矛盾心理调适接受异类文化。两种异质文化体系能够在燕文化中长期并存，除了华夏文明产生、商周政权的转变等历史原因，更重要的是受春秋战国时期的政治格局所左右。

一方面，燕国是战国七雄中最具有周王室正统地位的诸侯国。在齐楚燕韩赵魏秦，七国之中，秦国始于周平王时期，韩赵魏是“三家分晋”后才算正式建国，楚国是周成王时期受封建国，只有燕和齐是西周开国之初，第一次大分封时候受封的诸侯国，但是“田氏代齐”以后，齐也换了掌门人，失去了王室正统的尊贵地位。只有燕是唯一一个没有经历过兼并和重组的西周封国。作为周王室的老臣，燕王一直为其地位陶醉。宗法制的先秦时期，正统则位尊，虽然实力上燕国并不强大，但是历代燕侯还是存在着自大心理，对于能够坚持周文化几百年表示骄傲。

另一方面，任何事情都具有两面性，老牌国家的优势下也导致了实力落后的劣势，血统自豪与国力自卑意识同时存在。《史记·列传·张仪列传》载燕王曰："寡人蛮夷僻处，虽大男子裁如婴儿。"在诸多鸠鸠老国中，能够保留最久、最完整，确实是一件不容易的事，这种"不容易"的思想则孕育出了小富即安、温饱即满的观念，不思进取，思想守旧。"惟然，故重家族，以族长制度为政治之本，敬老年，尊先祖，随而崇占之念重，保守之情深。"[1]在变法图强的时代，保守必然落后，更何况燕国的自然条件并不是十分优越。因此，燕国逐渐变成"弱"国。对内，燕国虽有"鱼盐枣栗之饶"，但经济实力并不强大，政治制度上与变法后的六国相比也较为落后。对诸侯国，政治、经济较其他六国相对落后，如时人所称，"燕，弱国也。东不如齐，西不如赵。"对异族，燕国在与少数民族的战争中大多处于被动地位，燕恒侯为了躲避山戎曾经弃都城逃到山里；燕庄公时，燕几乎被山戎所灭，后求救齐国才得以保全。实力上的弱小导致燕王不敢对国内进行严格的文化排挤，即使民间世俗文化出现了胡化或者新的变化，统治者只能被迫调试接受。

这种自大又自卑的矛盾心理下，燕域君主时而发扬周文化重视礼、德之风，时而思想洒脱决策轻浮；燕域百姓既坚持本土文化，又谦虚接受外来文化。

6.2 精神内涵正负两维

不同地域的社会环境、自然环境等因素影响下，会形成不同地域的性格，也就是所谓的"一方水土养一方人"。例如，厚重的黄土影响下，山西人淳朴憨厚；安定的生活环境下，江浙人安逸享受。而复杂、

[1] 丁一桓.燕赵文化对民间宗教信仰的影响探析[J].新西部(理论版)，2014，08：83—84.

矛盾的燕域环境影响下，燕域百姓性格也呈现出矛盾性。

6.2.1 隐忍内敛与热情奔放呼应

(1) 隐忍内敛的秉性。隐忍内敛即将痛苦的事情深深藏于内心，强力克制忍耐。燕域最初的隐忍基因起源于边缘化的政治地位、自卑的政治心理。其主要隐忍的是列国的欺凌和少数民族的骚扰。随着历史的发展，成为多种文化的汇聚地，这使得燕文化的隐忍精神更具有开放包容的价值内涵。孤竹国夷齐让国、叩马谏伐、耻食周粟、甘饿首阳的故事是隐忍内敛传统之源。争相让国的伯夷叔齐兄弟二人，对周武王父亲死了不在家守孝，却大动干戈，作为商朝的臣民，前去弑杀自己的君主这种行为所不耻。武王伐商功成后，伯夷叔齐隐居求志，不与武周为伍，谢绝周武王的封赏和高官厚禄。夷齐兄弟不吃周粟"采薇而食"，直至饿死首阳山。伯夷叔齐爱国守志、清正廉明、仁义礼让、隐忍内敛的高尚品行，是燕文化的宝贵财富，是遵守规则、家庭和睦、社会和谐的精神文化之源。在几千年的历史进程中，中原文化与草原文化、海洋文化与山地文化、农耕文化与游牧文化在燕域相互碰撞、融合、共生。同时由于历史上燕域战争频发，自然灾害不断，每逢战争都带来大量的人口锐减，所以燕域也是中国历史上的重要移民区。历经数次磨合，燕赵文化吸收融合了各民族的文化以及四面八方移民带来的习俗，培育出隐忍包容、兼收并蓄的精神。只有隐忍才能包容，只有包容才能为四面八方汇合文化的重融做出奉献。元朝以后，河北作为京都腹地，是全国各地文化前往北京进行融合交流的必经之地，因此燕域成为受京都文化影响最早的地区，成为全国最开放的地区。燕域虽人口多有变化，但少数民族的活跃程度不受国家形势的影响。国家分裂时期，燕域多为少数民族的统治区域，如鲜卑族建立北魏、辽、金政权的建立；国家统一时期，燕域或为少数民族侵扰中原的战乱区，或为中原势力强大，少数民族归降后的安置区。汉朝时期，汉军大破辽西匈奴，被匈奴赶出逃亡的乌桓部落回到自己的土地，并归属汉朝，诣阙朝贡。汉光武帝封乌桓渠帅为侯王君长者八十一人，皆居塞内，布于缘边诸郡，给其衣食，为汉侦侯，助击匈奴、鲜卑，并于上谷宁城（今河北万全）置乌桓校尉。唐朝时期，我国封建经济快速发展，中原文化高度繁荣，形成强大的文化吸引力，加之统治者实行开明的民族政策，各方少数民族先后臣服唐朝，并建立了隶属于唐朝的地方行政辖区。这一时期幽燕成为东北和北方的少数民族进入中原进行交流的必经之地，也是除了长安以外，北方文化气息最为浓厚的区域之一。可以说，唐代的幽州地区是汉、奚、突厥、契丹、靺鞨、室韦、高丽、新罗、回纥、吐谷浑等各族人民共同生活、交流的地方。[1] 新的民族融入必然导致新的文化冲突，长期的文化冲突下，隐忍和吸收成为燕域土著文化的必然选择。

(2) 热情奔放的性格。热情与人生观，价值观有关联，是一个人态度、兴趣的表现。[2] 燕域的热情来源于三个方面。一是，自身周室"正统血脉"的责任感。燕为殷商时期的重要疆域，西周时期的老牌诸侯国，在王朝统治中重要的地位使其产生维护王朝统治和国家统一的责任感。作为燕国师祖的燕召公曾辅佐三代周王，可谓股肱之臣，更有"甘棠遗爱"的佳话；《竹书记年》有为了抵御山戎入侵，增强周朝统治"王师、燕师城韩"的记载；燕王哙为了改善天下大争的局面，上演了一场"禅让"事件。二是，艰苦的时局形势使然。元朝建都北京之前，燕域由于不是全国统治的政治中心，经济上存在诸多自然条件限制，燕域一直没有被统治者重视。特别是唐朝以后，经济重心

---

〔1〕万安伦.论幽州城的文化地位[J].北京联合大学学报(人文社会科学版),2015,01:1—9.

〔2〕佐斌等.热情与能力的关系及其影响因素[J].心理科学进展,2014,09:1467—1474.

和政治重心南移,燕域的地位更受忽略,两宋时期更成为统治者用作求和的筹码。对优越生存环境的渴望,在经济上落后、政治上羸弱的无望,使燕域人更加渴求和平、安定、和谐的生活,更加注重建设、崇尚知识、尊重人才。[1] 因此燕域人更加热情欢迎各行各业的精英人才融入本地,为本地的社会发展带来活力。三是,被迫接受后的情感选择。按照心理学的接受理论,接受的第一特征是在冲突面前正向思维,心态积极,营造乐观心境。秦朝统一六国后,燕域历经多次行政区域建制,无论管辖区域扩大或缩小,行政名称几经变化,燕域均是历朝历代的文化交流地。与君主求贤不同,燕域作为中央王朝的一个行政区域,无论当地百姓意愿如何,必须无条件的接受君主的安排。在面对环境无法改变的情况下,燕域百姓的情感倾向更趋于选择接受事实,热情、积极地对待外来文化。例如在语言体系方面,燕域范围内的北京地区融合了东北方言和中原方言独成语系;天津地区由于百姓大多祖辈来源于明朝时期的两江移民,至今保留了原始的安徽语系;还有秦皇岛、唐山等地,受地理位置的影响,说话时强调接近东北的口音。在房屋住宅方面,燕域内既有草原风情的蒙古包在张家口、承德等地分布;也有墙体厚实,具有浓厚东北风格的砖瓦房在北京、唐山等地分布,还有用混合材料构建、房屋宽敞的宅院在燕南一带分布;在建筑色调方面,张家口、坝上等地的蒙古包呈现出蒙古族的民族特色,北京及其周边地区的住宅呈现出特有的红砖色彩,东北地区由于天气冷,呈现出黄灰色调,保定以南地区由于气候比较暖和,呈现出灰色调。文化符号的多元化存在正是该区域开放、包容、热情的结晶。

---

[1] 陈旭霞.燕赵人文精神的当代意义及其价值[J].社会科学论坛,2005,12:17—21.

6.2.2 勇猛尚武与迂腐保守同在

(1) 勇猛促进了燕国的强大

首先,燕域勇猛精神根深蒂固。作为殷商的国土,燕承袭"国之大事在祀与戎"的武力统治天下、稳定社会的手法。燕域一直处于游牧民族和中原农耕文化的交界地,战争不断,这一时期的勇与战结合在一起。《竹书记年》中有"周公季历伐燕京之戎,败绩"的记载,《诗经·豳风》中亦有关于战争的诗句记载"我徂东山,慆慆不归""周公东征,四国是皇"。到了春秋战国时期,"勇"上升为一种德性。勇是"气"和"力"的结合。儒家文化的勇必须符合仁义思想,是在遵循基本儒家仁义礼智信基础上的道德的深化,是一种难得的"德"。燕域的勇猛基因激变在战国时期天时、地利、人和的历史条件下进行。[1]地理位置上,燕域历史上曾被游牧民族统治,疆域扩大以后,与游牧民族比肩相邻,受草原游牧文化的影响深远,其豪放勇猛的特质深入骨髓。时代特征上,燕域一直是各朝代变更或政治动乱时期的主要战场之一,在大争之世生存必然要有大勇之精神。在如此深远的历史背景和现实原因下,荆轲刺秦的"慷慨悲歌出易水"事件爆发。慷慨则勇猛,悲歌则激昂,其深厚的情感植根于燕域固有的勇猛文化。燕域一直处于中原王朝与北方少数民族政权战争的频发地区,这里培养了一批批武艺高强、满腔报国情怀的英勇儿女,他们的事件成为反映边疆现状的题材之一。颜延之的《从军行》描写了"闽烽指荆吴,胡埃属幽燕"的场景。孟云卿的《行行且游猎篇》有"少年多武力,勇气冠幽州。何以纵心赏,马啼春草头"。

其次,燕式勇猛催生燕国强大。"勇"表示面对危险或困难不害

---

[1] 李志媛.中国儒家文化与西方基督教文化中尚"勇"精神异同[J].焦作大学学报,2013,04:118—120.

怕、不动摇，保持平静镇定的心理品质，“猛”表示严厉、刚烈的性格，勇猛者往往心性坚定、不畏艰难。在诸国战乱时期，勇猛基因有力的催生了燕国的强大。乐毅是燕昭王时期的亚卿，主管军事，在领兵打仗的过程中可谓勇猛无敌。燕国与赵、魏、楚、秦合纵攻打齐国，乐毅担任上将军，统领五国军队，战无不胜、攻无不克，一直攻打到齐国都城，最终齐国只剩下两个城池几乎灭国，燕国此战以后也达到顶峰。秦开是燕国另一位猛将，曾被东胡人掠去做人质，后成功逃脱回到燕国。秦开认识到东胡人的野蛮掠夺，自告奋勇前往扩疆，统领燕国部队攻打东胡，并大获全胜。东胡人最后退到了朝鲜半岛地区，燕国的领土也延伸至今鸭绿江以南。这场战争不仅使燕国达到有史以来领土最大化，也是使中原文明的统治范围达到最大化。勇猛不仅仅是有武之人的代名词，亦可指有胆魄之人。燕昭王敢于接手满目疮痍的燕国，并大刀阔斧进行一系列新政，最终促进了燕国的强盛，是勇猛基因的表现；邹衍大胆推测，认为中国只是世界的一小部分，提出了“大九州”之说，这种敢为天下先的精神也可称为勇猛。

(2) 迂腐保守的因循守旧观念

燕国敢为天下先的同时存在着默守陈规的特征。孤竹国夷齐让国、叩马谏伐、耻食周粟、甘饿首阳的故事，既是隐忍内敛传统之源，又是迂腐保守、因循守旧的典型。迂腐保守因循守旧观念主要体现在历史改革方面。大争之势，列国伐交频频，强则兴，弱则亡。在生产力相对低下的封建社会早期，土地和人口是衡量综合国力强大与否的重要因素。各诸侯国为了提高经济实力、增加人口、充实国库，取得争霸战争的胜利，陆续开展变法改革，并取得了鲜明的成果。经济迅速发展和政治管理有序，直接促进了兼并战争的胜利。

首先进行变法改革的是魏国。魏文侯即位后，任用李悝进行变法，因此在战国初期成为最强盛的国家。继魏改革的是楚国，楚悼王即位后，励精图治，奋发图强，任吴起主持变法，使楚国由弱转强，迅速发展起来，出现了《史记·孙子吴起列传》所载“南平百越，北并陈蔡，却三晋，西伐秦”的强盛局面，各诸侯国均为之震惊。赵国在赵武灵王时，改革军制，推行胡服骑射，模仿游牧民族骑兵的服饰和武器装备，改革赵国的军队。通过改革，赵国的武装力量迅速壮大，并很快灭掉了中山国，一度成为仅次于秦、齐的军事强国。齐国在齐威王时，任用邹忌进行改革，修订法律、选贤任能、赏善除恶，使齐国政治有序、人心凝聚、官风谨慎，成为东方强国。战国时期变法改革最成功的是秦国，秦孝公先后两次任用商鞅进行变法，内容涉及政治、经济、军事，建立了封建社会的制度模型，帮助秦国实现富国强兵。

燕国世居北隅，遵循旧制，只求稳固朝政、理顺朝野，力求廉政护国、守制安民。守旧势力极为强大，缺少改革动力，别国是向前改革变法，燕国却搞出了复古的闹剧。姬哙让国事件虽然是燕国某一历史阶段上的一个事件点，但是确有着深厚的文化根源。其一，中国最尊重先人的国家，这种思想在国家制度存在时就已经产生。早期社会，人与自然对抗处于弱势，人们积极寻找各种成功的方法，于是前人偶有的胜利成为后世效仿的重要素材。《荀子·修身》曰，“以善先人者谓之教，以不善先人者谓之谄”，也就是说只有以先人为典范，效仿追随，才能称为有教养的行为，否则就是小人行为。在诸侯争霸时期，燕国地域边缘的客观条件不能改变，为了努力改变政缘边缘化的现状，在没有积极踊跃的改革家的推动下，尊重先贤的统治者必然将眼光回聚到过去的历史人物身上，重复旧制。其二，燕国因循守旧的风习不仅在君主之间存在，在普通文臣武将之间也表现充分。《吴起兵书》中有“燕性悫，其民慎，寡诈谋，故守而不走”[1]的记载。可见

[1]（战国）吴起，吴起兵书[M]. 北京：燕山出版社，2008年版，第60页.

从兵家作战来看,燕国军队善于防守不善谋略进攻,不善变通。

6.2.3　忠义厚道与鲁莽轻率并存

(1) 质朴浓重的忠义基因

第一,忠、义与忠君爱国。忠、义是中国古代一种含义极广的道德范畴。忠是指为人正直、诚恳厚道、尽心尽力,特指忠于他人、君主和国家;义指公正、合理、合宜的道德行为。理论上讲,忠君与爱国并不是一件事。爱国主义是指个人或集体对祖国的一种积极和支持的态度。在我国传统社会,常把忠君爱国结合起来,爱国既包括爱祖国,也包括爱君王。当君主维护、体现国家利益时,忠君既爱国;当君主的"私利"与国家的"公利"相矛盾时,私利必须服从公利,这时忠君未必对国家有利,愚忠或许误国。现实中,古代中国实行的是君主专制,"朕即国家",君主代表国家的利益。统治阶级把忠君上升到臣民的做人做事的第一准则,通过各种途径进行强化和固化。义和忠的共同点在于把对象的利益放在首位,把自己的利益放在其后,甚至为了维护对象的利益而牺牲自己的利益。在我国古代的各个阶层中,游侠是最早进行义、利权衡的群体。他们坚持"重义轻利",反对唯利是图、投机倒把;坚持"忠厚诚信",反对隐瞒欺诈、勾心斗角。燕域作为游侠的活跃区域,最先传播了这一义利观。

第二,游侠的仗义式忠义。忠义作为一种价值标准,深刻在人们的伦理观念之中,固有杀身成仁、舍生取义之说,而用行动诠释忠义精神的典型代表则是这一时期特有的游侠。由于礼崩乐坏,社会处处存在竞争、不公,游侠阶层承担起扶危救困、见义勇为、除暴安良的任务。他们"自反而缩,虽千万人吾往矣"。燕国在诸侯国中势力最为弱小,却成为诸侯国中游侠最为集中的地区,邹衍、剧辛、乐毅、荆轲、高渐离等等都是游侠群体中的典型代表。他们的结局并非圆满,但无论未卒先死,还是远走他乡,均始终履行君臣诺言。荆轲是忠义的典型人物。荆轲易水送别时已经知道此行必败，否则不会有如此慷慨羽声，然而其依然前往，探究其心理活动在于报恩，即太子丹的知遇之恩。荆轲此行于公在于忠君思想，于私在于知音之情驱动，这里的知音之情就是“义”。

第三，燕国奉献智慧式忠义。苏秦应燕昭王发出的“求贤令”到了燕国。燕昭王多次接见苏秦问强燕攻齐之计，受到燕昭王的如此尊敬，苏秦同燕昭王反复密谋策划，形成了苏秦“阴出使”于齐，开展“促齐伐宋、弱齐强燕、离间齐赵”三大间谍任务的弱齐强燕战略。所谓“阴出使”，就是从事秘密的间谍活动，推波助澜，促齐攻宋。一条正确战略救活一个国家。苏秦独入虎穴的勇敢和智慧，包括知识准备，包括忠君报恩，更包括苏秦的远大理想、智慧和抱负。他一生忠于燕国并矢志不渝，用飞蛾扑火般的精神，被车裂于齐，以一己之死助燕昭王赢得伐齐成功。同商鞅一样，苏秦的死并非代表其主张的失败，苏秦去世后，在乐毅一众忠臣勇将的努力下，苏秦献给燕昭王的谋略最终实现，成就了燕昭王的霸业。苏秦的忠义堪称奉献智慧式大智慧之忠义，真英豪者也！

（2）鲁莽轻薄造成一败涂地

忠厚的反面性格为轻薄鲁莽，这一特征在燕国也是普遍存在，燕域从君到民各阶层均具有浓厚的浪漫主义色彩。所谓轻薄的浪漫主义也就是理性微弱的理想主义，善于运用主观情感去调控世界。燕文化的轻薄浪漫主义特点在于行事极端、举止轻薄、眼界狭窄。司马迁认为燕民剽悍少虑，褚少孙认为燕土硗，北匈奴，其人民勇而少虑；朱赣说燕民愚悍少虑，轻薄无威，以及南宋学者称燕人少思虑，多轻薄等等。这些无不表明幽燕民众具有少虑、轻薄的秉性。[1] 一个人

---

〔1〕陈业新.两汉时期幽燕地区社会风习探微[J].中国史研究，2008，04：45—72.

如果有浪漫主义可以说其超尘脱俗，思维活跃大胆，无所谓好坏；一个国家如果具有浪漫主义则不是好的趋势，燕国就是一个富有浪漫主义色彩的国家。轻薄的浪漫主义在燕域的典型事件一是姬哙让国，二是燕赵之战，三是杀太子丹献秦，典型的情感大于理性，大事缺乏深谋远虑。

燕王哙为易王之子，崇尚古人尧舜禹之美德(大禹把国家让出去)，听信他人的蛊惑，贪图让贤的虚名，稀里糊涂地把君位禅让给相国子之，并引发内忧外患，几乎灭国。其实以燕王哙的心胸，完全可以找到贤臣后做个甩手掌柜型的霸主。就像齐桓公和管仲的君臣关系，管仲能力强好好干，齐桓公可以打猎喝酒耍美女。既轻松留下贤名，又保持国家稳定。之所以燕国发生了"禅让"这一滑稽戏剧，根源在于燕国几百年的王道正统地位，产生了深厚的迂腐思想和不切实际的自大心理。面对诸国政治的风云诡谲，燕国自认地缘、实力均处于弱势，有图强之心，却无图强之力。唯一能引以为傲的就是其皇室正统血脉，在举手无措的情况下，慌不择食的选择了禅让这一道路。其结果不但没有强盛反而几乎灭国，其行为被各国所不齿，连大国尊严甚至都已经丧失。

公元前251年燕赵鄗代之战，赵国以区区数万兵力战胜燕国六十万大军，从此燕国国力迅速下降，导致最终被秦所灭。其主要原因是统治者燕王喜在诸多佞臣的逢迎之下，听不进良臣的劝谏，无大局意识，发动了一场侵略扩张的不义之战。本来经过燕昭王的改革，崛起为疆土仅次于齐楚的战国七雄之一。强大起来的燕国，没有统筹考虑当时合纵抗秦的大局，而是面对赵国长平之战失利之机，趁火打劫，发动突然袭击。因是不义之战，军心涣散，因为盲目乐观，轻率鲁莽，用人不当，仗着数倍于敌的实力而骄兵大败。

秦国统一天下势如破竹，燕国危在旦夕。燕国统治者既无顺应潮流学秦变法图强的勇气,又无稳妥应对时局的策略。太子丹的老师鞠武曾提出了“西约三晋,南连齐、楚,北购于单于”以对付强秦的设想。太子丹认为这一计划旷日持久,短时间难以奏效,于是提出了遣刺客荆轲杀秦王,然后再联合诸侯合纵破秦的简便快捷的策略。燕太子丹指使荆轲刺杀秦王的轻率冒险行动,虽不是燕国灭亡的唯一原因,至少也是直接导火索,这一刺杀事件加速了燕国的灭亡。如果说荆轲、太子丹等人是浪漫主义者,那么其刺秦行为则是鲁莽、轻薄和浅陋。太子丹和荆轲谋划的刺杀秦王事件,没有给秦王带来任何威胁,相反激怒了秦王,加速了燕国灭亡的速度。秦攻占燕都蓟城,燕王喜及太子丹率精兵东保辽东郡。为了求些延缓时日,燕王听信谗言,派人杀太子丹,献首级于秦求和。这段历史悲剧暴露燕国统治者的轻薄和缺乏骨气,其悲哀、冷酷无情正是轻薄浪漫主义取向的变种。

6.2.4 精神内涵特征成因分析

(1) 环境变迁培育隐忍基因

马克思主义反对地理环境决定论,但充分肯定地理环境的重要作用,认为环境创造人,人也创造环境。在古代社会,生产力和人们的思维水平极端低下,环境对人类社会的影响巨大。近几十年来,国际上的大量研究成果揭示出,历史上明显的气候大变动时期均导致了全球范围内多地区的人口迁徙、经济波动、政局治乱变化、社会兴衰事件,甚至发生朝代更替、族群灭亡。[1] 商朝以后,我国气候经历了温暖——寒冷——温暖两次大幅度的气候变化过程。气候的南北移动决定了我国农业生产方式的变化,导致生产方式的南北传播,促

〔1〕葛全胜,方修琦,郑景云.中国历史时期气候变化影响及其应对的启示[J].地球科学进展,2014,01:23—29.

进了燕地的农业文明发展进程。

第一次温暖期发生在公元前3600年到公元前1000年，即新石器时代晚期至西周初期。在山东龙山文化遗址的灰坑中，发现炭化的竹节；在河南安阳的殷墟遗址中，发现了水牛、大象和熊等典型的热带动物化石，说明当时黄河地区气候相当于今两广地区，属于亚热带气候类型，气温较高，雨水丰沛，对于"靠天吃饭"的原始农业是难得的发展契机，燕域在此期间得到迅速发展，成为重要的方国和诸侯国。

第一次寒冷期出现在公元前1000—公元前850年间，即西周中后期至东周早期。《诗经·七月》一诗中有"二之日凿冰冲冲，三之日纳于凌阴"二句，从常理上来讲，在河面上切割下来整块的冰，这项工作需要冰层足够厚、天气极其寒冷。这一时期等温线南移，居于北方的燕国气候更加寒冷，少数民族为了争夺生活资料不断南下。而燕国历史资料的断代期正逢此次我国历史上的寒冷期，断代现象从侧面说明寒冷期燕国农业生产受到很大的影响，综合国力式微。

第二次温暖期出现在公元前770年—公元元年，即东周到秦汉时期。这个时期我国气候普遍转暖。公元前698、前590和前545年的冬天，位于秦岭淮河以北的鲁国却没有出现冬季结冰现象，以至于连宫廷王室的冰库也无冰块储存，夏季酷暑难耐。[1] 气候转暖，为燕国的发展提供了良好的自然条件，《战国策·燕策一》有"北有枣栗之利，民虽不田做，枣栗之实足食于民矣"，枣为暖温带阳性树种，能在燕国北部大面积种植，并且产量丰富，可见当时温暖的气候环境为燕国向东北地区扩大疆域、争霸于七国，提供了良好的物质保障。

燕地处于气候急剧变化的中温带和寒温带的交界线区域，地理

---

〔1〕竺可桢.中国近五千年来气候变迁的初步研究[J].中国科学，1973，02：168—189.

环境造就了燕地先民适应能力强，特别能忍耐的民族文化基因。

(2) 经济形态多元培育多元性格

地理环境的不同导致了经济形态的异质。燕域境内燕山以北为游牧区，出产牲畜、皮毛；燕山以南为农耕区，盛产多种农作物；西南有高大的太行山脉，山地有矿产资源；东有宽广的渤海海域，沿海有渔盐之利。燕山附近和冀东地区同时具有农业、牧业和山地林业，经济部门相对同时代的其他地域来说比较齐全，铁农工具在各地普遍地使用，水利工程设施完善。多种生产方式在燕国存在，多种文化在燕国汇集。在燕文化圈的经济形态中虽然少数民族游牧业占有重要地位，但主体仍是自给自足的农业经济。农业最早就是建立在对植物和动物进行驯化的基础上，并逐步实现人的驯化，脱离自然野蛮的生活方式，农业社会自身就存在很强的融合和教化能力。燕地是多元文化混合地，是游牧业最薄弱的地区，但也是农业最困难的地区，长期以来燕地农业的艰难发展反而促进了其顽强的生命力，相比较而言，游牧业、商业、渔业都是农耕业发展的磨刀石，锻炼了农耕业的强韧性。

同时，政治治理的强有力保证了多种经济形态能够和谐共生。单一的游牧业和商业经济形式需要宽松自由的政治环境，燕文化以农耕文化为核心，农业生产的稳定性需要有强有力的政治权力作为保护，燕地郡县制正是中央集权的一种体现。稳定的经济基础和集权的政治制度决定了燕域文化具有很强的向心性。

(3) 地缘边远形成陪护习惯

边缘化是一种抽象概括的说法，是指在群体处于非中心、非主流地位，也可以说是被主流社会、主流群体、主流意识形态、主流文化、主流趋势所排斥并逐渐被移除。燕国是华夏民族最古老的发源地之一，存在历史相当悠久，但是由于地处最北方，气候寒冷，华夏民族活动中心不断南移，燕国逐渐远离中原经济政治文化中心，被边缘化。

燕国在中国历史上是一个“大且弱”的国家。这种边缘地位体现在多个方面。一方面，燕国作为老牌大国，历史资料极其缺乏，甚至出现断代，足以说明燕国当时社会发展不够繁荣，文化影响范围有限，没有引起史官足够重视。另一方面，当前诸多史料记载中均流露出对燕国的鄙夷之意，如《战国策·燕策一》中燕王对张仪说，寡人蛮夷辟处，司马迁在《史记·燕召公世家》中也说“燕崎岖强国之间，最为弱小”。同时，燕国地位边缘化还表现为被儒家所不齿。孔子周游列国，唯在燕国发生的事迹不见其后人进行整理记载；孟子在提到燕国时用“今燕虐其民”，表示对其不满；诸子百家中燕国的本土学说未见记载、而当时最主要的儒、墨、法、道并未在燕域取得显著成就。究其原因，秦之前，东西周的政治中心和重心在中原，围绕中原的四大边缘国家，北燕东齐南楚西秦，其中齐、楚、秦均为富强之国，唯有燕国要顶住北方游牧部落的压力，且为苦寒之地，齐晋两大国又在其南，令其可发展空间小了不少。所以燕国穷弱人口少，信息不畅，始终处于边缘化的地位。

综而言之，这一时期的燕国不可谓不重要，不可谓不努力，终因地理位置居于周王朝的最北端，受周边诸国的限制，难以取得迅猛发展。虽然与西周时期相比，在大的诸侯格局中燕国仍然是战国七雄中的一个诸侯国，但毕竟离镐京最远，远离权力争斗最激烈的中原地区，客观上被边缘化了。加之匈奴对燕北边境的时常侵扰，燕的多数兵力部署在抗匈前线，无暇抽身参与激烈的争霸战争，地位也被边缘化了。退化为非核心、非主流之地，逐渐形成顾全大局、忍辱负重的陪护习惯具有历史的必然性。

(4) 战争多发促进民族融合

燕文化区域是民族融合的前沿，民族融合是两种及以上不同民族群体通过互相选择、学习、吸收，最终合为一个整体的过程。它有多种形式，在中国古代，民族融合经常是伴随战争而来，或通过武力来实现。[1] 俗语说“春秋无义战”，这一时期的战争包括两种形式，一种是游牧民族与中原民族的入侵与反入侵战争，一种是中原各诸侯国之间的兼并与统一战争。其中第一种战争具有持续性和频发性，更具有影响力。燕地处于不同生产方式的交错过渡地带，不同的生产方式之间对环境和经济利益有不同的诉求，经常发生人员、物资争夺的战争，既相互掠夺，又相互学习，久而久之促进了多民族的利益认同和文化融合。春秋和两宋时期，由于环境由温暖转向寒冷，随着对资源的需求，游牧民族不断南下，导致该地频发由不同生产方式引起的战争。生产资料的掠夺性战争，具有很大的破坏性，为了维护稳定生活环境，燕地百姓更加尚勇、好武。可以说，由争夺自然资源引起的战争对燕地民风的形成有重要作用。据记载，召公封燕前后，燕曾经多次与山戎、匈奴发生战争；西汉时期，燕北部边界常有匈奴侵袭；东汉时，燕北部边地又有乌桓、鲜卑、高句丽等少数民族的侵袭；北宋时期辽金、契丹南下，元朝时期蒙古族进入中原，这些少数民族战争过程均是民族融合的过程。

(5) 慷慨悲歌激变英雄气节

一地的人文精神是经过长期的积累而形成的。正如恩格斯所说，“恰巧某个伟大人物在一定时间出现于某一个国家，这当然纯粹是一种偶然现象。但是，如果我们把这个人去掉，那时就会需要有另一个人来代替他，并且这个代替者是会出现的，无论好一些或差一些，但最终总是会出现的”[2]。燕域慷慨悲歌精神的代表人物是荆轲，但是慷慨悲歌并不是自荆轲后才产生的人文情操。

---

〔1〕薛兰霞．慷慨悲歌风格的形成[J]．保定学院学报，2011，5：131—135.

〔2〕马克思恩格斯全集[M]第4卷，北京：人民出版社，第733页.

“慷慨悲歌”一词最早是由司马迁提出，司马迁在《史记・项羽本纪》中写到“项王乃悲歌慷慨，自为诗曰：力拔山兮气盖世，时不利兮骓不逝”，唐代韩愈更有诗句“燕赵多慷慨悲歌之士”。这个词的解释重心不在“悲”而在“慷慨”，“悲”的真正含义是“悲壮”而不是“悲伤”，这是一种大道直行的精神。慷慨则勇猛，悲歌则激昂，其深厚的情感植根于燕域固有的勇猛、正直文化内涵。荆轲是慷慨悲歌的典型代表。荆轲并非燕国人，但其主要丰绩在燕国，其勇往刺秦王，虽没有成功，却成为人们敬佩的英雄，在于荆轲有一种侠义之气，这种侠义之气是重信义，言必信，行必果，不在意成败，不吝惜个人生死的做人准则、处世原则。这些原则在荆轲身上得到完美的体现。从此，荆轲在易水边慷慨悲歌的壮举就成为后人的榜样，历代相传。

荆轲是慷慨悲歌精神的最完整体现，但并非是最后的体现，在后期的历史进程中，北平学生的“五四运动”可谓慷慨悲歌，“狼牙山五壮士”的英勇之举可谓慷慨悲歌，唐山大地震后的团结一致抗震精神亦可谓慷慨悲歌，总之，慷慨悲歌精神是燕地特色精神之一，贯穿着燕地的历史发展，并随着社会的进步而丰富完善。

6.3　燕文化内在关系构建

从上述分析而知，燕文化的精神既有积极的忠义、勇猛、隐忍、和合成分，也有消极的迂腐保守、鲁莽轻薄成分，这些精神特征是燕文化历史上客观存在的，需要得到正视。在历史长河中，燕文化的积极成分汇入到中华文明中，成为民族精神的重要组成部分；消极成分阻碍着历史的进步和改革发展的深入。随着人们观念的不断进步，人们开始越来越多的用批判的眼光审视社会，并逐渐改正那些与当前社会需求不相适应的部分。

燕文化的这种矛盾的、多元的文化特征是在自然因素和社会因素的多重影响下形成的。文化的核心是人,文化的形成主体是人的参与,因此燕文化的形成过程也是燕域人的发展过程。自然环境为人类生活提供最基本的物质条件,是人类赖以生存的基础。在生产力不发达的古代,人类活动主要围绕适应自然、崇拜自然开展。社会因素包括历史底蕴和时代背景两个方面,人的行为过程和社会环境是一个相互影响的过程,社会环境为人类发展提供背景,人的发展是历史进程的一部分;人的活动行为同时也影响着社会的走向,但是总体来说,社会对人的影响力度更大。综上,燕文化的多元特征是在自然因素和社会因素的双重影响下形成的。

燕文化的内在成因与多元影响结构见图 6.1。

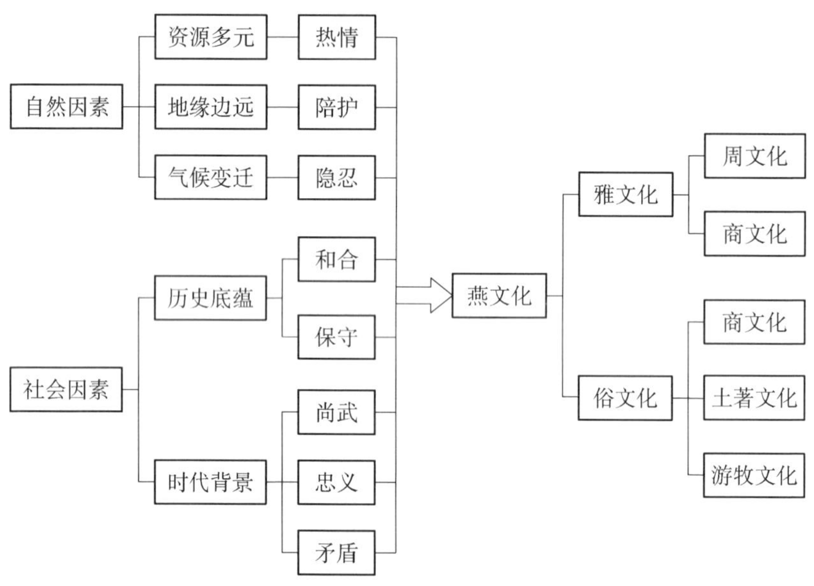

图 6.1　燕文化的内在成因与多元影响

第7章 燕文化传承价值

价值是客体对主体需求的满足程度，对于文化而言，客体和主体均是人，一类是过去历史某一阶段的群体，一类是当前人类阶段。过去历史某一阶段的人类群体创造了文化是文化的生产者，同时也受文化影响消费着文化，是文化的消费者，文化的另一消费者是当前社会群体。因此，对于历史文化价值的评价需要用客观的眼光，站在历史和当今两个角度。

7.1 燕文化在华夏文化中的历史地位

7.1.1 冀文化构成的重要内容

(1) 燕文化与赵文化升华为冀文化

第一，冀文化。“冀”起始于5000年以前的上古时代，冀州之名历史悠久，影响深远，凝结着中华民族深厚的文化情感。“冀”在古语中是“希望”的意思，代表了古代先民对美好生活的憧憬。据《尚书·禹贡》记载，大禹治水，划分九州，“冀州”是九州之首，有雄冠九州之称。如今的河北省就属于古冀州，这也是河北省简称“冀”的缘由。“冀”经历了一个由地理概念到行政设置的演变过程。“冀”在古时候是一个地区的泛称。根据《禹贡》中对大地的划分，“两河之间为冀州”，所以冀州是一个经济区划，虽然很多文献给出了不同的说法，但一般来说，所谓的两河是指辽河与黄河之间的区域。涉及今山西、陕西的东部、河南北部和山东西北部以及河北中南部地。后来，冀州逐渐演变成了正式的行政设置，西汉高帝六年（前 201 年）始于此置信都县和信都郡，到汉武帝以后辖境缩小，成为十三刺史部之一，治所设在今河北境内。三国时期魏文帝于公元 221 年将冀州移治信都，为州、郡、县三级治所。唐代冀州属于河北道，宋朝初期，冀州属河北东路。到元、明、清时期，冀州作为陪辅京都的“畿内巨州”，一直为路（元）、府（明）、布政司（清）直辖。中华民国二年（1913 年）改冀州为冀县。1949 年 8 月，冀县划归河北省衡水专区。1993 年 9 月，冀县撤县建州，定名为冀州。在京津冀一体化背景下，探讨广义的冀文化具有极其必要性。文化认同是三地合作的最基本动力，提供了合作的可能性和必要性，冀文化的提出将三地从历史时空联系在一起，为打破行政管理下的文化壁垒提供了大胆尝试。

第二，燕赵文化。“燕赵”本指“燕”与“赵”两地，“燕”与“赵”两字分别来源于春秋战国时期“燕国”与“赵国”两个封国，燕文化与赵文化也就是春秋战国时期燕、赵两个诸侯国形成的邦国文化。后期历代统治者为了方便统治，几乎一直将燕、赵两地放在一个区域内管辖，因此燕赵之称便开始形成，但是此称呼在文士之间使用，并非官方对河北地区的称呼，只是随着历史变迁流传下来。燕赵文化并不是燕文化与赵文化的简单相加，而是燕国的文化与赵国的文化有机融合。然而，关于“燕赵”的地域范围的确定，我们不能单单依据春秋战国时期燕国和赵国两国的疆域来确定燕赵的区域，因为在燕、赵两国中间还有中山国等其他国家，而且燕、赵两国的疆界也常因战争而变化不定。因此，不能单以“燕赵”来代表如今的河北省，因为这样是把中山等国去除了，显然是不完整的。并且，燕赵地区地域辽阔，不只包括河北省。按照现在的行政区划，燕赵主体部分还包括山东、河南、山西、陕西、内蒙古、北京、天津的一些地区，准确地说，其地域范围包括北起今内蒙古、辽宁南部，东至渤海，西起山西陕西东部，南至河南黄河以北的广大地区。文人学者谈论"燕赵多慷慨悲歌之士"，燕赵之风"慷慨悲歌、好气任侠"，这就是将燕文化的慷慨悲歌与赵文化的好气任侠相结合的例证。燕赵文化不是燕、赵的简单相加，同时还包含代、中山等先秦时期存在的其他文化，例如班固在《汉书》中提出："赵、中山地薄人众，犹有沙丘纣淫乱余民。丈夫相聚游戏，悲歌慷慨。"

大多数学者对传统燕赵文化内涵的总结和归纳都是以古燕赵为依托的。燕赵文化就是指产生、传流和发展在古燕赵区域的传统历史文化。追溯历史我们发现，最先对燕赵文化的精神内涵加以表述的是西汉的司马迁，他最先给燕赵区域冠以悲歌慷慨的标签，在当时，司马迁所说的慷慨悲歌主要是指燕赵区域的风俗特征。之后班固在《汉书》中继承发展了司马迁的观点："赵、中山地薄人众，犹有沙丘纣淫乱余民。丈夫相聚游戏，悲歌慷慨。"这里的"悲歌"依然侧重指燕赵之地的民俗民风。从此之后的文人学者人都赞同并采用了司马迁和班固对燕赵之地民风民俗的概括，例如苏轼和韩愈都在诗句中提到燕赵"慷慨悲歌"的文化，而且随着历史的演变，慷慨悲歌不仅仅被用来概括燕赵区域的风俗人情，更多的是用其来形容燕赵之地的文化特征，并逐渐成了燕赵文化的标志。

当代学者也多赞同历代学者们对传统燕赵文化"慷慨悲歌，好气任侠"特征的概括，河北省社会主义学院学报副主编袁树平说燕赵区域的文化特征是"悲歌，好气任侠"。王心等人在《论河北梆子艺术的燕赵文化内质》中也提出经过历史的沉淀，燕赵地区形成了自己的文化特征，这便是"慷慨悲歌、好气任侠"。韩成武等人也同意"慷慨悲歌，好气任侠”作为燕赵文化的精神内涵最终确定下来，并逐渐形成了该地区的文化传统。因此燕赵地区的文化特征就是“慷慨悲歌、好气任侠”。

第三，燕赵文化与冀文化的关系。燕赵文化本意是指战国时期河北大地内的文化总和，包括燕国、赵国、中山国、代国等等在历史上存在过的诸侯国的文化总和。燕赵文化的起点以三家分晋后赵国存在开始，结束于秦灭燕之后，燕赵文化并不能无限延伸，其上限为战国时期，下限为两汉时期，除此以外时间段的文化属于燕赵文化的衍生，因此燕赵文化存在时间短，地域范围狭隘。冀文化是从天下分九州开始存在的一种文化形态，冀域的范围在历史上呈现出不断变化状态，但始终没有灭亡，是一种历史持续性文化。可以说燕赵文化是冀文化历史长河中的一部分，也是影响到冀文化核心精神形成的最重要文化要素，冀文化是燕赵文化的系统文化，冀文化的提出则弥补了燕赵文化时间和空间的不足。另外，燕赵文化是一种约定俗成的称呼，缺乏权威认定和历史依据，这对燕赵文化是否存在提出了质疑。关于冀州，上古多个史料中均有记载，现在依然是河北省的简称，并衡水地区存在这个区划，因此用冀文化更具权威性。

(2) 燕文化奠定了冀文化的基调

第一，燕文化是冀文化的“元文化”。元文化，是指某种文化的源头，一定民族最早、首先出现的，具有初始意义的文化，或者说是某种文化的基因级文化，是衍生、派生、滋生某种文化的基础和种子。燕文化在冀文化中乃至整个华夏文明中都具有一定的元文化的地位。

首先，从文化生命上讲，燕文化是冀文化中生命力最长的元文化之一。地域文化与地域行政制度的存在虽不能划等号，但是有不可分割的关系。从商朝的地图来看，冀州的范围包括今山西、河北省北部、辽宁省西南部，这与战国时期燕国的疆域有很大的相似性。随着历史的发展，燕、赵、中山、代、孤竹等，冀域历史上不断出现新的地区政权，又最终消失，唯独“冀”这个名称没有出现断代，无论所指范围或大或小，冀域始终是今河北省行政版图上存在的地区，并且成为河北省的简称。燕国是冀域从产生至今存在最早的核心政权，在商朝时期就是中原统治的重要部落，政权存在直到秦国统一之前。除了燕国以外，其他诸侯国均只是在冀域历史上昙花一现。赵国是在战国时期才分裂出来的诸侯国，存在时间几百年，代国、中山国是少数民族建立的政权，影响范围小，历史存在时间短。所以严格意义来说燕文化是河北省内产生最早、影响最深、存在时间最长久的文化，是冀文化的历史根源，是多元文化的整合体中的“元文化”。

其次，从逻辑上看，燕文化是冀文化核心级元文化。冀文化不是一个单独的地域文化，而是由多个地域文化子系统融合形成的文化体系，包括冀北燕文化、冀南赵文化、冀东齐鲁文化、冀西三晋文化。其中赵文化和三晋文化是战国时期出现的地域文化，在冀文化历史概念中底蕴不足，齐鲁文化和燕文化虽然同是商周文化，但是齐鲁文化的核心地区在山东地区，河北境内只是其文化的扩展区域，文化特征淡化；唯有燕文化核心区在冀文化范围内。冀文化的主要内容是从“冀”产生后冀域的文明因素，我国进入从商周开始进入文明社会，标志着冀文化实质内容开始存在，而这一最早的实质内容就是燕文化，可以说燕文化是冀文化的初始内容，是冀文化的重要元文化。

再次，从内容上讲，燕文化是冀文化中的基因级元文化。文化基因是文化系统里的最小信息细胞，包括先天遗传和后天习得，不同的文化体系，文化基因必然存在差异。燕文化是冀文化的初始文化，从文化遗传角度来讲，冀文化的基因必然遗传燕文化的基因细胞。燕文化是冀文化范围内最大的一块文化区，燕文化衍生的京都文化是全国的文化中心，在行政力的作用下，燕文化习俗必然在更大范围内推广，因此，从后天习得角度来讲燕文化基因更具有感染力、传播性。例如冀文化最主要的和合基因、勇武基因、爱国基因，均来源于燕文化系统。

第二，燕文化增加了冀文化的多样性。文化是个整体性概念，它由表层结构与深层结构（即文化核心）构成，二者在文化整体结构中的地位与作用是不同的。诸如饮食文化、服饰文化、居住文化、语言文化等构成了文化结构的表层。在文化多元化的过程中，处在同一时代、同一文化体系中的多元文化各自具有鲜明的民族特色，但各种文化彼此之间是时刻不停地进行着相互交流和相互作用的融合。融合是你中有我，我中有你。在相互融合的过程中，每一种文化都按照自己的价值观念和标准进行自主的选择，吸纳来自于异质文化的精髓，不断丰富和发展自己。因此，文化在任何时候都是一个动态的、开放的、不断变化着的系统。

冀文化处于中原文化和游牧文化的过渡地带，文化内容多元。这里的多元主要是从地域上划分，北部是游牧文化，南部是农耕文化，西部是山地文化，东部是海洋文化。从包含的子文化来看，也是丰富多样。赵文化起源于东夷族的少昊文化，商、周两代发轫于汾河流域，形成于春秋晋国卿大夫家族，属于贵族文化。孤竹国虽然早已经融入燕国之中，但是作为子文化体系，其起源于山戎，属于少数民族文化体系。中山国是位于今河北省中部太行山东麓一带的一个小蛮夷之国，因城中有山得国名，由狄族建立，也属于少数民族文化体系。燕国历史悠久，是殷商民族的衍生地。商文化容纳了许多燕地文化的精华。西周初进行的那次大分封，有功之臣召公被封至燕地，但这并非是燕国历史的开端，在分封之前，甚至更早于殷商时期，燕地文化就已经有过一段辉煌的历史。虽然在西周后期至东周阶段，燕文化出现衰落,但是在春秋战国时期燕国利用远离中原战场的优势,得到再次发展和繁荣,也将燕文化推到发展的高潮。随着统一步伐的前进,燕国虽然灭亡,燕文化却得到延续和丰富,因此燕文化虽然在表现形式上是游牧和农耕融合带,但是更具有华夏文化的正统性,保证了冀文化的多元性。

第三,燕文化是冀域文化的基础之一。冀文化是从时间角度对河北文化的简称,燕赵文化是从地域角度对河北文化的统称。总的来看,冀文化所指代的时间更长,地域范围更精确。学术界常称河北文化的特征是"慷慨悲歌、好气任侠",燕文化的特征也是"慷慨悲歌"那么这两个慷慨悲歌是什么关系呢?笔者认为燕文化的慷慨悲歌是对自身文化特征的准确总结,而河北文化精神中的慷慨悲歌是在燕文化精神的基础上进行了升华,即燕文化精神特征奠定了河北文化精神的基调。唐宋八大家之首的韩愈曰:"燕赵多慷慨悲歌之士",并成为燕赵文化特征的最好论证,但是在这之前早在《隋书·地理志》中就有"俗重气侠","自古言勇敢者,皆出幽燕"。宋代大文豪苏东坡亦曾赞叹:"幽燕之地,自古号多豪杰,名于图史者往往皆是。"可见慷慨悲歌之风被公认最早盛行在燕国这片土地上。随着燕国国都蓟(今北京)在我国历史上的地位逐步提高,燕文化逐步孕育出一种更具有凝聚力和向心力的畿辅文化,这种文化倡导的勤劳勇敢、大气宽容和爱国主义精神,逐渐成为我国的民族精神,直至今天仍影响着人们的价值观和世界观。

7.1.2 传统文化传承的核心要素

(1) 中国传统文化的历史演进具有延续性。古代社会长达数千年,经历了史前社会、奴隶社会、封建社会和近代社会,经历了孕育期、雏形期、定型期、转型期四个阶段,又尤以后三个阶段为主要形成阶段。从一百七十万年前的"元谋人"算起,中国古文化逐渐呈多元化状态地萌生、发展，奏响了中国传统文化史诗般的前奏。夏、商、西周三代见证了中国古文化进入真正意义上的发生期，而商代甲骨文的出现使这一时期的文化发展第一次有了文字记载，这时期的文化是以神为本。至诸侯纷争的春秋战国时期，中国文化进入了第一个辉煌时期——百家争鸣时期，出现了儒、法、道、墨等诸家学说。中华民族思想文化的统一是在秦汉时期，其社会文化基调蕴含不可抑制的开拓、创新精神。儒学因董仲舒向汉武帝提议而被定为一尊，开创了儒家思想一直延续至清代的在政治、思想、文化、学术诸领域的统治阶段。东汉末年，先秦的诸子学说开始复兴，出现了儒、佛、道三家并立的文化格局。唐宋达到中国封建社会的极盛期，也是中国传统文化的成熟期，中国科技处于世界领先水平，以朱熹为代表的理学也在此时兴起。明代到鸦片战争前，中国社会开始进入封建社会末期，中国古代文化也发展到了极盛而衰的最后阶段，另一方面，伴随着资本主义的萌芽，出现了具有市民反叛意识的早期启蒙思潮。从鸦片战争至五四运动期间，西学东渐，中国传统文化的发展也进入了一个衰落、蜕变与新生并存的历史阶段。

(2) 中国传统优秀文化灿烂辉煌。中国传统文化自诞生至今，绵延不断，众多的优秀文化遗产更是精彩纷呈，令世界为之瞩目。火的使用是旧石器时代先民的一项划时代意义的文化创造，更是将人与动物分离的分界线。中华先民原始图腾崇拜的龙至今仍是中华民族的象征。提倡“仁、义、礼、智、信”等的儒学对中华民族乃至全人类都有极其深远的影响。秦长城、秦始皇陵兵马俑、《史记》、浑天仪和地动仪等，无不是在秦汉时期产生出来的辉煌成果。隋唐文化成就斐然。宋词、元曲与唐诗一起成为我国古代文学的三颗璀璨明珠。元代的杰出科技文化成就、瓷器、算盘、丝绸等流传至世界各国，世界古代文化的总体面貌因此而更为辉煌灿烂。

(3) 燕文化饱含着传统文化的要素。中华传统文化最大的特点有三：一是国都文化连绵不断，几千年建都史形成了极具影响的国都文化。二是感恩祖先，寻根拜祖的根文化。三是国家统一的大一统文化。这三个华夏文化要素都能在燕文化中找到源头。

第一，国都文化重要源头。都城是一个朝代的政治、文化中心。由于我国古代王权更替频繁，出现了大量著名的都城，北京在商朝时期已经是蓟国和燕国的国都所在地，辽、金、元、明、清，五朝帝都均位于此，新中国成立后，成为全国的政治、文化中心。北京城包括紫禁城、皇城、内城、外城、城门、太庙、社稷坛等。其中永定门到地安门为北京城的中轴线，紫禁城的前朝和后廷宫殿位于中轴线上，其他所有建筑均沿此轴线两侧对称分布，整体规划布局完整和谐，体现着中国传统的“礼”序思想和皇权的至高无上。北京城的街道走向也体现着中国的传统文化，传统中国思想认为天地是四方的，皇上又为天子，故皇帝所在的地方为四方的中心，所以北京城也是四方形的，城内的街道走向呈南北、东西分布，将每家每户分划在格状网络内。居民的住宅也是四方的，称为四合院，庭院内东西南北均有房间，不同家人住在庭院的不同位置，将一个大家庭用网格状形态联系在一起。在我国古代，东、南、西、北四方位有地位贵贱之分，这种四方形布局能够明显体现出居住人家的身份，并在人际网络内明显的展现地位高低，也就是所谓的“礼”序。这种由一个都城的布局体现出整个社会形态的文化，称为国都文化。

自民国以后，学术界不断提出五大古都、六大古都、七大古都、八大古都，甚至十大古都的提法。无论哪种观点，界定的根源均在于这些都城规模宏大，历时长久，历史地位突出，在各种提法中必然被囊括在内的一个古都就是北京。北京是最能体现华夏文明的国都，而北京又最早是燕国都城，可以说燕文化是我国国都文化包含最丰富的地区之一。

第二,寻根文化重要之根。寻根指的是某个宗族或某个民族依据口头传承文学和文献资料来探究文化发展历程,是在异国他乡的人对家族文化的探究和对祖先的追寻,寻根带有浓重的民间色彩。能够在故乡安度晚年的"叶落归根"情结是很多人的生前心愿,目的是让身体和心灵都有最温暖的归宿。[1] 从上世纪 80 年代起,我国掀起寻根热潮,河南夏商文化、陕西周文化、燕域内的张家口地区三祖文化,成为海外华人华侨的主要"寻根"之地。由于华夏渊源的久远性,与历史发掘的滞后性之间存在着矛盾,究竟华夏文化的"根"在何处存在着争议。假设华夏文化是一种多根聚集文化,那么燕文化则是华夏根文化之一。

燕域是三祖文化所在地,三祖文化是指约 5000 年前黄帝、炎帝与蚩尤在涿鹿一带共同创造的灿烂文化。据史料记载,黄帝、炎帝、蚩尤分别是三个强大原始部落的首领,黄帝起源于河南西部地区,炎帝出生于陕西中部地区,蚩尤主要活动在山东西部,随着三个部落的逐渐强大,他们的活动区域开始向华北平原西北部扩展,最终在涿鹿地区发生了一系列的战争。第一次战争是炎帝和蚩尤之间的战争,结果是蚩尤击败了炎帝,炎帝迫不得已向黄帝求救,于是黄帝和炎帝结成联盟,在涿鹿地区进行了部落之间的第二次战争。涿鹿之战的结果是黄帝和炎帝胜利,蚩尤战败,部落被迫南迁至湘鄂地区,后来又有一支族人向西迁移到贵州一带,其后人为当前的苗族。据说蚩尤部落的一些族人在涿鹿之战后北上,迁移到朝鲜半岛地区,并建立了高丽国。第三次战争也发生在涿鹿地区,称为阪泉之战,是炎帝和黄帝之间的终极较量。最终黄帝胜利,吞并融合了炎帝部落,成为真

[1] 孙兆刚,华夏历史文明传承创新研究——基于寻根文化的视角[J].郑州航空工业管理学院学报,2013.5:119—124.

正的华夏联盟。因为三个部落的不断壮大,部落子民随着迁移而遍布中华大地,黄帝、炎帝、蚩尤也被称为中华民族的"三祖"。2016年海峡两岸共祭中华三祖活动在燕域的涿鹿县举行,两岸同根、同祖、同源思想得到广大认同,燕域涿鹿地区为中华文化"根"所在,也得到越来越多人的了解。

第三,大一统文化发源地。世界史上多个国家追求过大一统,但真正实现并长久维护下来的,只有中国。中国的大一统思想溯源久远,最早的标志性事件是发生在燕域内的合符釜山。"合符"是指不同的原始部落结盟的一种仪式。合符釜山又叫做釜山合符,是继阪泉之战、涿鹿之战后,我国多民族统一的文化体系形成过程中的又一重要历史事件,标志着统一华夏民族的最终形成。涿鹿之战后黄帝认识到团结、统一、稳定的环境对于社会发展的重要性,于是在今涿鹿县釜山地区,黄帝与其他各部落召开了一次类似于"武林大会"的联盟大会,并成为盟主。釜山合符标志着华夏民族的正式形成,标志着中华文化的开端。需要特别指出的是黄帝成为首领之后并没有把自己部落的地位高高凌驾于其他部落之上,为了体现各部落地位平等,体现中华文化的统一性,创造性地发明了新的图腾,尝试创造统一的新的文字,研发新式工具,从思想认同到行为习惯,无不体现出大一统精神。

今涿鹿地区大概为燕所辖范围,后因同为华夏民族统治的中原地区物产更为丰富,发展更快,中原成为华夏的代名词。燕域由于物产不足,地域偏远,逐渐被人们淡忘,并发生了十几个朝代无史料记载的现象。然而燕域民风传承着这种"和合大同"的精神。上世纪70年代在北京发掘了西周时期燕国墓葬,出土的器物非常丰富,既有与河南、陕西出土的相似的车马饰物,也有殷商时期常见的器物,还有形状具有强烈北方草原文化风格的鹰手剑、马首剑等。上述这些现象,反映了幽燕地区的各族人民,在文化上着相互吸收、相互影响、逐渐融合的精神[1],这种多民族的统一共处,就是华夏文化的大一统精神的典型代表。

总之,华夏文明的国都文化、寻根文化和大一统文化特征,在燕文化中都有显著表现,甚至可以说是这些特征的重要源头,从这个意义上说,燕文化不仅是冀文化的元文化,而且是华夏文明之元文化也不为过。

7.1.3 维系民族文化繁衍互动

(1) 维系民族生存,促进文化繁衍。人类社会的发展是横向融合和纵向更替的有机统一体。所谓文明横向融合是指历史进程由各地区间的相互封闭到逐步开放,由彼此孤立分散到联系密切,终于发展成世界历史。为了顺应人类精神的需求,不同文明相会、碰撞、妥协和结合,融合随即发生。文明融合的必然性在于生产力的发展和社会的基本矛盾扩大化,可能性在于不同文化内涵上存在互补性。文化更替是指一种文化对原有文化的取代,例如地中海地区,先后经历了爱琴文化、希腊文化、蛮人文化、罗马文化和伊斯兰教文化等好几种文化,每种文化都是单独的存在体系。

中华文化向来称为"多源一体",这里多源汇聚到一起的时候必然发生碰撞,由于主文化存在强有力的向心力和调和力,往往在碰撞区就已经开始了文化融合,避免了文化更替的发生。中华民族是一个整体,她所包容的民族不是单一的,而是各种各样多层次的。虽然在漫长的历史进程中,汉族一直起着核心作用,但是,汉族并不"纯",各少数民族不断给汉族输入新血液,反过来,汉族也一直不断为其他

---

〔1〕冯石岗、许文婷.京津冀文化圈的渊源和载体[J].河北工业大学学报(社会科学版),2013,02:9—15+61.

民族充实新的成分。各民族之间的同化、融合是在不断进行着的。汉族同化别的民族，别的民族也同化汉族，回族是这样，满族是这样，其他民族也是这样。历史上汉变夷、夷变汉是一种普遍现象，既有“汉化”，也有“夷化”，实质上是“互化”，结果是“你中有我，我中有你”。然而各族的差异性并没有消失，在中华民族的统一中存在着多元格局，各个层次的多元关系又存在着分分合合的动态和分而未裂、融而未合的多种情况。中国现有55个少数民族，每个民族都有自己的特性，除了几个民族使用汉语外，绝大多数民族都有本民族的语言，有着本民族独具特色的文化。中华民族是一个百花园，百花齐放，多彩多姿，这就是少数民族的多样性。这种多样性是历史形成的，是民族多样性的必然结果。

在长期的历史发展过程中，中华民族形成多元一体的格局，56个民族共同创造了博大精深的多元一体的中华民族文化。中华民族文化是一体，各个民族风格迥异的物质文化与各具特色的精神文化是多元的。无论是农业、牧业、纺织业方面，还是在天文学、数学、医学、文学、艺术等方面，各民族都做出了自己的贡献，推动了社会进步和人类文明的发展。

燕域是农耕文明与游牧文明的交融地，该地活跃着多种文化。游牧人性格粗犷，由于生存环境寒冷，需要运动增加身体热量，因此擅长骑马、摔跤等强烈的肢体性活动；中原人性格沉稳，温暖的生活环境不需要额外增加强大的活动量，因此中原人擅长射箭等技巧性活动。燕地融合了中原农耕民族和北方草原游牧民族的特点，加之在战争时候自我防卫的需要，发展了武术这一活动，既保证了活动量的增加，又促进了肢体灵活、协调。到了隋唐时期，位于燕域的沧州更成为全国的“武术之乡”。

(2) 塑造个体人格，增强文化互动。个体人格是人的性格、气质、能力等特征的总和。文化对社会个体人格的塑造是一个互动的过程，一方面，特定的社会系统以多种方式向社会成员传达思想、理想、信念等原则，进行文化输出；另一方面个体成员在生存和行为中，从精神上判断个体与群体相同或相近的价值观念，对文化元素形成自觉。[1]

文化是人创造的。动物界是没有文化的。因为动物一生只为了满足两件事：吃和睡。当然也包括繁衍后代。而人不同。人是惟一可以为了更好地满足吃和睡而创造出物质产品，和更好地满足吃和睡以外的精神产品的高级动物。所以《现代汉语词典》对文化的定义是这样的："文化是指人类在社会历史发展过程中所创造的物质财富和精神财富的总和，特指精神财富，如文学、艺术、教育、科学等。"这个定义告诉我们，只要是人类创造的，无论是物质的还是精神的，都是文化。比如人们为了更好的生存，发明创造的工具和房屋。文学、艺术则完全是生存以外的东西。人不唱歌、不跳舞、不出名、不谈情说爱也死不了，但人类却把这些虚的东西看得一点也不比物质的差。千百年来，人类为追求爱情演绎出数不清的可歌可泣的故事，直到今天提起《梁山泊与祝英台》，人们仍然会沉湎于其凄美的情节之中并感叹不已。

文化影响个体人格形成。文化的内涵在人类历史的发展过程中形成，中华民族在特殊的自然环境、经济模式、政治结构、意识形态等条件的作用下所形成的文化习惯和文化积淀，这就是中国传统文化。它既散见于经典文献、制度规章等程式化的客体形式之中，又存在于中华民族的思维模式、知识结构、价值观念、伦理规范、行为方式、审美情趣、风俗习惯等主体形式之内，经过数千年的演绎与扬弃，这种

〔1〕谢新松.文化的社会治理功能研究[D].云南大学，2013.

文化积淀已深深地融进中华民族的思想意识和行为规范之中，渗透到社会政治、经济、特别是精神生活的各个领域，成为制约个人发展、支配人们思想、影响人们行为和日常生活的强大力量。

我国的传统文化输出最主要的方式莫过于吟诗作对。诗歌的创作过程往往会采用起兴、借代等修辞手法，这就需要大量的文化素材，燕域从春秋战国开始就是一个备受争议的国家，一直以来默默无闻，却又不能忽视它的存在。到了秦汉时期，幽燕之地成为匈奴战争的重要战场之一。魏晋南北朝以及辽金时期，燕域成为少数民族建立政权的必争之地。清朝入关之前，更是在属于燕域的东北地区发展壮大。因此幽燕之地经常被文人墨客、落寞将军借以表达情怀。这种文化传播促进了各个地区人们对燕文化的认同，并成为英勇、忠义群体的特有文化归属。人们在形容面对强敌英勇就义时，往往用慷慨悲歌形容，久而久之，慷慨悲歌成为忠义、有气节之士的文化标签，正是这种精神的吸引，成就了众多并非燕域儿女，但毅然地舍身取义、赤胆忠心的英雄。

7.2　燕文化与中国特色社会主义文化

燕文化是我国宝贵的传统文化资源之一，其萌芽到繁荣的过程贯穿宗法社会和封建制度的管控下，既有优秀结晶，也具有落后性因素。研究燕文化的原则是扬弃，目的是为当今社会主义现代化建设服务。

7.2.1　积极因素是特色文化发展的沃土

中国特色社会主义文化体系是中国特色社会主义理论体系的一部分，是马克思主义原理与中国实际相结合创造的符合中国国情的能够被中国广大人民群众接受的理论体系，是马克思主义的中国化。也可以说，中国特色社会主义文化体系是马克思主义这粒种子，在中国优秀传统文化的土壤中孕育出来的生命力旺盛的一棵大树。燕文化是中国传统文化中的重要一部分，蕴含着华夏精神的要素，并随着社会的发展不断淘炼，成为中国特色社会主义理论的肥沃土壤之一，指导着社会主义现代化建设。

(1) 和合包容，求同存异。和合、包容是燕文化的基本精神，贯穿于人与自然、人与社会、族群与族群之间，追求的是消除对立，调解矛盾，达到和谐。求同存异是我国处理复杂问题的智慧结晶，是我国解决国际问题的行为准则和模式，并得到世界各国普遍认可和广泛推广，这一精神的历史溯源和典型事例均发生在燕域。釜山合符实现了不同部落的共存共生，是和合的根源事件。周、商、游牧文化共同在燕文化中存在，是和合的典型成果。辽在幽云地区实行的“藩汉分治”，是求同存异的初步尝试；金朝入主中原后，看到压迫与掠夺的不可行性，进而力推金人汉化，得到了官僚和百姓的支持，是求同存异的另一探索。这些探索和努力，均为当前社会主义文化建设提供了积极的借鉴意义。

在社会主义现代化建设过程中，存在着多样矛盾，北京和天津之间存在着争夺人才资源的矛盾，北京与河北之间存在着资源分配与利益协调的矛盾，各地区内部贫富差距明显，各行业之间竞争激烈等等。存在的这些问题均是社会主义现代化建设中急需解决与调节的内容。解决这些问题，必须继承发扬燕文化中和谐包容、求同存异的精神，通过观念和谐、制度和谐、利益和谐，促进社会的发展。[1]

(2) 顾全大局，勇于奉献。“中华文化源远流长，积淀着中华民族最深层的精神追求，代表着中华民族独特的精神标识，为中华民族生生不息、发展壮大提供了丰厚营养。中华传统美德是中华文化精

---

〔1〕孙健灵.论“和合发展观”[J].曲靖师范学院学报，2012，06：62—65.

髓,蕴含着丰富的思想道德资源。”[1]燕文化是中华灿烂文化的一部分,影响着人们精神,渗透于社会生活的方方面面。燕地作为中原民族防止北方游牧民族入侵的缓冲带,常常为了维护农耕文化的有序发展而做出巨大的牺牲。守卫中原文化与京都文化的压力,促使燕域人民形成无私奉献的精神,默默保护着北京这一政治文化中心,历经千年坎坷而不衰减。[2] 为了更好地完成守护北京的任务,燕域人民不仅奉献出大量的机会与资源,更是淘汰了感性、浪漫的情怀,形成了沉着、从容的品质。民族历史关头,燕域儿女最先举旗呐喊,传播最先进的马克思主义理论,撕开社会黑暗的幕布,为华夏儿女带来黎明。这些无一不是当前加强思想道德建设的宝贵财富。

面对改革开放的新形势、社会主义建设的新机遇、多元化多层次文化的冲击,我国急需建立一套被人们接受的文化体系。燕文化正是这一体系中不可或缺的一部分。加强思想道德建设,要大力培养爱国主义、集体主义和奉献精神。爱国主义是教育方向,集体主义是具体行为要求,奉献精神是社会主义思想道德的前提。只有人人树立了奉献精神,才能坚持集体主义为国家发展添砖加瓦,这才是真正的爱国。燕文化忠义爱国的传统甚为鲜明。“见义勇为”“舍生取义”“为国献身”等关乎个人生命权利的英勇行为和高尚的爱国品质得到充分诠释。

(3) 尊重人才,科教兴国。教育科学文化建设作用在于可以给人以动力,对人的全面发展起着导向和规范作用,有利于提高人的思想道德素质,目标是解决整个民族的科学文化素质和现代化的智力

---

[1] 习近平论中国传统文化——十八大以来重要论述选编[M]. 2016 年版,第221页.

[2] 杨玉生. 燕文化的价值和对中国古代文化的影响[J]. 河北大学学报(哲学社会科学版),2005,06: 33—37.

支持问题。完善教育科学文化建设的最重要因素是人才建设。燕文化是重视人才建设的良好素材，历史上的燕国并不是人才大国，燕域也不是人才生产主要区域，但燕国是极其重视人才的国家，燕域也是各个朝代人才前往流向的主要地区。燕昭王为了实现燕国的强大，礼贤下士，修筑黄金台，于是各地人才争相投奔，最终实现了燕国的殷富；燕太子丹为了挽救燕国于水火"宾养勇士，不爱后宫美女"，对于荆轲更是敬为上宾、优礼接待；汉朝初立时期，燕人韩婴走在董仲舒前面，成为第一批走上朝堂的大儒，被拜为博士，辅佐常山国王，并创作了《韩诗》；烽火多发时期，燕地是东北部的主要战争地，在这里聚集了大量边塞诗人，产生了例如《登幽州台歌》这样悠久流传的诗歌；到了近代，燕地更成为我国教育事业发展的前沿阵地，这里曾有历史上著名的京师大学堂、京师同文馆、北洋学堂、燕京大学、辅仁大学；当代京津冀地区更是全国教育资源的主要集聚地。燕域这种具有历史持续性的人才观，对我国教育科技文化事业的发展有重要的启示，无论是加强我国政治文明建设，还是对现代企事业的发展，均有积极的借鉴作用。

7.2.2 负面因素为文化建设提供教训

(1) 保守有余，创新意识不足。燕文化的保守因素产生已久。在商朝时期就有伯夷叔齐扣马而谏，拒绝周王室推翻商王朝；春秋战国时期又有姬哙禅让的闹剧。在旧的社会体系能够维系的情况下，燕域百姓和统治者往往因循守旧、不思变革；当旧的事物不再符合社会发展趋势，即使产生了新事物时也是持观望态度，紧跟在北京的后面亦步亦趋。保守思想是农耕文明的共有特征，也是长期专制统治的产物。保守者往往安于现状、消极怠慢、进取心不强。适当的保守在一定程度上确实对社会稳定起到了促进作用，但是在竞争激烈的社会，这种心理往往导致在前进的大潮中落后。

当前世界各国竞争激烈，国内地区之间、各行业之间竞争白热化，区域发展不平衡，资源流向集中，只有改革创新才是在激烈竞争中取得胜利的法宝。环渤海经济圈是我国的一个经济增长极，经济圈内部各城市之间是一个合作与竞争的有机体。河北省紧邻北京政治中心和天津经济中心，河北要想在竞争中实现自身发展，必须打破封闭观念，抛弃保守思维，用新的视角审视区域地位。

（2）各自为政，凝聚力不足。燕文化产生的基础是多民族、多种生产方式共存，在内部成分多样又广受外界文化冲击的背景下形成了多元文化。从中华文化的整体性来讲，农耕文化也就是中原文化具有强有力的向心力，维护了华夏文化的多样性；但就燕文化来讲，并不存在某一个十分具有向心力的文化。

民心松散、凝聚力不足是燕文化的最大缺点，这一点在今日河北并非没有影响。例如其北部为草原区、南部为农耕区、西部为黄土高原区，百姓在谈论文化归属时也以最近的大文化类型为划分，比如康保人称自己为蒙元文化、阳原人称自己为山西晋文化、保定沧州地区称自己为中原文化、廊坊地区的人更以北京人自称，很少有人称本地区为河北文化或“冀”文化。由于没有整体的河北文化意识，百姓的性格更多的被周边同化，冀北豪爽、冀南儒雅、环渤海地区的人官气浓厚。文化特性不明显导致文化向心力缺乏，文化向心力不强则很难齐心，所谓心不齐则力不合。在现代化建设的当前时期，生产的社会化与资源的流动性要求必须打破地区界限，合作交流才能出效率。为此必须加强河北省的文化建设，形成广泛的文化认同，打破原有的地缘限制，形成大河北的文化意识，也就是增强“冀文化”的认同感，打造河北的文化品牌。

7.2.3　京津冀文化认同的母体文化资源

（1）传承包容奉献精神，促进京津冀文化认同。文化协调社会群体内部各要素和全体成员行为，使其相互适应于和谐一致的状态是文化的社会整合功能，社会整合包括价值整合、规范整合和结构整合，是社会集团稳定、有序的最重要前提。

京津冀区域合作发展是我国目前提出的具有整合性的国家发展战略，有利于发挥北京、天津、河北的政治、经济、自然资源等优势，消除三个行政区划的隔阂，促成合作，实现资源最优配置。京津冀协同发展最高层面是文化上的协同。京津冀打造的共同体包括三个层面，一是民众多方积极参与，形成命运共同体，包括各类传媒、社会团体，最终体现为京津冀区域文化认同、文化自觉等。还有政府层面的政府体制机制创新，形成利益共同体，以及企业层面的市场主体协作共赢，形成经济共同体。在京津冀协同发展中，北京、天津、河北省各个地区的发展阶段、使命、需求都不一样。但是三地区由于历史发展中的诸多因素影响，社会异质性不断增强，分化程度越来越明显，先后形成了京都文化、津卫文化和冀文化三种文化体系。在协同发展中，要形成文化的整合、实现文化上的协同，需要我们的努力，需要广大媒体营造新文化生态，在重大问题的协同上转变观念形成共识，形成文化氛围，实现我们的共同夙愿。这就需要有一个统一的文化体系发挥总领、协调作用，保证京津冀区域合作的顺利运行。燕文化正是肩负这一整合功能的文化体系。从历史渊源角度，京津冀三地均属于燕文化范围内，后来的京都文化、津卫文化均是在燕文化的体系上衍生出来的独立文化体。从燕文化精神内容来看，燕文化倡导的包容精神有利于各地区生产资料的互通、流动；慷慨奉献精神，有利于三地求同存异追求共赢。燕文化的研究课题有利于京津冀地区学术领域的交流沟通。

(2) 扬弃畿辅京津传统，维护京津冀互动稳定。社会互动是发生在至少两个独立个体之间，以信息传播为基础，双方相互间采取的一种行为模式。社会互动能否进行，不仅要有主观需求，还需要具备客观条件。这一系列客观条件包括物质、精神、制度和符号四个方面。交通、通讯工具等必需品属于物质层面；理想、信念、道德、情操等共同准则，是社会互动精神条件；政治制度是否允许，是社会互动合法化的依据；语言、建筑、文字等，这些为社会成员的交流提供了媒介传输作用的均属于符号方面。燕文化对社会互动的保障主要从精神和符号两个方面提供。从符号方面来看，燕文化虽然后期繁衍出不同的首都文化、津卫文化、畿辅文化等子文化，但是京津冀地域的人们长期共同生活，具有互通的文化符号，在语言和生活方式上几乎不存在障碍；从精神层面来讲，任勇好侠、忍辱负重、慷慨悲歌等价值理念是三地母体文化特征，至今仍然被普遍的接受认同。因此，用历史的眼光看问题，打破三地在文化上的划分，充分发挥燕文化这一母体文化资源，对于维护京津冀三地互动具有积极促进作用。

(3) 挖掘历史文化资本，助推京津冀协同发展。文化资本是社会学领域常用的概念，是指文化资源在社会经济中经过商品生产、流通、交换、使用而形成的价值量增加。传统文化作为历史遗留下来的宝贵资源，不仅能在当时的历史环境下发挥社会作用，在当前社会主义现代化的过程中也是一种具备很强生产能力的资源。传统文化资源向文化资本转化的途径是加快发展文化产业，促进文化与市场相结合。京津冀区域一体化背景下，开展对燕文化的研究、传承与发扬工作，既能极大地丰富中华文明宝库，又必将推动京津冀地区文化产业的发展。通过传承和发展燕文化，丰富光辉灿烂的冀文化，有助于形成独树一帜的河北精神，增强河北省发展的凝聚力，提升文化影响力。燕文化的标志性人物、建筑、遗址等的开发利用，对于推动河北省的旅游业、服务业有积极的贡献作用。总之，加大发展燕文化对于京津冀地区的经济、政治、文化和生态的全面发展有深厚的价值影响。

7.3 传承和发展燕文化的原则和机制

7.3.1 机制和文化传承机制

文化的传承是一项系统而又复杂的社会工程，在如今社会主义市场经济面临的激烈竞争和构建社会主义和谐社会的前提下，探寻保护我国优秀传统文化的有效途径，显得十分迫切。理论上讲，每个民族的文化都需要一个文化传承的内在机制来充当其自身的保护伞，所以我们要深入研究，建立和健全传统文化的传承体系。

（1）机制的含义和特征。“机制”一词最早源于希腊文，原指机器的构造和动作原理。后来人们把机制的本义引申到了各种不同的领域，于是就产生了不同的机制。不过现在已广泛应用于自然现象和社会现象，我们现在所说的机制大多指的是经济、社会机制，指其内部组织和运行变化的规律，各构成要素之间相互联系和作用的关系及其功能。机制具有以下两个特征：第一，相对稳定性。机制一旦形成，便具有一定规律和准则，保持其相对稳定特点。以一定的运作方式把事物的各个部分联系起来，使它们协调运行而发挥作用。第二，系统性。每个机制都是围绕一个核心而形成，各个要素之间具有内在联系，相互制约和影响的有机体。

（2）文化传承机制的内涵。顾名思义，文化传承就是指如何将我们已有的优秀文化传递给下一代的问题，使我们的文化，无论是个人的还是社会的文化，可以不断地积累并向高层次、高水平发展，一代接一代，延续不断。同时，文化传承也是一个文化不断被继承和超越的过程。

文化传承的机制简单来说可以理解为文化传承的体系，文化以何种方式进行传播、发展，就是说构成文化传承的各个要素。主要包括以下几方面：

第一，利益导向机制。利益导向机制就是指通过某种政策或者措施，影响人们的行为或者决策，把他们引入到既定目标和方向之中。文化的利益导向机制就是政府或者社会通过制定的相关文化政策和规定的激励、引导、束缚，是文化参与主体自觉地按照国家和社会的相关制度参与文化事业和活动。

第二，政策保障机制。文化的政策保障机制就是为了确保文化传承和发展，而制定的相关优惠政策和保障措施，能使其顺利地开展的一个体系。

第三，文化产业化的创新机制。文化产业化的创新机制是指文化创新与市场和人们的需求之间矛盾得以不断展开和解决的一系列动力、规则、程序和制度的复杂系统。这个系统为文化产业创新项目进行方案设计、运行，协调多方力量共同开展文化产业形式和内容的不断创新活动。

第四，现代化的传播机制。文化传承离不开现代化的传播机制的支持，就是指利用目前各种现代化的传播工具，比如互联网、电视、广播等媒介对传统文化进行广泛而有效的宣传的系统。

7.3.2　发展燕文化的原则

(1) 取其精华、去其糟粕。批判继承法是毛泽东提出的，“今天的中国是历史的中国的一个发展，我们是马克思主义的历史主义者，我们不应当割断历史。从孔夫子到孙中山，我们应当给以总结，承继这一份珍贵的遗产”[1]，又说：“清理古代文化的发展过程，剔除其封建性的糟粕吸收其民主性的精华，是发展民族新文化，提高民族自信心的必要条件；但是决不能无批判地兼收并蓄。”依此，批判继承法可

[1] 毛泽东．毛泽东选集(第2卷)[M]．北京：人民出版社，1991年版．

以一言以蔽之，即是“取其精华，去其糟粕”。这是一直以来为我们一般人所熟悉的对待传统文化的方法。

批判继承传统文化的过程，也是构建社会主义文化体系的过程。任何一种传统文化都是在一定的历史背景下产生的，存在一定的历史局限性。燕文化作为传统地域文化中的重要一支，必然也存在传统社会的烙印，例如一些学者指出燕域人们缺乏创新精神、思辨精神，燕文化的主题“慷慨悲歌”存在个人英雄主义和非理智主义倾向。发展燕文化，首先必须承认燕文化确实存在以上种种问题，但是不能因为存在这些问题，就对其全盘否定，陷入文化虚无主义。还应看到燕文化精神中的爱国主义思想成为我国民族精神的核心，燕文化的包容开放精神对于当前寻找京津冀区域合作的切入点，解决合作过程中存在的分歧和矛盾有重要的指导意义。传承燕文化、树立河北精神一定要从正面出发，弘扬正能量，坚持社会主义导向，为社会主义文化体系构建服务。

(2) 兼收并蓄、开拓创新。传统文化一经形成就存在巨大的惯性和惰性，我们不能选择传统也不能摆脱传统，但一定要在传统文化的制约下谋求不断的更新。创新是一个民族进步的灵魂，是一个国家兴旺发达的不竭动力，也是一种文化生生不息的源头活水。即使是优秀的文化传统，也要适应时代的需要，实现现代性的创造性转化，同时融入民主精神、科学精神、市场精神、法治精神、竞争精神、公平精神等新理念。只有永远保持创新精神，才能谱写新时代民族文化的新篇章，赋予其新的内涵与活力。当代哲学家张岱年先生主张文化“综合创新”，这种综合创新不是新旧文化的杂糅，也不是各文化元素的机械拼凑，而是在中国现代化发展过程中，立足于优秀传统文化的沉厚基础，在社会实践过程中经过选择、融合、重组，整合各有益文化资源，从而实现新的文化突变，并由此产生出与现代化相适应的文化新物质、新结构、新体系，从而为社会主义现代化建设和社会文明的发展进步提供文化支持。

继承和传承燕文化的过程中提出“冀文化”这一文化体系，正是整合京津冀地域文化资源后进行的新探索与尝试。空间上，冀域的涵盖范围不仅包括河北还包括京津地区；时间上，冀文化包含了从古至今所有冀域范围内的文化内容，保证了时空的连贯性。大力开展冀文化研究，是对燕文化的创新，也是当前京津冀一体化的内在要求。另外，有学者也将河北省的传统文化称为“京畿文化”，切入点在于与北京政治中心的历史性保持一致，与当前的河北省政治地位实现更好的衔接。文化系统本就属于学术范围，只是人们的习惯或者某一时期的约定俗成，对于“冀文化”“京畿文化”这些新体系的提出，学术界应持包容的态度，积极进行探讨，挖掘其合理性和先进性，而非全盘否定、拒之门外。

7.3.2　传承燕文化的机制

(1) 完善政府为主导的管理机制。燕文化的传承，离不开京津冀三地政府部门的支持和管理。三地政府要加强合作，协商建立权威的传统文化融合与创新管理制度。进行有效的组织和有力领导，把相关工作落到实处，切实履行职责，突出传统文化建设的重要作用。各级各部门应该把这项工作纳入到日常工作日程，做好协调和统筹工作，加大宣传力度，制定相关有利于传统文化发展的法律和规章制度，完善政策利益导向机制。同时，要做好责任分工，明确责任，一定要确保各项传统文化建设工作落到实处。另外，做好监督、检查和预警机制，强化奖惩措施和力度，要始终明确传统文化建设各项工作的进展情况，层层分解，层层把关，完善具体的奖惩方法业绩考核机制，把传统文化建设和发展纳入到领导班子年终考核体系之中，并作为一项衡量领导班子成员相关业绩的主要内容来抓。使各级各部门的积极性能够最大程度的调动起来,共同投身到传统文化建设的大潮中。大力宣传文化战线涌现出的先进典型,形成全党全社会共同推进传统文化大发展大繁荣的浓厚氛围。

同时,要不断强调建立健全党政统一管理、组织协调、分工负责的工作机制的重要性,争取形成全党、全社会齐抓共管、积极参与的良好工作局面,完善传统文化建设的相关目标责任管理制度,出台具体的工作细则和日常考评办法,加大对传统文化建设进程的监督和考核力度,讲究实效,确保完成党的传统文化建设的各项工作目标。把握传统文化发展的新脉搏,研究传统文化宣传工作的新特点和新规律,并制定新的行之有效的工作办法,切实解决传统文化建设和发展过程中所面临的新问题、新困难。加强传统文化建设、弘扬优秀传统文化与经济、政治、社会各领域工作一同研究部署、一同组织实施、一同督促检查。

(2) 健全部门为平台的合作机制。强化部门间的分工与协调是发展传统文化事业的重要组成部分。建立和完善传统文化合作机制,是实现文化兴国,推进文化大繁荣、大发展传承优秀传统文化的重要保障。要从继承和创新相结合的角度,加强党和政府的统一部署和领导,各级各部门齐抓共管,互相协调分工,各尽其职、各负其责,从思想上重视传统文化建设,将全社会、全国的力量拧成一股绳,合成一股劲,形成全民参与的工作局面,激发和阶层参与传统文化建设的热情。要根据传统文化发展的具体内在要求来稳步推进传统文化建设工作机制的发展和完善,同心同德,齐心协力共同把我国的传统文化建设推向新高潮。

完善文化改革决策制度和程序,建立“决策风险”评估机制,面对关于传统文化建设的重大历史性决策时,要广泛的听取民意,吸取民间百姓和专家学者等等来自大众的声音,采取各种方式向社会敞开胸怀，比如听证会、专家座谈等等，要虚心接受各方面和各阶层的意见和建议，主动了解民间关于传统文化建设的各种有益声音，做出符合人民群众的决策和决定，切实保障人民群众对重大传统文化建设决策的参与权和知情权，同时要自觉接受党和人民群众的监督，及时反馈，以保证决策的正确性、科学性，促进文化体制改革的顺利进行。

要严格落实责任制。各级各部门在领导传统文化建设的进程中要做到任务清楚、责任明确，深化认识，积极承担各自相关责任和任务；要进一步加强我党建设社会主义先进文化中的组织、领导、协调以及核心的作用，完善沟通协调机制，增强主动作为的主动性，形成由政府统一指挥、各部门协同分工、互相配合、全党全社会共同参与传统文化建设的工作局面和良好氛围。落实并完善好传统文化建设工作责任制，并将目标责任落实情况纳入干部政绩考核的内容。落实责任追究制度，对于没有按规定完成相关任务的单位和个人，要追究其相关责任。

(3) 加强人才队伍建设。传统文化人才的培养与开发与传统文化产业发展相互影响、相互促进。把加强人才队伍建设作为重中之重，发展、壮大传统文化事业，需要大批的专业人才，紧紧围绕文化体制改革加大人才培养力度，完善人才培养体系，做好人才后期培训，把文化人才的培养纳入到传统文化建设的体系之中，作为一项经常性工作来抓，牢固树立“人才资源是第一资源”的观念，加快人才引进和保障措施建设，合理规划，科学编制，积极引导具有高水平文化知识的人才走出城市，进入城乡，扎根基层、服务基层，树立服务基层、面向基层的价值观、世界观和人生观。党和政府应该把文化人才的开发作为重点来抓，着力培养一批有实力的文化企业家。完善人才培养的工作、政策机制建设，为文化人才创造良好的培养和工作环境，是人才队伍不断壮大，传统文化创新和创造力得到最大限度的发挥。

加快传统文化产业发展创新，要紧紧依靠专业的文化人才，特别是具有全面的综合素质的高端人才。但是我国这方面的人才还比较匮乏，人才需求与传统文化建设失衡，传统文化人才市场质量普遍不高。国家必须要加强人才队伍建设，完善政策利益导向措施，面向社会、面向市场，树立传统文化创新离不开优秀文化建设人才的理念，要狠抓落实，建成科学的选才用才体系。落实到实际工作中，就是既要坚持依托高等院校、科研院所对人才的培养，积极从高校引进高素质的专业人才，吸收一部分相关高校毕业生参与传统文化建设，汇聚传统文化建设领域，同时积极开展国际交流，引进视野开阔、懂得经营管理的国际型文化人才，开展竞争机制，竞争上岗，优化传统文化建设队伍，提高传统文化建设队伍的综合素质，加强人才储备和管理，激发人才的创造力和积极性。

要充分发挥人才的团队精神和作用，建立科学的机制。传统文化事业的发展、创新，是一个人才队伍与其个人共同努力的结果，相辅相成，缺一不可。在整个团队中，需要充分发挥个人的潜力，最后所有人形成合力，共同起作用。当然要发挥团队的整体作用，还要对关键的部门和个人进行科学的定位，安排合理的职务，人才队伍中管理者要起到引导和监督的作用，核心人员则起到相互协作和促进的作用。如果无法形成合力，则可能适得其反，人越多反而效果越差。这就需要各方面相互协调，相互帮助。首先需要建立合理的人力资源开发和管理运行机制，拥有良好的组织能力，职责与岗位相匹配的工作体系，这是获得成功的必要条件之一；其次是要制定合理的激励机制，完善制约和约束机制，在科学绩效考评和评估的同时，给予人才相应的奖励，在规章制度的建立上，让不同惩罚措施成为制约机制的核心。总而言之，只有定位科学、激励得当、措施有力，整个团队才能高效的运转。

同时，要加大对传统文化人才的开发、激活，需要从以下五个方面入手：第一是对人才开发的定位要准确、科学、合理；第二是完善人才选拔机制，什么样的人适合什么样的岗位要心中有数，合理安排；第三是要有完善的工作绩效考核办法和评估机制，确保各司其职，各尽其职，约束相关人员的行为；第四是合理安排薪酬和劳动报酬管理办法，激发人才的工作积极性和热情；第五是要有科学的人才培养和开发体系，减少岗位与自身能力不相符的矛盾发生。

(4) 发展学校为载体的教育机制。文化传承，教育先行，这也是文化资本理论的一个核心观点。文化资本的积累是劳动积累的结果，这种劳动是以主体亲历亲为的形式进行的，教育对这种主体身体力行的劳动具有强化功能。教育投资与资本持有者自身实践的有机结合使得文化资本积累的效率和过程得到强化。在文化资本的分配和再生产过程中，在社会领域的结构再生产中，起决定作用的教育制度是争夺统治地位斗争的关键环节。就目前我国的教育现状来看，文化和思想领域尚未形成一个成熟而自主的知识分子场域，也就是说，文化领域未能形成自主的规范和制约逻辑，文化尚不能形成与政治、经济力量相抗衡的能力。这不能不归咎于我们教育机制的僵化、教育内容的单一化、教育目标的盲目化，教育对文化资本持有者的强化功能失调。要实现我们的优秀传统文化健康传承，教育应该一改以往只为经济政治发展呐喊助威的被动姿态，而是以一种相当自觉的意识承担起保护和发展民族传统文化的任务。所有文化传播都是在深入研究和广泛交流文化符号的过程中实现的。在人类社会发展过程中，最原始的文化传播是采用的九连环形式，通过相邻的两个集团一层层向外扩展发生，例如我国的四大发明，通过中原到达中亚，再到达西亚，最后到达欧洲、非洲乃至全世界。在人类个体的活动中，信息的传递也是采用了由近到远的原则，一步步发生。

在当前社会转型期，就是要做到应试教育向素质教育转化，教育内容多元化，发扬“儿童读经”的做法，重视中华优秀传统文化教育和传统经典、技艺的传承。在有条件的小学开设书法、绘画、传统工艺等课程，在中学语文课程中适当增加传统经典范文、诗词的比重，中小学各学科课程都要结合学科特点融入中华优秀传统文化内容，对我们民族精神精华的认知教育从儿童做起。高等学校要创造条件，面向全体大学生开设中国语文课。加强传统文化教学与研究基地建设，推动相关学科发展。在社会教育中，广泛开展吟诵古典诗词、传习传统技艺等优秀传统文化普及活动，使教育投资与资本的持有者达到最佳结合，努力提高全民族的人文素养，树立良好社会风气。办好世界中华传统文化论坛。让我们的优秀传统文化在我们这一代人的手中发扬光大，政治经济文化发展齐头并进，这样中华民族的强大将不再是一句空无内容的口号。

燕文化的核心区分裂成了北京、天津、河北三部分，并形成了各自文化体系，这为传承燕文化的研究和开发提出了挑战，也提供了丰富燕文化内涵的机遇。首先，三个区域要有序开展传统文化研究工作，三地区域相邻，借助京津冀协同发展的机遇，开展联合攻关，共享燕文化资源。其次，燕文化的传承最主要的场所是学校，京津冀三地正是我国高水平学府的集中地，高校既是文化传播载体，又是文化研究和创新的基地，丰富的教育资源和教学设备有利于燕文化的研究和开发。因此，三地学校应该充分利用先天优势，加强交流沟通，弘扬有利于社会精神文明建设的燕文化精神。

(5) 紧跟传媒技术为依托的路径机制。建立健全现代化的传统文化传播体系，形成覆盖范围广、传播技术发达的现代化的传播机制，这是提高我国优秀传统文化在世界影响力的重要举措和必然出路，所以就要求我们加强对相关报纸杂志、出版社以及广播电台和电视台的管理，深化传统文化传播媒体的机制改革和创新，加强国际传播能力建设，打造国际一流媒体。

近年来，我国文化宣传部门大力加强了传播能力建设，我国统筹报刊、通讯社、广播电视以及互联网和出版社等多种媒体，统筹有线、无线、卫星等技术手段，加快建设现代化文化传播体系的步伐，积极拓宽文化信息传播渠道，丰富传播手段，成立专业的传播队伍，汇聚专业文化传播人才，凝聚力量为传统文化的传播贡献力量。但是，由于我国目前正处于经济社会飞速发展时期，人民群众的文化、精神需求在不断增长，与此相比我们的传播体系还略显单薄，传播技术和传播能力与世界先进国家还有一定差距。在今后的工作中，我们要努力发展具有高科技含量的传播技术，使其与我国经济社会的发展相适应，与人民群众的需要相适应。这项工作任重道远，需要付出相当的智慧和汗水。

(6) 拓宽传播手段，发展现代传播体系

第一，加快构建现代传播体系，是适应我国经济社会发展和国际地位变化的迫切需要。随着我国综合国力增强，中国在世界上的地位、中国发展对世界的影响更加凸显，国际社会对中国的关注度不断提升。对于中国的快速发展，国际社会看法复杂、心态各异，有充分肯定中国成绩的，也有对中国抱有疑虑和偏见的。世界上许多国家与我国合作的愿望在不断增强、对中国的信息需求也在迅速倍增。这就必然要求我们要加快传播能力体系的建设，加快形成与我国经济社会发展水平和国际地位相适应的传播能力和传播技术，增强向世界推销中国、客观评价介绍中国的能力，满足国际社会对来自中国信息的多样化和多层次的需求，引导世界各国客观地、理性地看待中国的发展和中国在国际事务中的作用，营造有利的国际环境，向世界展现现代化的中国文明、民主、开放、进步的形象。

第二，加快推进现代化的传播体系建设，是提高中华文化辐射力和影响力的迫切需要。一个民族的文化影响力，取决于其包含的思想内容和其所具备的传播能力。文化传播能力越强大，其文化覆盖的范围就越宽广，他们的思想文化和价值观念就能在全世界的范围内得到广泛地传播，也就必然更有力地影响这个世界。相比西方国家，我们的传播能力与他们还有很大差距，这就限制了我国优秀传统文化在世界上的传播，也就导致我们不能向世界展示出中华优秀传统文化的思想价值和中国先进文化在当代繁荣发展的丰硕成果。同时我们在加深不同国家和文化之间的相互沟通、相互理解方面还有很多工作要做。这就要求我们加强传播能力建设，加快我国的文化传播方式和传播手段向数字化转型，提高文化传播的科技含量，利用现代科学技术和手段提高文化产品生产和传播效率，增强中华传统文化的吸引力和影响力，更好地推动中华传统文化走出国门，走向世界。

第三，建立完善的现代化文化传播体系，是应对全球化挑战的重要举措，是应对国际传播体系处在不断变化、变革之中的重要对策。在当今的世界，科学技术突飞猛进，传播技术不断更新，传播的全球化越来越明显，在激烈的国际竞争中要想立于不败之地，赢得一席之地就必须完善传播体系，加快与科学技术的结合，面向全球，参与国际竞争，拓展自己的传播空间，才能占据主动地位，实现传播资源最佳配置和传播效益最大化。传播全球化不可阻挡也无法回避，任何媒体如果不能及时融入国际传播体系，将失去在国际传播市场同场竞技的机会，也意味着在国际舆论竞争中自动弃权。这就要求我们积极适应国际传播发展的新形势、新局面、新挑战，坚持全球化理念，积极拓展自己的国际视野，做到国内传播与国际传播的统筹协调发展，做到经济社会与提高文化传播能力和质量的协调发展，要放眼国际，面向全世界，建设有重大国际影响力的国际顶尖媒体行业，提高我们所传播信息的质量，增强其所包含信息的容量，使来自中国的各种文字、声音等信息漂洋过海传播到世界每个角落，进入亿万家庭。

构建现代化的文化传播机制，就必须拓宽传统文化传播的手段和渠道，利用好现代化的科学技术，打造综合性的传播平台。随着时代的发展，科学技术的不断进步和高科技品的持续更新，互联网的发展进入到一个新的阶段，深刻的改变了人们的日常生产和生活方式，丰富和拓展了文化传播的手段和技术，文化传播渠道也不断拓展、延伸，新兴的如博客、微博、QQ空间和手机简报等传播载体不断涌现。面对这种局面，我们必须要改变思想观念，主动迎合时代发展的潮流和方向，抓住历史机遇，整合现有的资源，积极响应网络、多媒体以及多渠道、多方式文化传播的新要求，充分发挥网络信息建设在传统文化传播和传统文化建设中的重要作用，实现电视、网络，甚至手机的互相连通，以便传统文化传播的有序进行。此外，大力发展文化出版业、广播影视和形式多样的文化艺术，加大对大型公共文化工程的投入，着力增加文化项目建设投入在财政投入中所占的比重，构建完善文化服务体系。党报党刊、通讯社、电台、电视台和重要出版社建设，是党的新闻宣传事业的主阵地、主力军，必须作为构建现代传播体系的重点。利用好高科技载体，科技与传播历来紧密相连，现代高新技术在传播方面的巨大潜能和可能产生的不可估量的影响，谁占有先进科学技术，谁就占有传播的制高点。要站在科技发展的最前沿，丰富和拓展文化传播的手段和渠道建设，使我国的传播体系建设不断迈向传输快捷化、覆盖广范化、影响深远化，使传统文化的传播更加广泛和深人人心，让人们随时随地可以用各种方式接收到传统文化教育和影响。

第8章　结论

1. 燕文化的核心精神是“慷慨悲歌”。慷慨悲歌不仅是对荆轲等历史人物的描述，更发展演变成在事关个人生死、群体利益、国家兴亡等重要抉择事件前的价值选择。其悲壮催人奋进；其激越也叹为观止。

2. 燕文化的特征是多元矛盾性。其形成是由多方面原因共同造成的，在历史的眼光下，政治边缘地位造成燕人稳重和失落心态；区域经济的多元性造成燕民自足和保守习惯；周边关系弱势形成坚韧和忍让性格；面对灭顶之灾感性和理性跳跃式走极端等等。

3. 燕文化的基因是忠义、勇猛、隐忍、和合。忠义是一种像苏秦一般的奉献，是游侠待人处事之道，是为人处世的黄金法则，忠义基因后期发展转换成爱国主义精神，成为中华文明的重要一部分。勇猛是一种仁义，是德的体现，是燕域儿女前仆后继以身报国的情怀，勇猛基因是由燕域多战争造成的，也促使燕域成为全国重要的武术之乡分布区。隐忍是对现实的无奈，也是被动的包容，隐忍基因到后期发展成为顾全大局，是畿辅之地的精神特征之一。和合基因是燕文化能够在历史的长河中延续存在，并在少数民族战争中保存完好的重要原因之一。和合基因的存在增添了华夏文化的多样性，提高了中华文明的承载力，也为中原文化的稳定做出重要贡献，在当前的社会变革过程中，燕域的和合精神仍然在起着重要作用，维护着祖国统一、民族团结、社会进步。

4. 任何事物都存在对立统一，客观承认燕文化基因的优劣部分，对于今日京津冀一体化过程中了解冀域北方人的文化特征，促进深层次上实现民族融合和扬长避短组织活动和做思想政治工作具有重要意义。

参考资料

1 徐克谦.燕王哙让国事件与战国社会转型中的政权交接问题[J].南京师范大学文学院学报,2008,03：28—34.

2 靳宝.燕国“禅让”实践的重新解读[J].廊坊师范学院学报(社会科学版),2011,04：48—52.

3 路云亭.荆轲热文化探源[J].太原师范学院学报(人文科学版),2002.1：46—45.

4 张京华.作为一种生命价值观的燕赵文化精神[J].河北学刊,2014,06：190—193,196—197.

5 张金明.燕赵文化精神的现代传承[J].河北学刊,2007,04：232—234.

6 杨玉生、薛兰霞.燕文化与社会主义精神文明建设[J].社会科学论坛,2005,11：95—99.

7 杨玉生.燕文化及其在中国传统文化中的地位[J].河北大学学报(哲学社会科学版),2002,01：89—93.

8 吴蔚.论唐代幽州文化与诗风[J].求索,2010,11：203—204+207.

9 张星德.与燕文化起源相关的两个问题[J].文化学刊,2007,04：161—164.

10 杨玉生、薛兰霞.燕文化研究的历史与现状[J].河北大学成人教育学院学报,2007,04：79—81.

11 胡京武.燕文化资源的开发利用对加快文化大市建设的影响研究[J].商业文化(学术版),2008,11：186.

12 王芳、秦学武、滕朝军.燕文化研究与秦皇岛区域经济发展[J].河北科技师范学院学报(社会科学版),2008,01：106—109.

13 周海峰.燕文化若干问题研究的回顾与展望[J].博物馆研究,2008,02:26—31.

14 王争.燕文化分期研究的现状与相关问题[J].文物春秋,2015,02:22—26.

15 韩国春.孤竹文化与商、燕文化渊源关系考略[J].兰台世界,2015,30:93—94.

16 李延祥.开展燕文化区的铜冶金考古[J].有色金属,2003,04:168—172.

17 彭艳芬.全国衙署文化与燕文化学术研讨会综述[J].高校社科动态,2012,01:1—6.

18 薛兰霞、杨玉生.论慷慨悲歌[J].河北大学学报(哲学社会科学版),2012,01:30—35.

19 杨玉生.论召公封燕及其对燕文化的影响[J].河北大学学报(哲学社会科学版),2006,06:52—59.

20 姚庆.北京地区春秋战国时期考古研究现状[J].牡丹江师范学院学报(哲学社会科学版),2014,01:68—70.

21 孙进柱、陈立利.略论燕文化[J].湖南科技学院学报,2014,11:13—18.

22 薛兰霞、杨玉生.论先燕文化[J].保定学院学报,2010,06:40—42.

23 杨玉生.简论燕文化资源的开发利用[J].经济论坛,2000,22:35.

24 薛兰霞、杨玉生.论燕国的五座都城[J].河北大学学报(哲学社会科学版),2011,01:88—93.

25 薛兰霞、杨玉生.慷慨悲歌出易水[J].冶金企业文化,2013,01:32.

26 董海林、李广.燕赵文化解析[J].邯郸学院学报,2013,02:14—21.

27 洛保生、孙进柱."黄金台现象"的产生和演变[J].科学新闻,2003,08:34—35.

28 徐日辉.慷慨悲歌河北人——读《"史记"中的河北人物研究》[J].出版广角,2014,07:90—91.

29 周振国、向回.燕赵慷慨悲歌基本内涵及历史传承[J].河北学刊,2014,06:185—190,196—197.

30 张京华.作为一种生命价值观的燕赵文化精神[J].河北学刊,2014,06:190—193,196—197.

31 韩成武、赵林涛、韩梦泽.燕赵文化精神与唐代燕赵诗人、唐诗风骨[J].河北师范大学学报(哲学社会科学版),2006,06:96—103.

32 马春香.燕赵文化的传统内涵与当下解读[J].河北大学学报(哲学社会科学

版)，2013，01：153—156.

33 孙久文、原倩.京津冀协同发展战略的比较和演进重点[J].经济社会体制比较，2014，05：1—11.

34 薄文广、陈飞.京津冀协同发展：挑战与困境[J].南开学报(哲学社会科学版)，2015，01：110—118.

35 臧秀清.京津冀协同发展中的利益分配问题研究[J].河北学刊，2015，01：192—196.

36 戴长江、孙继民.论河北历史文化的阶段和地位[J].河北学刊，2011，3，216—223.

37 赵晓龙.先秦时期世禄制向俸禄制转变[D].陕西师范大学，2009.

38 郭旭东.召公与周初政治[D].华东师范大学学报，2003.1.

39 朱熹.周易本义[M].上海：世界书局，1926年版.

40 朱耀廷，中国古代人才观[M].北京：新华出版社，1993年版.

41 吴宗国，中国古代官僚政治制度研究[M].北京：北京大学出版社，2005年版.

42 郑敬高.寻找传统文化的价值[J].开放时代，1997，(02)：22—26.

43 李书群.浅谈雅文化与俗文化的关系[J].兵团党校论坛，1994，(06)：47—48.

44 江上渔者.燕昭王与黄金台[J].国学，2012，(10)：24—25.

45 王淑贞、欧阳询.中国传统文化继承方法刍议——以批判继承法与抽象继承法为视角[J].怀化学院学报，2011，(12)：35—37.

后　记

冀文化研究开展几年来，前期重点着眼于冀文化整体思想内容上的体系构建，组织力量开展了冀域法制文化研究、冀域军事文化研究、冀域金融文化研究、冀域商邦文化研究、冀域宗教文化研究、冀域科技文化研究、冀域生态文明研究、冀域水文化研究、冀域陶瓷文化研究、冀域旅游文化研究、冀域红色文化研究等等，相对忽略了冀域特色文化的研究。2014 年、2015 年相继开展冀文化之燕文化研究、冀文化之赵文化研究、北学研究、冀文化之中山文化研究、冀域京文化研究、冀域津文化研究等等。《燕文化研究》填补了冀文化研究方面的一个空白。

《燕文化研究》是冯石岗教授指导 2013 级硕士研究生许文婷同学花费三年多时间完成的。本书由冯石岗教授总体设计，全书的主要内容是由许文婷同学研究完成的，最后由冯石岗教授整理、完善、定稿。

《燕文化研究》汲取借鉴了大量相关专家学者的成果，有些可能遗漏标注，在此深表歉意。

图书在版编目(CIP)数据

燕文化研究/冯石岗，许文婷著.—上海：上海三联书店，2017.9

ISBN 978-7-5426-5936-1

Ⅰ.①燕… Ⅱ.①冯…②许… Ⅲ.①文化史-研究-中国-燕国(前11世纪—前222) Ⅳ.①K231.03

中国版本图书馆CIP数据核字(2017)第125616号

燕文化研究

著　　者／冯石岗　许文婷

责任编辑／郑秀艳
装帧设计／一本好书
监　　制／姚　军
责任校对／张大伟

出版发行／上海三联书店
　　　　　(201199)中国上海市都市路4855号2座10楼
邮购电话／021-22895557
印　　刷／昆山市亭林印刷有限责任公司

版　　次／2017年9月第1版
印　　次／2017年9月第1次印刷
开　　本／890×1240　1/32
字　　数／220千字
印　　张／8.625
书　　号／ISBN 978-7-5426-5936-1/K·425
定　　价／38.00元